本书为国家社科基金项目"英汉多重否定的语义特征对比研究"（16BYY004）结项成果

文卫平 等◎著

英汉多重否定的语义研究

A SEMANTIC STUDY OF MULTIPLE
NEGATIONS IN ENGLISH AND CHINESE

中国社会科学出版社

图书在版编目（CIP）数据

英汉多重否定的语义研究/文卫平等著. —北京：中国社会科学出版社，2023.12
ISBN 978-7-5227-2777-6

Ⅰ.①英… Ⅱ.①文… Ⅲ.①英语—语法—对比研究—汉语 Ⅳ.①H314②H146

中国国家版本馆 CIP 数据核字（2023）第 233670 号

出 版 人	赵剑英	
责任编辑	郭晓鸿	
特约编辑	杜若佳	
责任校对	师敏革	
责任印制	戴 宽	

出　　版	中国社会科学出版社	
社　　址	北京鼓楼西大街甲 158 号	
邮　　编	100720	
网　　址	http://www.csspw.cn	
发 行 部	010-84083685	
门 市 部	010-84029450	
经　　销	新华书店及其他书店	
印　　刷	北京明恒达印务有限公司	
装　　订	廊坊市广阳区广增装订厂	
版　　次	2023 年 12 月第 1 版	
印　　次	2023 年 12 月第 1 次印刷	
开　　本	710×1000　1/16	
印　　张	21.25	
插　　页	2	
字　　数	301 千字	
定　　价	119.00 元	

凡购买中国社会科学出版社图书，如有质量问题请与本社营销中心联系调换
电话：010-84083683
版权所有　侵权必究

目　录

前言 ……………………………………………………………（1）

第一章　否定范畴 ……………………………………………（1）
　1.1　意义否定 …………………………………………………（2）
　1.2　形式否定 …………………………………………………（8）
　1.3　小结 ………………………………………………………（16）

第二章　多重否定的动因 ……………………………………（17）
　2.1　叶斯帕森与叶氏周期 ……………………………………（18）
　2.2　拖式/推式循环及跨语言证据 ……………………………（37）
　2.3　小结 ………………………………………………………（51）

第三章　英汉双重否定的默认格式 …………………………（53）
　3.1　英汉双重否定的强化格式 ………………………………（53）
　3.2　英汉双重否定的弱化格式 ………………………………（104）
　3.3　小结 ………………………………………………………（122）

第四章　英语中的否定呼应 …………………………………（123）
　4.1　早期英语中的否定呼应 …………………………………（123）

— 1 —

4.2　否定呼应的消失 ·················· (148)
　　4.3　非标准英语中的否定呼应 ··········· (178)
　　4.4　小结 ······················· (205)

第五章　汉语中的另类否定连用 ············ (208)
　　5.1　汉语冗余否定 ·················· (208)
　　5.2　方言的否定连用现象 ·············· (249)
　　5.3　小结 ······················· (262)

第六章　英汉多重否定的语义机制 ··········· (265)
　　6.1　英汉多重否定的统一描写 ············ (265)
　　6.2　英汉多重否定的语义解释 ············ (284)
　　6.3　小结 ······················· (295)

结语 ··························· (298)

参考文献 ························· (302)

主题词索引 ······················· (328)

前　言

关于否定的研究一直是语言学研究中经久不衰的选题,因为否定是人类语言共有的范畴,是语言的普遍现象。这一研究的哲学传统源自亚里士多德(Aristotle,1984),其制约否定的"矛盾律"和"排中律"一直是考察否定现象的黄金法则,亚里士多德对立方阵对否定研究也仍然具有重要意义。在语言学领域,最先系统研究英语否定的是叶斯帕森(Jespersen),所著《英语和其他语言中的否定》(1917)和《语法哲学》(1924)奠定了英语否定研究的基础,与之紧密相关的否定循环、否定辖域、否定焦点问题以及双重否定的研究则历经克里玛(Klima,1964)、夸克等(Quirk et al.,1985),成熟于荷恩(Horn,1989),它们作为英语否定研究的经典文献,影响深远。20世纪90年代以后至今,否定研究趋向多元化,负极词研究、量化短语研究、无定名词短语研究,无一不与否定现象相关,形成了否定研究的多元取向,其中,否定呼应现象研究(Giannakidou,2000,2006,2017;Smith,2001;Zeijlstra,2004;Collins,Postal,2014;Blanchette,2015)、否定范畴类型学研究(Miestamo,2000;De Swart,2010;Miestamo,Tamm & Wagner-Nagy,2015)、负极词研究(Zwarts,1995;Ladusaw,1996;Lahiri,1998;Israel,1996,2004;Szabolcsi,2004;Chierchia,2006;Giannakidou,1997,1998,1999,2001,2002,2006,2012)、否定无定名词研究(Kahrel,1996;Haspelmath,1997;Werle,2002;De Swart,2010;Penka, 2011；Van der Auwera & Van Alsenoy, 2018）、否定与模态词的互动研究（De Haan, 1994；Iatridou & Zeijlstra, 2013；Morante & Sporleder, 2012；Puskás, 2018）、冗余否定研究（Espinal, 1992, 2000；Van der Wouden, 1994b；Yoon, 2011；Greco, 2020）等成为形式语义学研究的热点问题。已有研究成果都涉及多重否定现象或与多重否定现象有交叉、重叠之处，但鲜有专题论述，也缺乏系统全面的语言对比研究。

在国内，否定研究最早可以追溯到20世纪20年代，以金兆梓（1922）、黎锦熙（1924）、丁声树（1935）为代表，虽然关注重点是否定副词，但也涉及双重否定等否定手段。20世纪40年代以后，吕叔湘（1942）、王力（1943）、高名凯（1948）、赵元任（1968）都讨论过否定现象，有些与双重否定有关，但比较零散。对于否定现象的专题、系统研究始于20世纪80年代，徐盛桓（1990, 1994）、石毓智（1992, 1993, 2000）、沈家煊（1999, 2010）、戴耀晶（2000, 2004, 2014）、袁毓林（1999, 2000, 2014）、潘悟云（2002）、胡清国（2004）、熊学亮和刘东虹（2006）、胡建华（2007）、管春林（2010）、张焕香（2012）、余俊伟（2014）、林刘巍（2016）、范晓蕾（2018）、章诗莲（2020）等代表了这一时期的研究特点。概而言之，汉语的否定研究主要围绕三个方面展开：①否定词、否定结构的历时演变；②否定现象的共时描写；③否定问题的横向比较，包括普方比较，方方比较，汉外比较（王世凯、陈红，2012）。正如英语的情况，汉语多重否定现象的研究也散见于以上成果中，系统专门论述很少。

多重否定（multiple negation）在英文中有广义解释和狭义解释。广义的多重否定指多个否定标记或否定词连用的现象，这种否定连用可以表肯定意义，称之为双重否定，也可以表否定意义，称之为否定呼应，故广义的多重否定指双重否定和否定呼应。狭义的多重否定仅指否定呼应，在英语文献中，多重否定与否定呼应是可以互换的，本书采用的是广义解释。主要从语义层面考察英、汉两种语言中的多重

前言

否定现象，涉及但不限于双重否定和否定呼应。根据德·斯沃特（De Swart，2010），人类语言按否定范畴可以分为三类：否定呼应语言，如希腊语、法语、西班牙语、意大利语等；双重否定语言，如德语、荷兰语等；否定呼应与双重否定并存的语言，如英语、汉语等。根据这一分类，英汉两种语言中既存在双重否定现象，又存在否定呼应现象。本书认为，德·斯沃特对英汉两种语言的分类并不十分精确，英语和汉语是多重否定语言，但多重否定呈现的情况比较复杂，其主要形式为双重否定，可进一步细分为否定抵消和否定弱化，除此之外，英、汉语言中还存在多重否定的有标记形式，即否定呼应、冗余否定和否定强化现象。本书对多重否定的理据和动因进行考察，在统一描写的基础上，抽象出其隐含共性与语义机制。

多重否定的默认格式是其肯定形式，即双重否定。双重否定是两个否定词连用，指向同一个概念，英语和汉语的情形基本相似。我们将双重否定分解成否定抵消和否定弱化两种形式。否定抵消除了表一般肯定意义外，更多的是肯定强化意义，强化的手段包括全称式抵消、模态式抵消、条件式抵消。两个否定连用除了相互抵消产生语气较强的肯定意义外，还可以减弱肯定，表达委婉、平和的语气（吕叔湘，1985）。这就是委婉表述肯定意义的"否定弱化"现象，也是英汉双重否定的基本形式。如英语的"not un-A"格式和汉语的"不无/未必不/不一定不/不见得不"句式。否定强化与否定弱化是双重否定的两种句法语义手段，也是双重否定区别于单一否定的地方。

多重否定的有标记格式是其否定形式，包括否定呼应、冗余否定和否定强化。否定呼应指两个否定词共同作用表达单一的语义否定，两个否定词具有语义呼应关系。从跨语言的视角来看，否定呼应语言在语言中占多数。在英语的否定结构中，否定呼应是比较复杂的问题，就标准英语而言，否定呼应是一种历史现象，植根于古英语时代，广泛存在于古英语和中古英语中，经历形式上和句法上的变化，一直延续到中古英语后期，15世纪开始慢慢消失，其兴衰反映了英语否定的发展历史。现代标准英语中已不复存在否定连用仍表否定义的否定呼应结构，但当代英语中仍有否定呼应的用例，被认为是英语的非标准变体。非标准英语中的否定呼应涉及英国本土英语中的地域方言和美国英语中的白话非裔美音。作为白话非裔美音的标签，否定呼应主要有两种类型，第一种类型是否定标记与否定性无定名词的呼应，表现为：Neg…N-words；第二种类型是否定性无定名词与 Neg V 的呼应，表现为：N-words/Neg…Neg V，可以是同句呼应，也可以是跨句呼应。白话非裔美音中的否定呼应来自英语，保留了古英语和中古英语的否定呼应传统，同时在语言的发展过程中，吸收了克里奥尔语的语言风格，形成了有别于标准英语的独特的语言结构。

汉语中也存在否定连用表否定的情况，但这种否定连用不是标准意义上的否定呼应，属于否定呼应的一种边缘形式。严格地讲，汉语中没有与印欧语对等的否定呼应，汉语不是否定呼应语言，但是汉语中存在否定连用仍然表否定义的语言现象，这就是冗余否定。汉语的冗余否定多指否定词/否定标记的冗余意义，可以分成肯定语境中否定词/否定标记的冗余和否定语境中否定词/否定标记的冗余。前者是单一否定，我们称为冗余否定$_1$，后者是多重否定，我们称为冗余否定$_2$，包括两个次类，其一是隐性否定词与否定标记的连用，其二是否定性情态副词叠加。

冗余否定与"否定呼应"有所区别，"冗余否定"中的第二个否定标记没有逻辑语义真值，与第一个否定词在否定意义上的呼应侧重在语用层面，语气比否定呼应更强。"冗余否定"与"否定强化"也不完全一样，"冗余否定"表达较强的否定语气，但这种否定不是命题内容的否定，更多的是与说话人的评价预期相关，第二个否定成分的贡献不是纯语义贡献，而是语义—语用层面的贡献。现代汉语中冗余否定是一种常用的否定手段，显然这种否定手段与英语中典型的否定呼应并不是一回事，也与英语中的否定强化和汉语方言中的否定强化不一样，但是在形式上却是一种否定连用表否定的格式。我们倾向于认为它是介于"否定呼应"与"否定强化"之间的一种多重否定，这种多重否定形式既有普遍性，又有特殊性。普遍性是因为语言的冗余性是人类语言的普遍现象，语言冗余包括否定冗余；特殊性是因为"冗余否定"受制于语义条件，必须获得允准才合格。

否定标记与否定词同现仍表否定意义，这是否定演变过程中的一种选择，其动因可以追溯到语言周期——叶氏周期，即语言发展过程中呈现出来的有规律的变化模式，每一轮语言的变化都具有系统性，有规律可循。根据叶氏周期，在语言发展过程中，否定的演变经历了三个阶段：第一阶段为单一否定词阶段，否定词居动词前；第二阶段为双否定词阶段，两个否定词连用，一个居动词前，另一个居动词后；第三阶段为单一否定词阶段，否定词居动词后。否定进入第二阶段的理据是，单一的否定词语音弱化，不足以表达否定意义，需要另一个否定词加以强化，所以出现了否定连用的语言表现形式；伴随着语言的发展与演变，起强调作用的否定词逐渐获得独立的地位，可以单独表达否定意义，否定又回复到单一否定词阶段。从英语否定呼应的情形来看，英语否定的演变基本符合叶氏周期，古英语和中古英语时期否定呼应兴盛，说明其时英语否定处于双否定词阶段，到现代英语时期，英语否定的发展到了第三阶段，单一否定词阶段。非标准英语中的否定结构保留了古英语和中古英语的否定呼应传统，所以否定呼应得以延续。汉语的否定演变没有与印欧语对等的否定周期，但否定标记连用的动因多与说话人想要绝对保证否定的意义得到充分理解，不仅把否定词加在动词上，而且加在句中易于构成否定的其他成分上，以确保否定义的实现。实际上这就是叶氏周期的思想，在某种程度上体现了叶氏周期的规律和变化模式。

否定强化只限于英语口语和汉语的某些方言中，英语口语和汉语方言中的否定连用现象远比英语书面语和现代汉语共同语复杂，其表现形式多样，用词具有职业、年龄或地域特色，语义解读是双向度的，具有多重性。

多重否定包括"否定抵消""否定弱化""否定呼应""冗余否定""否定强化"五种形式,其语义解读涉及强化义、委婉义、一般义、虚拟义四个层次,从肯定的强化义到否定的强化义,涵盖了肯定—否定的两个极端。如果将自然语言中多重否定解读的四个层次、五种否定手段用连续统进行描写与解释的话,我们就可以比较清晰地描绘出多重否定的语义机制。多重否定的五种形式构成一个多重否定连续统,在该连续统中,从肯定意义到否定意义,肯定意义逐渐减弱,否定意义逐渐加强。该连续统可以用一条法则统一描写与解释,即双否律:两个否定产生肯定意义($\neg\neg P \Leftrightarrow P$)。其中,"否定抵消"与"否定弱化"的语义机制相同,遵守双否律,表肯定意义,但肯定意义依次减弱。"否定一致""冗余否定""否定强化"的语义机制相同,违反双否律,表否定意义,但否定意义依次加强。英汉多重否定的默认形式是双重否定,表现为"否定抵消"与"否定弱化",处于连续统的左端。"否定一致""冗余否定""否定强化"是多重否定的有标记形式,只限于非标准英语、口语或汉语的方言中,属于边缘现象。

多重否定作为一种复杂的语言现象,在否定研究中引起广泛关注。本书在对多重否定的默认形式进行统一描写的基础上,重点考察了多重否定的有标记形式。作为有标记的否定手段,它们构成否定整体不可或缺的部分,是体现肯定否定本质意义和逻辑关联的基本要素,将其纳入整体范畴考察,有助于了解多重否定现象的历时演变和共时发展结果,以其历时演变来解释共时模式,认识这一语言现象的全貌。

本书是国家社科基金项目"英汉多重否定的语义特征对比研究"(16BYY004)的结项成果,由文卫平、熊仲儒和郭霞、刘丽萍共同完成,其中第一章由刘丽萍撰写,第三章由熊仲儒和郭霞撰写,其余各章节由文卫平撰写。

文卫平

湘潭大学

2020 年 7 月 27 日于香港

第一章　否定范畴

否定是人类语言的普遍范畴，它与肯定相对应，是人类认知在语言系统中的反映。世界上每种语言都有表达否定范畴的手段，尽管这些手段可能存在较大差别。作为与肯定相对应的概念，否定在词汇、句法、语义和语用等层面与肯定都存在不对称性，是语言研究中经久不衰的课题。

不同语言用来标记否定的手段各不相同，从语言类型学的角度看，人类语言用以表达否定意义的手段主要有以下三种。一是形态（morphological）手段，也叫综合性（synthetic）手段，例如土耳其语中动词否定的标准形式是在动词词干上加后缀-me 或-ma；又如爱尔兰语在主要语词上加上附加成分来表示否定，如 domelim（我吃）为肯定，而 nitomlim（我不吃）则为否定。二是句法（syntactical）手段，也叫分析性（analytic）手段，例如英语用否定词 not 或 no；汉语用"不、没（有）、别"等。三是语音手段，如非洲的班图语，只在主要语词上加以音调的变化来表示否定。例如以 tǒnda 表示"爱"，而以 tonda 表示"不爱"（参见高名凯，1948；尹洪波，2015）。

广义的否定范畴是对语音、词汇、句法、语义和语用等各个语言层面否定的统称，狭义的否定范畴主要指语义层面的否定。出于不同的研究目的，我们从意义与形式两个要素将否定范畴区分为不同的类型，即意义否定与形式否定。前者包括语义否定与语用否定、全部否定与局部否定，后者涉及显性否定与隐性否定、一般否定与特殊否定、单一否定与多重否定。下面分而述之。

1.1 意义否定

意义否定是从意义要素考察否定词在句中的作用，根据否定词所否定的不同层面，可以将否定区分为语义否定和语用否定；根据否定词所作用的语义范围，可以将否定区分为全部否定和局部否定。

1.1.1 语义否定与语用否定

多数情况下，句子的否定是通过否定词或否定标记对一个肯定的断言作出相反判断而实现的，这类否定属于语义否定。在真值条件语义学中，句子的语义内容就是句子为真的条件，而语义否定是对句子的真值条件进行否定。从逻辑上讲，如果把一个肯定的陈述句看作原子命题，那么相应的否定句就相当于一个否定的连接词和一个原子命题所构成的复合命题，其真值由原始命题取非得到。

语义否定只否定句子本身的命题意义，而不涉及命题之外的意义，因此也被称作内部否定（internal negation）或逻辑否定（logical negation）。如：

(1) a. 张三喜欢听音乐。（肯定判断）
　　b. 张三不喜欢听音乐。（否定判断）
　　c. ¬张三喜欢听音乐。（语义表达）
(2) a. 李四买了房子。（肯定判断）
　　b. 李四没买房子。（否定判断）
　　c. ¬李四买了房子。（语义表达）
(3) a. 张三有三个儿子。[①]（肯定判断）

[①] 例句引自沈家煊《"语用否定"考察》，《中国语文》1993 年第 5 期。

b. 张三没有三个儿子。（否定判断）

c. ¬ 张三有三个儿子。（语义表达）

语义否定的主要特征是它会在一定条件下产生辖域歧义。否定词的辖域指的是其所作用的句法语义范围。在否定句中，所有可能被否定词所否定的句法单位构成了否定的辖域。一般认为，汉语的否定辖域是位于否定词右侧的全部成分。下面我们以（4）为例来说明否定辖域的存在：

（4）a. 我的学生都喜欢语义学。

b. 我的学生都不喜欢语义学。

c. 我的学生不都喜欢语义学。

（4b）和（4c）都是（4a）的否定句，但由于否定词和量化副词的相对位置不同，二者的辖域也不同，导致两个句子的意义相去甚远。（4b）中，"不"位于"都"的右侧，"不"在"都"的辖域之内，即"都"的辖域大于"不"，采用集合的概念来解释句子的意义，（4b）可以大概描写为："我的学生"都属于"不喜欢语义学"这个集合的成员；（4c）中，"都"在"不"的右侧，"都"在"不"的辖域之内，该句义为："我的学生"并非都属于"喜欢语义学"这一集合的成员。

语义否定与辖域歧义相关的另一个特征是，当句子中有对比焦点时，否定词会和该焦点成分发生关联，从而影响句子的语义解释。否定还可以超越命题本身的意义，对句子中表达命题方式的合适性，亦即命题的适宜性条件（felicity conditions）进行否定，这类超越句子命题意义的否定可称作外部否定（external negation）。荷恩（1985）指出，外部否定不能按照作用于命题之上的语义算子来处理；而应该看作一种反对先前话语的手段，反对的理由可以是先前话语在规约或会话含义、形态、风格或语音实现形式上的不恰当性。可见外部否定与语义否定属于两种不同性质的否定，前者主要涉及句子生成的语用环境，因此也称作语用否定。

比较常见的语用否定是对句子的会话含义和预设进行否定。如：

（5）甲：昨天晚上跟你在一起的那个女人岁数不小了吧？

乙：她不是什么"女人"——她是我妻子！

（6）法国国王不是秃顶——因为根本就没有法国国王。

例句（5）中乙所否定的不是甲所说句子的命题意义，而是甲提问方式的合适性条件。甲在提问中使用了"女人"一词，使这个句子产生了会话意义。该句的会话含义可由格莱斯理论（Gricean Theory）推出：根据合作原则中的"数量准则"，说话人应该提供交谈所需的足量的信息，不多也不少。"女人"的信息量小于"妻子"，甲选择了一个信息量小的词"女人"，这是对信息量更大的词"妻子"的否定。对数量准则的违反会使句子产生如下会话含义：这个女人不是乙的妻子，而是别的女人。而乙的回答否定了这一会话含义。

对包含专有名词的句子而言，该专有名词所指称的事物必须存在，是句子具有意义的前提条件——句子的预设之一。例句（6）"法国国王不是秃顶"否定的不是相应的肯定句"法国国王是秃顶"的命题意义，而是该句的预设"法国有一位国王"。

从（5）和（6）可以看出，语用否定一般都有后续小句进一步加以辩解或引述。如"她是我妻子""因为根本就没有法国国王"。

以下例子的对比可以清楚说明语义否定和语用否定的不同：①

（7）a. 王彦芳不是女人，是男人。（语义否定）

　　b. 她不是什么"女人"，她是我妻子。（语用否定）

（8）a. 张三没有戒烟，他还抽烟。（语义否定）

　　b. 张三没有戒烟，他从来不抽烟。（语用否定）

以上（7a）和（8a）否定的是相应肯定句的命题意义，属于语义否定。（7a）可理解为"王彦芳是女人"这一命题为假，（8a）可理解为"张三戒烟了"这一命题为假。（7b）和（8b）否定的是隐含义或

---

① 例句引自沈家煊《"语用否定"考察》，《中国语文》1993 年第 5 期。

预设，属于语用否定。(7b)否定"她是一个女人"的隐含义"这个女人不是乙的妻子"（如前所述），(8b)否定的是"张三戒烟了"的预设"张三曾经抽烟"。

由于交际中的每个语句都应具备一定的合适性条件，在合适的语境下进行，因此从理论上讲，每个否定句都存在语义否定和语用否定的歧义，这也是产生否定歧义的原因之一。但人们对否定句的默认理解首先是对句子命题意义的否定，而不是对句子表达的适宜性条件（如前文讨论的句子的会话含义或预设）进行的否定。因此，语用否定常常需要后续小句作进一步补充说明。由此可见，针对命题意义的语义否定是无标记的否定，而针对命题适宜性条件的语用否定是一种有标记的否定。

1.1.2 全部否定与局部否定

如前所述，语义否定会受到否定辖域的影响，不同的否定辖域会产生不同的解读。在语义层面，否定词相当于改变句子语义的一个算子，可称之为否定算子。为了对否定句进行语义解释，我们需要写出否定句的逻辑表达式。在逻辑表达式中，根据否定算子所作用的不同范围，可以把否定区分为全部否定（whole negation）和局部否定（partial negation）。全部否定和局部否定是针对句子的命题意义而言的，因此属于语义否定的两种情况。

全部否定指的是对整个句子的否定，全部否定中的否定操作相当于逻辑中的非运算。如果 P 是肯定句，对这个句子的全部否定就是"$\neg p$"（可参见方立，2000）。

自然语言中，否定句的一般形式是在句子谓语的前面添加否定词。如：

(9) a. 他离开原单位了。
　　 b. 他没离开原单位。

(10) a. 他喜欢玩手机游戏。

b. 他不喜欢玩手机游戏。

以上每组句子的 b 句都是和 a 句意义相反的否定句，两句真值相反：a 句为真时，b 句为假；反之亦然。如果用 P 代表 a 句，那么 b 句的语义为"￢P"。如果用自然语言中的"并非"表示逻辑中的"￢"，全部否定的句子相当于"并非+肯定句"，如（9b）的语义相当于"并非+他离开原单位了"，（10b）相当于"并非+他喜欢玩手机游戏"。

典型的局部否定指的是对句子中某个成分的否定，这种否定也可称为成分否定（constituent negation）。① 这类否定的特点是，否定词位于句子中某一短语的内部，但整个句子仍然是肯定句。如下例：

（11）没主意比馊主意好。

（12）没消息就是好消息。

（13）阳光照在她不高兴的脸上。

从句子的整体意义来看，以上句子都是肯定句，因为这些句子的谓语是肯定形式。(11)的主语是否定意义，但整个句子的谓语部分并没有被否定，所以句子本身还是肯定句；(12)的主语是包含否定词的短语，该句子的否定仅限于短语之内，被否定的对象是主语中的"消息"。(13)的宾语包含一个否定的定语，否定词的否定对象是修饰成分"高兴"，句子的谓语仍然是肯定形式。以上各句的否定仅作用于句子的论元内部，因此都属于局部否定，这类局部否定很容易判断。

另外还有一些较为复杂的情况，即当句子包含量化成分时，尽管否定词是在句子的谓语部分，整个句子也是否定句，但由于量化词语的性质会对否定句产生影响，导致句子的逻辑表达式出现全部否定和局部否定的差异。如：

（14）a. 所有的学生都没去学校。

---

① 这里讨论的情况主要是句法层面的，由否定语素构成的词语，如"不伦不类""非法""不久"等等，不在讨论范围之内。

b. 有的学生没去学校。

（15）a. 每个人都不喜欢那个家伙。

　　　b. 有的人不喜欢那个家伙。

以上（14a）和（15a）包含全称量化词"所有的"和"每个"，（14b）和（15b）包含存在量化词"有的"。（14a）和（15a）的逻辑式可以粗略地表示为"∀x¬P（x）"，解读为"所有的/每一个x都不具有P的特征"。该逻辑式表明，否定作用的范围是句子的谓语部分，而不是整个句子，因此以上两句为局部否定。（14b）和（15b）的逻辑式可粗略表示为"¬∀xP（x）"，解读为"并非所有的x都有P的特征"，否定词作用的范围是整个句子，属于全部否定。

我们在1.1.1节讨论语义否定时，以量化副词为例，说明了否定辖域对句子意义的影响。否定词和量化副词的不同线性顺序会影响二者的辖域关系，从而产生全部否定和局部否定的差异。如：

（16）a. 大家都不喜欢这本书。

　　　b. 大家不都喜欢这本书。

（16a）和（16b）包含了否定词和全称量化副词"都"，（16a）的量化副词先于否定词，其辖域大于否定词，句子的逻辑式可简单表示为"∀x¬P（x）"，解读为"所有（论域中）的人都具有'不喜欢这本书'的特征"，否定算子仅管辖谓语部分"喜欢这本书"，句子属于局部否定。（16b）则相反，其逻辑式可简单表示为"¬∀xP（x）"，解读为"并非（论域中）所有的人都具有'喜欢这本书'的特征"，否定词作用的范围是整个句子，属于全部否定。

英汉包含全称量化成分的否定句在语序和解读上存在差异，如：

（17）All that glitters is not gold.（并非所有发光的都是金子）

（18）Everyone doesn't like this guy.（并非所有的人都喜欢这个人）

（17）和（18）的语序对应于（14a）和（15a），相对应的中文翻译可以清楚地表明这两个句子的语义都应表达为"¬∀xP（x）"，因此都属于全部否定。在汉语中，同样语序的句子则是局部否定。

总而言之，如果句子中存在量化成分，那么量化词语的语义性质和否定词与量化副词的位置关系就会影响句子的否定性质。具体来讲，在汉语中，主语如果为全称量化短语，否定句为局部否定；主语为存在量化短语，否定句为全部否定。全称量化副词"都"在否定词之前为局部否定，在否定词之后为全部否定（参见郎大地，2006）。

需要注意的是，以上对于全部否定和局部否定的区分是基于否定句的逻辑表达式所做的判断。根据逻辑语义学，如果在逻辑式层面，否定算子位于句子谓语之前，否定算子仅作用于谓语部分，句子为局部否定；如果否定算子位于句子之前，否定算子作用于整个句子，则为全部否定。这一结论与传统意义上的全部否定和局部否定的区分可能是相反的。比如传统上认为"大家都不喜欢这本书"是全部否定，而"大家不都喜欢这本书"是局部否定，这里的"全部"和"局部"是针对被否定的论元数（整体或局部）而非句子的逻辑表达式所做的判断。

1.2　形式否定

形式否定是从形式要素考察否定词在句中的作用，根据否定范畴是否有显性标记，可以把否定区分为显性否定与隐性否定；根据否定是否具有特殊性，可以将否定区分为一般否定与特殊否定；根据句中否定词或否定标记的数量，可以把否定区分为单一否定和多重否定。

1.2.1　显性否定与隐性否定

无论采用形态手段、句法手段还是语音手段，凡是通过可识别的显性标记来实现的否定范畴，都属于显性否定。在有些情况下，句子没有显性否定标记，但仍然表示否定意义，这类否定就是隐性否定。显性否定比较容易辨识，下面主要讨论隐性否定的情况。

反诘问句是比较典型的隐性否定句，如：

（19）你紧张什么？

（20）这件事还需要解释吗？

以上两个句子都是疑问句式，但表达的却是否定意义：（19）应理解为"你不必紧张"；（20）应理解为"这件事不需要解释"。

肯定形式的反诘问句表达否定的意义。正如吕叔湘（1982）所指出的，"反诘实在是一种否定的方式：反诘句里没有否定词，这句话的用意就在否定；反诘句里有否定词，这句话的用意就在肯定"。反诘问句通常出现在反常性语境中，这类句子的隐性否定意义来自说话人对反惯常性语用环境下的反常情况产生的怀疑（详见刘彬、袁毓林，2017）。

与此相关，汉语中有些反诘类语气副词倾向于表达否定意义，如汉语的疑问语气副词"何必""何曾""何须"等（详见齐沪扬、丁婵婵，2006）。

（21）区区小事，何必在意。

（22）她在一个治安很好的小城市长大，何曾知道大城市会如此危险。

（23）详情我已经知道了，何须再说。

以上包含反诘类语气副词的小句的意义都是否定的，（21）"何必在意"的含义是"不必在意"；（22）中"何曾知道大城市会如此危险"应理解为"不曾知道大城市会如此危险"；（23）中"何须再说"应理解为"不需要再说"。

除了反诘问句和反诘类语气副词之外，汉语中还存在一些特殊的句式和词语，它们虽然是肯定形式，但表达的却是否定意义，也可以看作隐性否定。如：

（24）躲进小楼成一统，管他冬夏与春秋。

这个句子中的"管他冬夏与春秋"可理解为"不管冬夏还是春秋"。

英语中也有一些表达否定意义的固定句式，翻译成中文一般需要变成否定句。这类句式也可以看作隐性否定句。比较常见的如"too…
to…"格式：

(25) The news is too good to be true. （这个消息好得不真实）

另外，英语不定式在 yet 或者 remain 之后表示未完成的动作，也具有否定意义，可以看作隐性否定。如：

(26) This problem remains to be solved. （这个问题还没解决）

(27) In all my travels I had yet to see a place so beautiful as this orchard.
（在所有我去过的地方，还从来没见过这么美的果园）

1.2.2 一般否定与特殊否定

一般情况下，否定是通过给肯定句添加否定标记而构成一个具有否定意义的句子。前文讨论的大部分否定句都属于这种情况，为方便叙述，再次举例如下：

(28) a. 我今天有课。
b. 我今天没有课。

(29) a. They came. （他们来了）
b. They didn't come. （他们没来）

由于英语和汉语之间的系统性差异，两种语言一般否定句的形式也不同。在没有助动词的情况下，汉语否定词可以直接加在主要动词之前，而英语否定句则由助动词加上否定词构成。此外，英语否定句可能还涉及动词形式的变化。但英汉两种语言的一般否定句标记手段都属于句法手段。以上否定句是最为普通和常见的无标记否定句，可称之为一般否定句。

除了由否定标记所构成的一般否定句之外，还有一些特殊否定句，包括前文所讨论的语用否定、隐性否定及下文将要谈到的多重否定，另外还有几种较为特殊的否定也在此略作介绍。

首先讨论包含焦点的否定句。这类句子的特殊之处在于它包含一个对比焦点（用［F］表示），由于该焦点的存在，句子除了一般否定句的意义之外，又多了一层焦点否定意义。如：

（30）妈妈没批评［F 大宝］。（她批评的是二宝）

（31）［F 弟弟］没哭。（哭的是哥哥）

以上两个句子都是否定句，二者的特殊之处在于，句子的语义具有双重性。具体来讲，这两个句子除了分别表达"妈妈没批评大宝"和"弟弟没哭"这两个基本命题意义（或断言义）之外，还有另一层隐含意义。(30) 的隐含意义是"妈妈批评了 x, x≠大宝"，在隐含意义层面，句子被否定的对象是焦点成分"大宝"，"批评"这一动作并没有被否定，因为它事实上还是发生了；(31) 的隐含意义是"x 哭了, x≠弟弟"，它意味着（31）中否定词作用的对象是焦点成分"弟弟"，而不是动词"哭"。这类否定句之所以和一般否定句的语义解释不同，是因为句子中包含了对比焦点，而否定词的焦点关联（associated with focus）特征使它与句子的焦点相关联，从而产生了焦点否定的隐含意义，这类否定也被称作"焦点否定"（详见刘丽萍，2014）。

为了说明焦点否定和一般否定的区别，我们可以比较下面这组句子：

（32）a. 小王没瞒着父母去深圳。

　　　b. 小王没瞒着父母［F 去深圳］。

　　　c. 小王没［F 瞒着父母］去深圳。

　　　d. ［F 小王］没瞒着父母去深圳。

（32a）是一般否定句，相应的肯定句是"小王瞒着父母去深圳"；（32b）、（32c）和（32d）属于焦点否定，焦点的位置不同，相应的句子释义也不同：（32b）可以理解为：小王没瞒着父母去深圳，他瞒着父母做了别的事情；（32c）可以理解为：小王没瞒着父母去深圳，他告诉父母他去深圳了；（32d）可以理解为：小王没有瞒着父母去深圳，其他人瞒着父母去深圳了。可以看到，焦点的位置对句子释义的影响是很明显的，焦点否定是一种有标记的否定，也属于一种特殊否定。焦点否定对句子释义的影响在英语和汉语中有类似的表现。

另一种特殊否定是冗余否定（参见戴耀晶，2004）。在冗余否定句中，否定词的出现与否对句子真值没有影响。冗余否定有一些固定格式，它和一些特殊词语的使用及句子的语境有关，如汉语的冗余否定：

(33) 小心别滑倒！（=小心滑倒）

(34) 今天早上堵车很严重，我上课差点没迟到（=差点迟到）

(35) 你这么说，听的人难免不生气（=难免生气）

(36) 没上大学以前，他一直住在北京（=上大学以前）

以上例句去掉否定词之后，句子的意义不受影响，由此可见，句子的否定词是冗余成分，不同的词语可以产生冗余否定的语境不同。

英语中没有和汉语完全相同的冗余否定，但非标准英语中有一种"否定呼应"格式，和汉语的冗余否定有相似之处。该格式是指两个否定成分语义上相互呼应，保持否定意义（详见文卫平，2017）。从形式上看，否定呼应格式中包含两个否定标记，但句子表示的意义和一般否定句相同。否定呼应格式的否定标记往往会添加在不定名词之上，如：

(37) Nobody said nothing. [= Nobody said anything. （没有人说什么）]

(38) Nobody said that nothing had happened. [= Nobody said that anything had happened. （没有人说发生了什么事情）]

第三种特殊否定是带有强调色彩的否定格式。一般来说，当否定词与负极词共现时，可以构成否定强调格式，表达极性否定意义。这类带有强调色彩的否定存在于各种语言中。在汉语中，"一+（量词）+名词+都/也+否定词"[①] 是典型的否定强调格式。如：

(39) 他一天学也没上过，一个汉字都不会写。

[①] 实际上，表示否定的"连……都/也+否定词"格式本身就是一种否定强调格式，"一+（量词）+名词+都/也+否定词"是该格式的一种特殊情况。

负极词也会使否定句带上显著的强调作用，如"任何、丝毫、从来、压根儿、根本"等。如：

（40）这件事他不承担任何责任。

（41）看起来他丝毫不担心自己的未来。

（42）孩子能够理解从来没有听说过的句子。

（43）他压根儿不想费脑子玩什么猫捉老鼠的游戏。

英语也是如此：

（44）He didn't want to speak one word. （他一句话也不想说）

（45）He didn't eat anything. （他什么也不想吃）

1.2.3 单一否定与多重否定

多数否定句都是对相应肯定句的直接否定，这些否定句中只有一个否定标记，此类否定句属于单一否定，单一否定是否定的基本形式。

语言中也存在一个句子中包含两个或更多个否定标记的情况，称为多重否定。多重否定中最常见的是双重否定，即一个句子包含两个否定标记的情况。如：

（46）他不是没听见，而是心不在焉。

（47）Nobody has no friend. （没有人没有朋友）

在逻辑学中，两个否定算子相加之后所得到的命题是肯定命题，即"¬¬P⇔P"，这一规律被称作"双否律"。以上两个例句的解读符合双否律。其中（46）中小句"他不是没听见"，同时包含了两个否定词"不"和"没"，这两个否定词的意义相互抵消，其结果就是"负负得正"，与肯定句"他听见了"意义相当；（47）包含了否定性无定名词"nobody"和否定词"no"，同样地，该句的意义也和肯定句"everybody has friends"（每个人都有朋友）相当。

尽管在一般情况下自然语言双重否定的语义符合双否律，但实际上双重否定存在多种可能的语义解读。文卫平（2017）总结了双重否定的四种形式,即:否定抵消、否定弱化、否定呼应和否定强化。其中最常见的是否定抵消,其次是否定弱化,依次递减。

否定抵消是指双重否定在符合双否律的前提之下,表达比相应的肯定句更为强烈的肯定意义,也可以看作一种否定的强调形式。这类句子在英语和汉语中都很常见,如:

(48) 既然是好朋友,就不能不出手相助。

(49) We cannot succeed without your help. (没有你的帮助,我们就不会成功)

以上(48)例中"不能不出手相助"的意义比"出手相助"更为强烈,同样的,(49)所表达的肯定意义也比"we can succeed with your help"(有了你的帮助我们才能成功)更为强烈。

此外,双重否定还可以表示委婉、平和的语气(吕叔湘,1985)。这种情况属于"否定弱化",否定弱化也是双重否定的基本形式,这类双重否定常常有固定的词语或格式,如汉语的"不无/未必不/不一定不/不见得不"和英语的"not un-A"格式:

(50) 他未必不知道故事的结局,只是不想谈而已。

(51) She is happy, or at least not unhappy. (她很幸福,至少不是不幸福)

上例(50)"未必不"包含两个否定词"未"和"不",属于双重否定格式的否定词短语,去掉该短语,句子的命题意义没有变化,但会失去委婉的语气;(51)的第一个小句和第二个小句意义的强弱对比可以通过"at least"表现出来,即后者("not unhappy")程度要弱于前者("happy")。

否定呼应在1.2.2小节介绍过,此处不再赘述,仅举例如下:

(52) Nobody said nothing. [=Nobody said anything(没有人说什么)]

否定呼应有时也涉及三个或更多否定成分连用。这类否定广泛存在于非标准英语中,现代汉语和现代标准英语中没有发现该现象。

否定强化是指两个否定成分连用,产生语气较强的否定意义。如:

(53) There won't be no cat. [= there is no cat（这儿没有猫）]

否定强化是一种强调格式，该现象只存在于英语口语和汉语某些方言中。

总的看来，双重否定产生肯定意义（否定抵消和否定弱化），是汉语和英语中比较常见的现象①。当一个句子中包含两个以上的否定词或否定标记时，句子的意义是该句所出现的否定成分相互作用、相互抵消之后的结果。一般来说，可以互相抵消的两个否定标记不应跨越小句范围。汉语超过两个以上否定词或否定标记的情况多见于复合句，但只有同一小句的两个否定成分之间才可以产生肯定意义。如（会产生否定抵消的部分加了下划线）：

(54) 他<u>不得不</u>承认这种思路不正确（比较：他承认这种思路不正确）

(55) 你<u>不能不</u>跟孩子商量就不同意他参加这次活动。（比较：你应该跟孩子商量了才不同意他参加这次活动）

(56) 他<u>未必不</u>知道不参加这次会议也没关系。（比较：他知道不参加这次会议也没关系）

当代标准英语中多重否定也不少见，如：

(57) Without a vaccine or effective clinical treatments for the virus, we know that <u>no</u> choice that reopens the campus is <u>without</u> risk②.（如果没有疫苗或有效的治疗方案，我们都知道没有任何重新开放校园的决定是没有风险的）

在非标准英语中多重否定的句子也比较常见，通常会存在否定呼应的解读，如：

---

① 至此，我们讨论的双重否定主要指两个否定词或否定标记都在一个简单句中的情况。双重否定出现在复合句的情况比较复杂，比如在包含宾语从句的复合句中，由于主句动词语义特点的不同，有些主句中的否定词可以和从句的否定词相互抵消，产生肯定意义，有些则不能。如：不相信他不知道＝相信他知道；不希望他不参加＝希望他参加；不知道他不在家≠知道他在家；不说他不来≠说他来。（例句引自吕叔湘，1987：305）

② 引自新冠疫情期间哈佛大学关于新学期是否开学的公告。

(58) I never said nothing to nobody. [= I never said anything to anybody（我从没跟任何人说过什么）]

毫无疑问，一个句子中否定标记越多，句子理解起来越困难。

1.3　小结

否定和肯定是语言中相互对立的两个范畴，从标记论的角度来看，肯定是无标记的，否定是有标记的。为了对否定范畴有一个较为全面的认识，本章分别从否定所作用的不同语言层面、否定在语义层面的不同辖域、否定是否有显性标记、否定是否有特殊性和句子（简单句或复合句）中否定标记的数量等五个方面对否定范畴进行了分类考察。本章一共介绍了10类（5对）否定，这10类否定之间不存在互补关系，而是从不同的角度观察所得出的不同结果。因此，同一种否定从不同的角度来看可以属于不同类别的否定，如：局部否定和全部否定都属于语义否定；单一否定、语义否定、显性否定都属于一般否定，而多重否定、语用否定、隐性否定属于特殊否定。

第二章 多重否定的动因

我们在 1.2.3 中简述了单一否定和多重否定，多重否定是否定连用的现象，根据泽尔斯特拉（Zeijlstra，2004）的分类（见表 2-1），多重否定主要指双重否定和否定呼应，在英语文献中，大都认同或沿用这一分类。我们在这个分类的基础上，对英汉多重否定形式进行了细化。

表 2-1　　　　　　　　　否定的分类

A taxonomy of negation

Single Negation (SN)	Complex Negation	
	Sinplex Negation	preverbal element：
		negative adverb：
Multiple Negation (MN)	Double Negation (DN)	
	Negativel Concord (NC)	Negative Spread (NS)
		Negative Doubling (ND)
		Negative Spread and Doubling (NSD)

引自 Zeijlstra（2004：193）。

多重否定是人类语言中的一种普遍现象，很多语言中都存在多重否定格式。为什么多重否定具有跨语言的普遍性？为什么在否定的格式中，否定标记与否定词同现并不是冗余，而是被大家喜闻乐见的一种形式？我们从叶氏周期（又称否定周期）可以追溯其缘由，找到多重否定的动因以及跨语言的证据。

2.1 叶斯帕森与叶氏周期

语言的发展是周期性的,语言周期指语言发展过程中呈现出来的有规律的变化模式,即每一轮语言的变化都是系统的、有规律可循的(Van Gelderen,2013)。语言的这种周期变化从微观到宏观,可以分为三种类型(Heine et al.,1991:245)。

第一种类型,语言的个别变化或语法化的孤立现象,指一个词在语法化以后由一个新词所取代。如英语动词"go"用作将来时标记。

第二种类型,语言的部分现象,指语言中的某一部分发生变化。如某个语言的时—体—态系统从边缘现象发展成屈折模式,再回复到新的边缘状态,又如否定的循环演变。

第三种类型,语言的整体现象,指整个语言和语言类型发生变化。

在以上三种类型的语言周期中,第一种类型和第二种类型已形成基本共识,对于第三种类型,学界持保留意见,其原因在于没有足够的语言证据反映或描述各语言的初始状况,要从语言类型学的视角描述整个语言的演变规律和演变模式是比较困难和有失客观的。故我们讨论的语言周期多指第一种类型和第二种类型,以第二种类型最为常见。

否定周期属于第二种类型,即否定在某个阶段只涉及一个否定词,然后再添加一个否定词,该否定词并不是强制性的,之后,初始的否定词脱落。新添加的否定词又被另一个否定词强化而脱落。否定周期一般指叶氏周期(Jespersen's Cycle, JC),但实际上还包括克氏周期(Croft's Cycle)。本书主要聚焦叶氏周期,对于克氏周期只做简单介绍,因为克氏周期与多重否定没有直接联系。

叶氏周期指英语和其他语言的否定演变过程,即从动词前否定标记,经过非连续否定标记,到最后,初始否定标记脱落。作为一个术语,叶氏周期是瑞士语言学家奥斯滕(Östen,1979)提出来的,用以肯定叶斯帕森标示语言变化模式的开创性工作。

2.1.1 叶斯帕森其人

在讨论叶氏周期之前,有必要对叶斯帕森本人作适当的介绍,他的研究背景、学术造诣以及对语言学及语言教育的贡献与影响有助于我们理解为什么叶氏周期如此深入人心,成为否定研究乃至语言研究的一种模式。

叶斯帕森是19世纪后期20世纪前期闻名于世的丹麦语文学家、语法学家、教育学家,1860出生于丹麦兰讷斯(Randers)城的一个律师世家。早年受丹麦语文学家拉斯克(Rask)的影响,对语文学产生浓厚兴趣,怀着极大热忱阅读拉斯克的语法,自学冰岛语、意大利语、西班牙语,通晓多国语言和文字,这为他日后的研究打下了扎实的语言基础。叶斯帕森在17岁时入读哥本哈根大学,为继承家族传统,选择修读法律,但因其对语言的浓厚兴趣,从1881年起,完全转向语文学,师从语言学家弗纳(Verner),1887年获得硕士学位。攻读硕士学位时,主修法语,辅修拉丁语和英语。在随后的一年里,他游学英国、法国、德国,拜见著名语言学家,参加各种语言学讲座,思考与语言学相关的问题。后来听从语言学家汤姆森(Thomsen)的建议,回到哥本哈根大学继续学习,1891年获得博士学位,论文选题为英语格系统。从1893年起,叶斯帕森一直在哥本哈根大学任职,长达32年,是该校的英语语言文学教授,1920—1921年曾任校长职务。

叶斯帕森一生涉猎广泛,著述丰硕,自1889年至1943年共发表论著(包括再版)823种,涉及语言史、语言进化、语法哲学、语音学、语法学、语言教育以及世界语等诸多领域,堪称传奇。其代表作品见表2-2。

表 2-2　　　　　　　　　叶斯帕森主要论著

题目	出版社/期刊名	时间
The Articulations of Speech Sounds Represented by Means of Analphabetic Symbols	Marburg: Elwert.	1889
How to Teach a Foreign Language	London: Allen & Unwin	1904
Growth and Structure of the English Language	Leipzig: Teubner	1905
A Modern English Grammar on Historical Principles（7 volumes）	Heidelberg: Winter	1909
Negation in English and Other Languages	Kobenhavn: Host	1917
Language: Its Nature, Development, and Origin	London: Allen & Unwin	1922
The Philosophy of Grammar	London: Allen & Unwin	1924
An International Language	London: Allen & Unwin	1928
Novial Lexike Novial to English	London: Allen & Unwin	1930
Essentials of English Grammar	London: Allen & Unwin	1933
Analytic Syntax: A System of Expressing Grammatical Formulae by Symbols	London: Allen & Unwin	1937
En Sprogmands Levned	Copenhagen: Gyldendal	1938
Efficiency in Linguistic Change	Copenhagen: Munksgaard	1941
What is the Use of Phonetics?	*Educational Review*	1910
Energetik der Sprache	*Scientia 16*	1914
The Classification of Languages	*Scientia, Vol. 28*	1920
The Teaching of Grammar	*The English Journal*	1924
Nature and Art in Language	*American Speech 5*	1929
The System of Grammar	*Linguistica*	1933
Voiced and Voiceless Fricatives in English	*Linguistica*	1933
Monosyllabism in English	*Linguistica*	1933
Adversative Conjunctions	*Linguistica*	1933

　　叶斯帕森对于语言、语言教育及语言文字应用都有独到的研究和贡献，其成果在语言学领域、外语教育领域及人工语言领域产生了广泛的影响，其中"品级理论"、"叶氏周期"、"直接教学法"和"诺维亚语"是其经典性和最具有代表性的成果。

品级理论

　　叶斯帕森将一定句法结构中词与词的相互关系，按照句法成分的不同，分成若干品级（ranks），称为词品。词品在整个语法体系中占有重要地位，"叶斯帕森语法体系区分两组重要概念：其一为组合式与连系式，其二是词类与词品。前者是从语法结构的角度加以区分，后者则是将词的静态义与动态义加以区分。叶斯帕森'词品'是指处于句法关系中的词在语法重要性上所处的地位，因此，结构（或称'关系'）赋予具体词不同的'品级'，即首先必须有结构，才有品级可言"（郭威、张高远，2015：8）。

品级理论又称"三品说"，在国际语言学界广为人知，最早出现于《语言的逻辑》（*Sprogets Logik*，1913）一书，叶斯帕森分别用 principal、adjunct 和 subjunct 表示"首品"、"次品"和"末品"，后来在《语法哲学》（*The Philosophy of Grammar*，1924）一书中，principal、adjunct 和 subjunct 分别改为 primary、secondary 和 tertiary。

"品级"是如何确定的呢？所谓"品级"是根据词与词之间限定与被限定的关系而确定的。在一个词组或者短语中，首品词（primary）受到次品词（secondary）的限定，次品词受到三品词（tertiary）的限定，三品词受到四品词的限定，依此类推。如"飞跑的小孩"，其中"小孩"是首品词，作限定语的动补结构短语"飞跑"中的"跑"，是次品词，或称之为修品词，修饰"跑"的副词"飞"是三品词。

一般来说，名词对应于首品词，形容词对应于修品词，副词对应于次修品词。但词性与品级的对应并不是绝对的。如在"农民歌手"一词中，名词"农民"与"歌手"都是名词，但前者限定后者，此时第一个名词"农民"为修品。同样，形容词不一定总是修品词，它可以作首品词，这种情况在英语中比较常见。如：

(1) In that country, the rich become richer, the poor, poorer.

在（1）中，"rich"与"poor"都是形容词，但它们居于首品的地位。

除此之外，名词、形容词可以充当次修品词，副词可以充当首品词和修品词。

在"三品说"中，动词只能是修品，不能成为首品或三品，句中以首品或三品出现时，只能是不定式形式。但在汉语中，动词作为主语或宾语，出现在首品位置上的情况十分普遍。如"睡觉是最好的休息"中的"睡觉"与"休息"以及"运动乃我人生路上的光明灯"中的"运动"等。

三品说对我国现代汉语研究产生了深远的影响，吕叔湘先生和王力先生都先后引入了"三品说"的内容，如在《中国文法要略》中，吕叔湘先生论述词与词的组合时，将词分为甲级、乙级、丙级三品。王力先生在《中国现代语法》中提出，汉语语法中要区别词类和词品，认为，"词在字典里的时候，分类不分品；词在句子里的时候，分品不分类"（王力，1985：19）。"词类是一个词独立的时候所应属的种类；词品是词和词发生关系的时候所应属的品级，研究语法的时候，词品比词类更重要"（王力，1985：24）。《中国文法要略》在汉语语法史上有很大影响，是我国语法学史上对汉语句法全面进行语义分析的第一部著作。而《中国现代语法》从汉语事实出发对现代汉语的语法规律进行总结，突破了传统语法依照西洋语法为蓝本所建立起来的语法框架。《中国文法要略》与《中国现代语法》是真正取得了革新成果的开创性著作。

外语教育

叶斯帕森是杰出的外语教育家，19世纪末外语教学改革运动的重要人物。他曾为丹麦教育部制定了丹麦方言拼音字母表以及新的外语教学大纲，编写过很多英语、法语教材。倡导"直接法"（direct method）在外语教学中的运用，主张外语教学应首先解决语音问题。

19世纪80年代以前，欧洲的外语教学主要是教授古典语言（特别是拉丁语），采用的方法是语法—翻译法，语法被当作语言的核心，是外语学习的主要内容和教学的基础，翻译是教学的基本手段。教学中强调熟记语法规则和单词，通过逐字逐句的翻译来训练阅读和写作的能力。

作为一种教学方法，语法—翻译法统治了欧洲外语教学长达数百年之久，于19世纪达到全盛时期。至19世纪末20世纪初，语法—翻译法的缺陷开始为人们所认知，这个时期的西欧，工业迅速发展、贸易繁荣昌盛，国际交往日益频繁，外语口语人才严重不足。而语法—翻译法在教学上侧重书面语，口语与交际能力的培养不足，教学效果与社会需求不相适应。

1880年，欧洲兴起了外语教学改革运动，一批语言学家和语言教师认为，传统的古典语言教学法无法满足现代语言教学的需要，必须改革。1887年，国际语音协会提出六项原则：主张外语教学应从日常生活口语开始；要让学生熟悉语音、常用的句子和习语；语法教学要用归纳法；要让学生用外语思维；写作训练要先模仿后创作；笔头翻译应在提高阶段进行。在此背景下，体现这些原则的直接教学法应运而生。

1893年，叶斯帕森受聘为哥本哈根大学英语语言文学教授，痛感丹麦外语教育刻板机械、费时低效，积极寻求改革途径，致力于改变其现状。1904年，出版《怎样教外国语》（*How to Teach a Foreign Language*）一书，从教学目标、教学法和选材原则到教学手段、练习体系，总结了这个阶段外语教学改革的成果。该书自1904年至1947年连续发行9版，曾一度被外语教师当作"圣经"，被译成多种语言出版，至今仍是外语教育领域广大学者和教师必读的经典。

诺维亚语（Novial）

从 Novial 的词形来看，nov 表示新（"new"），IAL 意为国际辅助语言（International Auxiliary Language）[①]，即人工建构的用于不同母语背景的人们之间交际的国际辅助语言，其词汇主要基于日耳曼语和罗曼语，语法则

[①] 国际辅助语是为帮助使用不同的民族语言的人们更好地进行语言交往而设计的一种辅助性语言，其目的并非想取代任何一种民族语言，而是起到一种"中介语"或"桥梁语"的作用。从社会语言学上说，国际辅助语是一种计划性语言，这种计划性语言可以用3个办法选择：复活某种已死的语言（如古希腊语、拉丁语、梵语、古希伯来语）；选择某种现存的民族语言（如英语、法语）；创制一种新的语言（人造语）。第一个办法很难实行，因为那些死去的古典语言都非常难学，又脱离现代生活。第二个办法如果实行，会损害世界上大多数民族的自尊心，因为只有其语言被选中的民族可以免去任何学习任务，而其余民族则不得不费力去学习其他民族的语言。第三个办法有较大的选择余地，因为新的语言可以按照一个理想的语言模式去创造，而又可以做到不违背民族平等的原则。至2006年年底，全世界已经拥有100多种国际辅助语言，但大多数并没有得到广泛的应用，其中最为成功的是由柴门霍夫创造的世界语。国际辅助语言在被接受后通常是第二语言，只有如世界语、伊多语这类较广泛的辅助语言拥有少数的第一语言使用者。

受英语的影响。在语言文字应用方面,叶斯帕森也有自己的独到之处,他认为,语言文字为"便民利俗之器",所以他试图创造一种国际辅助语,使之成为世界各国不同语言之间用于书面交往或口头交际的工具。1907年,他与其好友一起创立了一种名为"伊多语"(Ido)的人工语言,1928年在"伊多语"的基础上,自行创立"诺维亚语",并在其著作《国际语言》(An International Language)中作了介绍,第一部分讨论了国际辅助语的必要性、民族语言的缺陷及建构国际辅助语的目的。同时回顾了人工构建的国际辅助语的历史,涉及沃拉普克语(Volapük)[①]、世界语(Esperanto)[②]、中性语(Idiom Neutral)[③]、"伊多语"(Ido)[④]、拉丁国际语(Latino sine Flexione)[⑤]以及西方语(Occidental)等语言。叶斯帕森

[①] 沃拉普克语是首个较成功的人工语言,世界语的先驱,1880年由德国巴伐利亚牧师约翰·马丁·施莱尔创造,一度流行于19世纪80—90年代,随后被新出现的世界语边缘化。形态学上它是黏着型的,但变格很多,动词形式、语法和词形系统复杂。

[②] 波兰人柴门霍夫(Zamenhof)发明的世界语(Esperanto),以欧洲语言为蓝本,一共十六条语法规则,没有例外,大约是简化过的罗曼语族语言,使用28个变体拉丁字母,一母一音。目前,以世界语为母语的大约2000人,能流利使用的估计100000到2000000人。

[③] 在1880年到1890年的时候,说沃拉普克语(Volapük)的人数急剧减少,大多数是转向了新发明的世界语,于是很多人就开始改进沃拉普克语,这导致很多新的人造语言的出现,中性语(Idiom Neutral)就是在这个时候产生的。中性语的创造者是俄国的一个工程师,名叫Waldemar Rosenberger,他当时是国际沃拉普克语学院的理事,在他的建议下,国际沃拉普克语学院开始对沃拉普克语进行改革,逐渐地整个沃拉普克语的字典都被接近欧洲语言的单词替换,改革的结果是形成了一种新的语言,这就是Idiom Neutral的由来,国际沃拉普克语学院也改名为Akademi Internasional de Lingu Universal。1898年以后,这个学院所有的资料都开始使用这种新语言。

[④] 伊多语(Ido)是以世界语为基础,针对其缺点再行改良的另一种人造语言,于20世纪初发展起来,至今仍有为数不多的跟随者,主要使用人口分布于欧洲。伊多国际语是一门被诸多语言学家和科学家发展充实过的语言,这其中包括哲学家、数学家路易·库蒂拉(Louis Couturat)以及语言学家叶斯帕森。伊多语既有书面语也有口语,它已经在通信以及成百上千的书籍杂志的出版实践中得到检测,同样,它也被运用到多国人员参与的聚会与大型会议中,伊多语使他们感受到,可以有一种更直接、更便捷的方式来实现多语言环境下彼此的讨论交流。伊多语沿用了世界语的许多特征,很多词汇也都相同。它和世界语一样,都希望借由文法简化来达到语言的易学性,语言中有大量来自欧洲语言的借词。两种语言在很大程度上可以互通,但伊多语也针对世界语一些引人注意的缺点进行了改良。

[⑤] 拉丁国际语(Latino sine Flexione/Interlingua)是一种人造语言,1903年由意大利数学家朱塞佩·皮亚诺所发明,是一种简化的拉丁语,又被称为新拉丁,接近于意大利语、西班牙语。它以罗曼语族诸语言为基础,采用拉丁语词根,将烦琐的语法简化,语音、语法和词汇都不难,尤其对于具有拉丁语传统的欧洲人来说更是如此。会任何一门西方语言的人学习拉丁国际语,词汇、语法都不成问题。

指出，除了上述语言以外，他还考察了大量早期建构的人工语言，发现了这些语言的不足。论著的第二部分详细描述了"诺维亚语"，通过与民族语言及早期的国际辅助语的比较，对于其发音、拼写、语法和词汇层面可能出现的问题提供了解决方案并作出了解释。1930年出版诺维亚语词典，后来又有几次修订与调整。叶斯帕森去世后，"诺维亚语"逐渐被遗忘。20世纪90年代，互联网的普及重新唤起了人们对人工语言的兴趣，一些人又重新发现了"诺维亚语"。

2.1.2 叶氏周期

叶氏周期是语言周期研究中影响最为深远的假说，当然也有很多语言证据的支持。关于语言变化呈周期性的观点早在18世纪就有学者提出过，如德·孔狄亚克（De Condillac，1746）与图克（Tooke，1786）认为，抽象的符合语法规则的词汇是由早期的具体词汇发展而来。博普（Bopp，1816）也提出过类似的观点，认为词缀的早期形式是独立的词。总之，语言的发展在词的层面呈现出循环往复的状态。由于新的循环与初始的循环并不完全一致，这种周期性变化又称为螺旋式变化。以下是出自冯·德·格贝勒茨（Von der Gabelentz，1901）[1]的一段经常被引用的用来描述语言周期变化的文字：

> The history of language moves in the diagonal of two forces: the impulse toward comfort, which leads to the wearing down of sounds, and that toward clarity, which disallows this erosion and the destruc-

---

[1] Von der Gabelentz，德国著名汉学家，又译甲柏连孜、贾柏莲、贾柏伦、嘎伯冷兹、嘉柏林等。19世纪中后期，柏林大学曾经出现过两位汉学大师，一为冯·德·格贝勒茨（Hans Georg Conon Von der Gabelentz，1840—1893），一为葛鲁贝（Wilhelm Grube，1855—1908）。

tion of the language. The affixes grind themselves down, disappear without a trace; their functions or similar ones, however, require new expression. They acquire this expression, by the method of isolating languages, through word order or clarifying words. The latter, in the course of time, undergo agglutination, erosion, and in the mean time renewal is prepared: periphrastic expressions are preferred... always the same: the development curves back towards isolation, not in the old way, but in a parallel fashion. That's why I compare them to spirals.①

(Von der Gabelentz, 1901: 256; 转引自 Van Gelederen, 2016)

叶氏周期出自叶斯帕森(1917)《英语和其他语言中的否定》一书,这是否定研究中的经典文献。我们知道,叶斯帕森的生涯可以分为两个阶段,第一阶段主要研究历史语言学(以英语史为主),这是他兴趣最浓厚的领域。第二阶段主要研究句法,叶斯帕森的《英语和其他语言中的否定》一书是这一阶段的第一部论著,也是他在句法领域广为人知的研究,他对句法的兴趣贯穿于一生。

叶斯帕森此部著作是关于否定的专论,全书共13章,1—3章从历时的视角阐述否定的历时变化,这种历时变化在许多语言的发展史上重复出现,后人称之为否定周期或"叶氏周期",即一个语音弱化的否定成分被添加的负极词强化,添加的成分被重新解释为否定标记而非否定伴随语,而初始的否定成分成为冗余,其否定意义脱落,叶斯帕森自己是这么描述的:

The history of negative expressions in various languages makes us witness the following curious fluctuation: the original negative adverb is

---

① 这段文字原文为德文,由 Gelederen 译成英文,此处转引自 Van Gelederen (2016)。

first weakened, then found insufficient and therefore strengthened, generally through some additional word, and this in turn may be felt as the negative proper and may then in course of time be subject to the same development as the original word.

(Jespersen, 1917: 4)

表2-3　　　　　　　英、法两种语言的叶氏周期

	stage I	stage II	stage III	stage III
English	ic ne sccgc (Old English)	I ne scye not (Middle English)	I say not (Early Modern English)	I don't say (Present-day English)
French	jco nc dis (Old French)	jc nc dis pas (Middle and Modern written French)	jc dis pas (Colloquial French)	

　　专论的后面8章，即4—13章的内容是否定在句法层面的共时表现，主要聚焦英语，但有大量英语与罗曼语和日耳曼语的比较，也有少量的对于斯拉夫语①和乌戈尔语②的讨论。这部分内容综合性强，涉及许多在否定研究中容易被学者们忽视的问题（见McCawley，1995），值得注意的是，叶斯帕森在该书一开始就说，书中关于否定的部分内容原本计划作为《现代英语语法》（*A Modern English Grammar*，1909）第3卷或第4卷中的一个章节，但由于战乱，出版计划搁浅。事实上，叶斯帕森将书中否定的内容融入了《现代英语语法》

---

　　① 斯拉夫语是见于公元10—11世纪文献的最古老的斯拉夫书面语言，属印欧语系斯拉夫语族南部斯拉夫语支。它的基础是古保加利亚语的一种方言：南部马其顿方言。它包括其他斯拉夫语的一些成分，受希腊语和拉丁语的影响很深。斯拉夫语分为东斯拉夫语支、西斯拉夫语支和南斯拉夫语支。东斯拉夫语支由俄语、乌克兰和白俄罗斯语组成；西斯拉夫语支包括波兰语、索布语、捷克语和斯洛伐克语；属于南斯拉夫语支的语言有保加利亚语、塞尔维亚—克罗地亚语、马其顿语、斯洛文尼亚语等。
　　② 乌戈尔语支包括三种语言：匈牙利语、鄂毕－乌戈尔（Ob-Ugric）诸语言的汉特语（Khanty，或奥斯恰克语Ostyak）和曼西语（Mansi，或沃古尔语Vogu）。

第 5 卷[①]及《语法哲学》(*The Philosophy of Grammar*, 1924) 中的否定章节，这就是为什么《英语和其他语言中的否定》与《语法哲学》都是否定研究的经典文献。

叶氏周期最简单的划分是三个阶段：

第一阶段，初始标记，单一否定（NEG VERB）

第二阶段，新标记出现，双重否定（NEG VERB NEG）

第三阶段，新标记取代初始标记，单一否定（VERB NEG）

在语言周期中，阶段指特定的结构类型，一种语言在某一特定的时间可能存在两个阶段并存的情况，即初始结构是强制性的，新标记是选择性的。

如果将第二阶段细分的话，否定周期可以分成四个阶段：

Stage Ⅰ   NEG   VERB

Stage Ⅱa   NEG VERB NEG. EMPH

Stage Ⅱb   NEG VERB NEG

Stage Ⅲ   VERB NEG

有学者认为，如果更细致、更精确地描写语言，叶氏周期可以分成五个阶段，其理由是，语言的演变不是一夜之间发生的，而是经历了一个过程，所以在三个阶段中可以插入过渡阶段，即第二个成分还不是强制性成分的阶段和初始否定还没有完全脱落的阶段。

Stage Ⅰ   NEG   VERB

Stage Ⅱ   NEG VERB（NEG/NEG. EMPH）

Stage Ⅲ   NEG VERB NEG

Stage Ⅳ   （NEG）VERB NEG

Stage Ⅴ   VERB NEG

简而言之，叶氏周期是一个历时的多阶段过程，对这个过程的划

---

① 七卷本的 *Modern English Grammar* 直到 1940 年才出版，其时叶斯帕森已是 80 岁高龄。

分文献中有不同的观点，主流的观点是三个阶段，也有文献将之分为四个阶段或五个阶段，见表2-4。

表2-4　　　　　　　　　叶氏周期的分期差异

Three Stages	Burridge（1983：36）；Bernini & Ramat（1996：33），Haspelmath（1997：203），Zanutttini（1997：11-14），Horn（1989：455），Hoeksema（1997：140），Horn（2001：190），Roberts and Roussou（2003：154-155），van der Auwera & Neuckermans（2004：458），Mazzon（2004：5），Willis（2005），Lucas（2007），Jäger（2008）
Four Stages A	Dahl（1979：88），Muller（1991：206），Lenz（1996：183-4），Larrivée（2004：18-19）
Four Stages B	Schwegler（1988），Schwegler（1990：158），Schwenter（2006：327）
Five Stages	Donhauser（1996），Honda（1996：207），Beukema（1999），Anderwald（2002），van der Auwera & Neuckermans（2004：458），Zeijlstra（2004），Willis（2005）

引自 Van der Auwera（2009：37）。

叶氏周期的划分一般是以否定标记为线索，围绕否定标记的虚化、脱落、否定副词的引入而划定否定的演化阶段。也有以动词为线索划分的，如德·斯沃特（2010：114）将叶氏周期分为三个阶段，以动词为线索对三个阶段进行了描述：

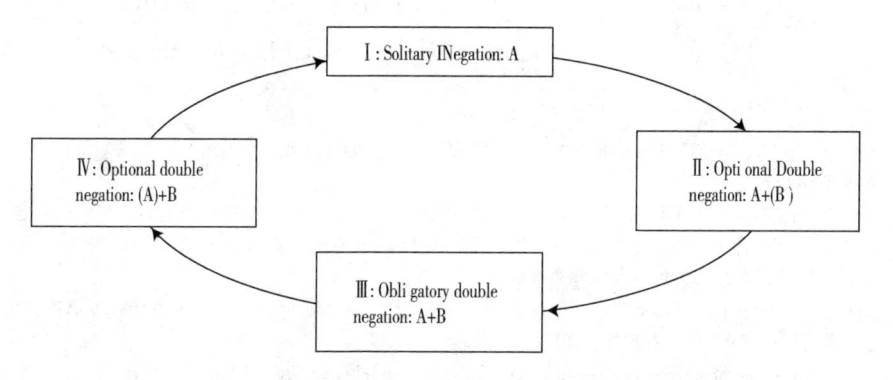

图2-1　叶氏周期（引自 Hoeksema，2009：15）
（Ⅰ：Solitary INegation: A；Ⅱ：Optional Double negation: A+(B)；Ⅲ：Obligatory double negation: A+B；Ⅳ：Optional double negation: (A)+B）

阶段1：动词前否定阶段

阶段2：非连续否定阶段

阶段3：动词后否定阶段

当然，周期的划分本身没有差异，其差异在于语言本身，如：

图1中的周期具有普适性，在拉丁语、法语、希腊语、德语、英语、荷兰语、威尔士语、阿拉伯语、柏柏尔语①、阿萨巴斯卡语②等语言中得到了验证（见 Hoeksema, 2009）。

在古英语中，比较常见的否定标记是 ne，居动词前，③ 如例句（2）。叶斯帕森指出，nolde（"neg wanted"）一词中融入了否定标记 ne，限于与 to be, to have, or will 等助动词连用。

(2) Nolde eorla hleo ænige Tinga pone Twealcuman cwicne forlætan.

Neg-wanted nobles protector some thing the. murderer alive free.

"The protector of the nobles didn't want at all to free the murderer alive"

泽尔斯拉特（2004）发现，古英语经历了叶氏周期，其变化路径是将较强的语音形式 no 变化成较弱的语音形式 ne，同一个句子中出现了这两个否定标记连用的现象，在《贝奥武夫》中可以找到用例，如：

(3) No wu ymb mines ne Tearft//lices feorme lenge sorgian

Neg you about mine neg needs body's burry long worried

"Then you don't need to worry long about burying my body"

---

① 柏柏尔语是闪含语系的一支。语言学家认为，在闪含语系中，闪米特语族或乍得语族与柏柏尔语最接近。

② 阿萨巴斯卡语系是北美大陆一系列原住民语言的统称，为北美第二大语系。阿萨巴斯卡语系主语言与其他一些语言被归入纳－德内语系。阿萨巴斯卡语系包含31种语言，哥威迅语、斯拉维语等语言被列为加拿大西北领地的官方语言。

③ 古英语中多用否定倒装，7—8世纪，句子否定也用否定标记 no，英国史诗《贝奥武夫》（也译《贝奥武甫》）中有这样的用例：

No ic me an herewæsmun hnagran talige, guþgeweorca, þonne Grencel hine

Neg I me in less battle-power count, fighting-acts, than Grendel him

"I don't count my self less than Grendel in battle power, fighting acts"

（见 Van Kemenade, 1999, 转引自 Zeijlstra, 2004: 53）

显然，否定标记 ne 语音上太弱，不能完全单独出现，需要另一个否定标记共同完成表否定的任务。在 11 世纪和 12 世纪的英语中，有不同形式的否定标记，如 na, nauht or noht, 作为古英语 nawith（no thing）的压缩形式，其中 na 可以视作 no 的弱化形式，nawith 可能由 ne with 派生而来。

(4) Ne het he us na leornian heofonas te make Late Old English (11th).

Neg called he us neg learn heavens to make.

"He didn't order us to make heavens".

(5) þis ne habbe ic nauht ofearned Early Middle English (12th).

This neg have I neg deserved

"I haven't deserved this".

在（4）和（5）中，两个否定标记同现是强制性的，nauht 充当否定的语义角色，成为主要的否定标记，导致 ne 的脱落。至 14 世纪，英语中很少找到动词前的否定标记，其否定主要由 not 表示。

(6) He yaf nat of that text a pulled hen.

He gave not of that text a pulled hen.

"He didn't give a thing about that text".

15 世纪，英语句子中插入助动词 do（dyd），否定的标准形式为 dyd-not（或 have-not），如（7），后来，not 压缩成语音弱化形式 n't，至此，否定既可以是其弱化形式 n't，也可以是其完整形式 not，如（8）。

(7) a. Dyd *not* I send unto yow one Mowntayne...

   "Didn't I send you a Mowntayne..."

   b. Have *not* I chosen you twelve.

(8) a. I did*n't* move to England.

   I did *not* move to Englandz.

   b. I didn't do anything.

   I did *not* do anything.

否定的弱化（weakening）与强化（strenthening）是叶斯帕森自己的语言，究竟是指向语音还是语义，可能会有不同的解释。但是否定词重生的路径是与形态句法相关的，他列举的三种语言（法语、英语、丹麦语）都有一个双重否定阶段，这一阶段添加了一个否定成分，该否定成分最终发挥了句子否定的作用（Chatzopoulou, 2013）。

从总体发展和历时演化来看，英语的叶氏周期可以描述如下（见图 2 – 2）。

```
┌► 阶段Ⅰ：   否定由单一的否定标记表示，该否定标记居限定动词前
│  阶段Ⅱ：   居限定动词前的否定标记语音弱化，本身不足以表否定意义，可以
│            （但并非必须）引入另一个否定副词
│  阶段Ⅲ：   句子否定必须由居限定动词前的否定标记和否定副词共同表示
│  阶段Ⅳ：   否定副词成为否定的强制性标记，居限定动词前的否定标记可有可无
│  阶段Ⅴ：   否定副词是唯一的否定标记，居限定动词前的否定标记脱落
│  阶段Ⅵ：   否定标记以两种形式出现，作为否定副词或与限定动词关联的否定标记
└─ 阶段Ⅶ＝Ⅰ 否定由单一的否定标记表示，该否定标记居限定动词前
```

图 2 – 2　叶氏周期（引自 Zeijlstra，2004：249 – 250）

图 2 – 2 显示，英语否定的演变如果进行细分的话，共经历了七个阶段，从第 1 阶段的单一否定到第 2—4 阶段的多重否定（否定呼应），再到第 5—6 阶段的单一否定，在第 7 阶段完全与第 1 阶段一致，呈现了一个变化周期或完整的循环。不仅英语如此，荷兰语也是如此，荷兰语中的否定演变经历了完整的叶氏周期，总共可以分为五个阶段。

荷兰语的叶氏周期：

第 1 阶段：否定只由否定前缀 en 或者居动词前的 ne 表示；

第 2 阶段：否定由否定前缀 en 或者居动词前的 ne 外加否定副词 nie(t) 表示，该否定副词是选择性的，而非强加的；

第 3 阶段：否定由否定前缀 en 或者居动词前的 ne 外加否定副词 nie(t) 表示，该否定副词是强制性的；

第 4 阶段：否定由强制性的否定副词 nie(t) 及选择性的否定前

缀 en 或者居动词前的 ne 表示；

第 5 阶段：否定只由否定副词 nie（t）表示。

荷兰语的否定从古荷兰语到现代标准荷兰语，经历了以上五个阶段，我们可以从（9）—（13）中看到这种发展轨迹。

(9) a. Her ne minno thich　　Old Dutch（9th century）

　　　 He neg-loves you

　　　 "He doesn't love you"

　 b. Si ne weten wat best doen　Special context in Middle Dutch

　　　 They neg-know what best do

　　　 "They don't know what good to do"

　 c. Wi ne hebben wat eten　　Special context in Middle Dutch

　　　 We neg have what eat'

　　　 "We don't have anything to eat"

(10) a. K'en weet（nie）　　conservative expressions in West Flemish

　　　 I-neg know（not）

　　　 I don't know

　 b. Z'en doet（nie）　conservative expressions in West Flemish

　　　 She-neg does（not）

　　　 "she doesn't"

(11) a. Maer dat en mach niet sijn　　Middle Dutch

　　　 But that neg may not be

　　　 "But that may not be（the case）"

　 b. dat sie niet en predicten　　Middle Dutch

　　　 that they not neg-preach

　　　 "that they didn't preach"

(12) a. Ghy（en）sult niet dooden　　17th century Dutch（1653）

　　　 You neg-shall not kill

　　　 "You shall not kill"

b. Valère (en-) eet nie's oavens　　　West Flemish
　　　 V. neg-eats not in the evening
　　　 "V. doesn't eat in the evening"

　　c. da Valère 's oavens nie (en-) eet　　West Flemish
　　　 that V. in the evening not neg-eats
　　　 "that V. doesn't eat in the evening"

(13) a. Jan loopt niet　　　　　　　　　　Standard Dutch
　　　 John walks not
　　　 "John does not walk"

　　b. dat Jan niet loopt　　　　　　　　Standard Dutch
　　　 that John not walks
　　　 "that John does not walk"

（引自 Zeijlstra，2005：144 – 145）

　　例（9）对应于叶氏周期的第 1 阶段，其否定由 ne 表示，ne 居动词前，即否定形式为 ne…（或 en…），主要出现在古荷兰语和中古荷兰语中。例（10）对应于叶氏周期的第 2 阶段，否定由否定前缀 en 及否定副词 nie（t）表示，nie（t）是选择性的，其否定形式为 en…[nie（t）]，主要出现在西弗拉芒方言中①。例（11）对应于叶氏周期的第 3 阶段，否定由否定前缀 en 及否定副词 nie（t）表示，nie（t）是强制性的，其否定形式为 en…nie（t），主要出现在中古荷兰语中，中古荷兰语是典型的叶氏周期第 3 阶段语言。例（12）对应于叶氏周期的第 4 阶段，否定由否定副词 nie（t）及否定前缀 en 或者居动词前的 ne 表示，否定副词是强制性的，en 或 ne 是选择性的，其否定形式为（en）…nie（t），主要出现在西弗拉芒方言中。例（13）对应于

---

　　① 弗拉芒语是比利时荷兰语的旧名称，主要通行于比利时北部区。比利时北部同荷兰南部相连，历史上荷兰、比利时曾是一个国家，所以弗拉芒语实际上即是南部荷兰语。但由于两地文化和宗教不同，习惯上使用不同的名称来称呼同一种语言。比利时荷兰语方言有西弗拉芒方言、东弗拉芒方言、布拉班特方言和林堡方言。

叶氏周期的第 5 阶段，否定只由否定副词 nie（t）表示，其否定形式为…nie（t），主要出现在标准荷兰语中。当然，也可以简化成三个阶段，即：

en/ne… 　　　　第一阶段
en…nie（t）　　第二阶段
…nie（t）　　　第三阶段

荷兰语的否定周期与英语的否定周期有惊人的相似之处，如果比较这两种语言的否定周期，我们会发现添加的否定标记从词源上有相同的语义。

表 2-5　　　　　　　　荷兰语与英语叶氏周期比较

	ENGLISH	DUTCH	
STAGE Ⅰ	ne…	en…	ETYMOLOGY OF THE 2ND WORD
STAGE Ⅱ	ne…na：ht	en…niet	na：htna wiht "no creature, thing"
STAGE Ⅲ	…noht	…niet	niet ne iet "no thing, nothing"

转引自 Chatzopoulou（2013）。

在否定研究中，多数文献主张区分两个概念，即含有双重否定的叶氏周期和一般意义的否定周期，也有学者不主张这种区分，如查卓普录（Chatzopoulou，2013），其理由是，叶斯帕森在其 1917 年否定专论中指出，否定强化"一般来说"是通过添加否定标记实现的，叶斯帕森没有用"总是"二字，这就意味着也存在不添加否定标记表否定强化的现象，事实也是如此。

初始的动词前否定由新添加的强调成分强化，英语中，这一新成分为 not（nawiht，nothing，无定名词），法语中，这一新成分为 pas，类指名词。当该成分语义弱化，即融入否定系统，成为必不可少的成分，语言进入双重否定结构阶段，最后初始否定成分脱落，语言又回到单一否定阶段。

从句法层面来看，叶氏周期可以解读成新的修饰语的增加。该修饰语首先与初始的否定中心语并存，最后取代否定中心语（见 Willis et al., 2013: 7)。根据拉卡（Laka, 1990）、黑格曼（Haegeman, 1995）、波洛克（Pollock, 1989），否定的句法位置为否定投射 Neg P，语言之间的差异在于是否存在填充 Neg P 中心语位置和其修饰语或者同时填充中心语与修饰语的标记。扎穆蒂尼（Zanutini, 1997）认为，Neg P 有不同的句法位置，即 Neg P 在句中可以处于树形图的高处，也可以处于树形图的低处。从句法上看，古英语中的 ne 是一个否定中心语，否定词 not 进入否定系统后，成为 Neg P 的修饰语。在第一阶段，ne 处于 Neg 位置，动词经过循环性的中心语移位，从 V 移位至 Neg 再移位至 T，形成主语—否定—动词的语序，见图 2-3。

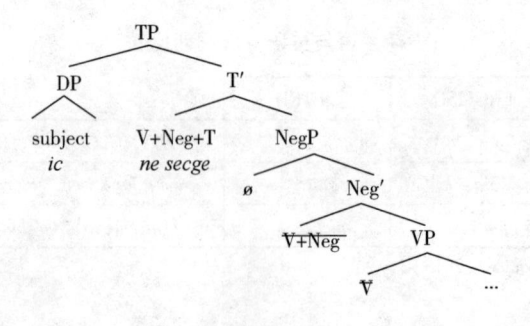

图 2-3

在第二阶段，not 作为 Neg P 的修饰语表示否定，其他的句法操作保持不变，见图 2-4。

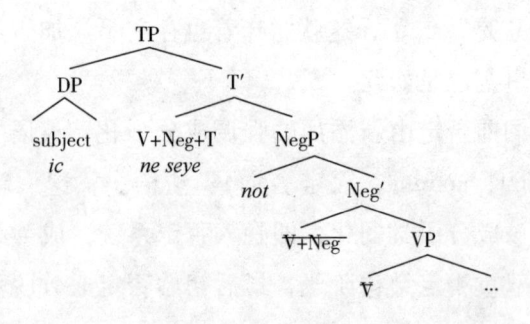

图 2-4

第三阶段，ne 不再为中心语，在音系层面，表现为零实现，即没有语音形式，见图 2–5。

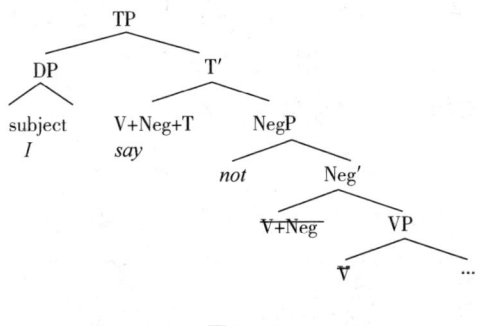

```
            TP
          /    \
        DP      T'
        |      /  \
     subject V+Neg+T  NegP
        I     say   /    \
                  not    Neg'
                        /    \
                      V+Neg   VP
                       V      ...
```

图 2–5

第三阶段后期不再涉及动词移位，取而代之的是 do 插入。在这一阶段，-n't 仍然为 Neg P 的修饰语，其中心语为空，但通过-n't 重新分析为 Neg P 的中心语，为其回复到第一阶段留出了空间。

显而易见，第一阶段为动词前单一否定，第二阶段为双重否定，第三阶段为动词后单一否定。当然用阶段来划分否定的发展演变并不十分精确，在语言的发展过程中，各个阶段并没有精确的时间界限或时间周期，所以用句法结构描述有其合理性，因为在任何一个给定的时间段，可以同时存在不同阶段的否定形式，有时三个阶段的否定形式并存。

2.2　拖式/推式循环及跨语言证据

叶氏周期中，从第一阶段到第三阶段，再回到第一阶段，开始新一轮的循环，其核心是否定标记的周期性变化，对于这种周期性变化的解释有拖式循环（pull chain）和推式循环（push chain）（Breitbarth，2009）两种途径，从不同的角度阐述否定标记的循环机制。

否定标记的循环获得了跨语言的证据支持，在西欧、北非等语言中呈现完整的叶氏周期，即存在三个发展阶段的语言有日耳曼语中的英语、荷兰语、德语,还有斯堪的纳维亚语及罗曼语中的早期拉丁语、法语(口语)、北部意大利方言及大部分罗曼语方言。除此之外,凯尔特语、威尔士语、希腊语、匈牙利语都呈现了完整的叶氏周期。部分语言呈现出不完整的叶氏周期,只覆盖两个阶段,如西非荷兰语、标准法语、布列塔尼语等。实际上,第一阶段与第二阶段并存的情况非常普遍,如加泰罗尼亚语、标准意大利语、某些北部意大利方言。在爱沙尼亚语中,第二阶段的否定结构也出现在第一阶段。许多亚非语言也呈现叶氏周期的不同阶段,如阿拉伯语(北非方言表现为第二阶段,巴勒斯坦语表现为第三阶段)、柏柏尔语(摩洛哥与阿尔及利亚语为第二阶段,利比亚语为第三阶段)及埃及古语(第三阶段)。

2.2.1 拖式/推式循环

叶氏周期的典型特征是否定标记的周期性强化和弱化。对于这种周期性的变化,文献中有两种解释途径:拖式循环和推式循环。

拖式循环是比较传统的思想,包括叶斯帕森本人也持同样的观点,即初始否定标记的弱化导致新的否定标记语法化而成为句子否定词,也就是说,动词前否定词的弱化触发动词后否定标记的重新分析。叶斯帕森(1917)在卷首就开宗明义地指出,否定的演变完全是一个必然的过程。只有语音的弱化不足以驱动一个循环,即便语言在语音上完全弱化了,语言仍然能存在下去。波斯纳(Posner, 1985: 177)提供了法语的例证,指出,ne 的不稳定本身解释不了其脱落的原因,在意大利南部很多方言中,动词前标记都是同样微弱的,但并没有消失或被取代的迹象。波斯纳认为,罗曼语中,ne 需要强化,其原因在于,通过弱化,它与相应语言中的副词性代词 ene(如拉丁语 inde,法语 en)同音,继而与动词前位置上的附着论元产生互动,这种情况下的否定词必须由附着语包裹,使否定的语义负担转嫁到动词后的成分。

拖式循环理论的共同点是假定动词前的标记直到其消失都是作为

否定标记而存在的。实际上，在第二阶段，句子中有两个否定要素，它们以否定呼应的形式起作用。亚伯拉罕（Abraham，1999：66）在讨论古英语和中古荷兰语第二阶段的例证时，称其为多重否定。这种多重否定格式被认为不符合语言经济原则，因而将导致动词前标记的消失。根据经济性原则，偏弱的动词否定前缀的消耗与磨蚀是完全有可能发生的。这就是为什么第二阶段以后会回复到第一阶段。

推式循环的观点则不同，该派观点认为，添加的否定词，先前为独立使用的负极性副词，语法化以后，作为强化手段，推动初始标记逐步消失。

根据弗里施（Frisch，1997），在中古英语中，ne 与 not 是相互竞争的两个否定标记，但是并不相互排斥，因为它们占据的句法位置不同（分别为 Neg 与 Spec Neg P 位置）。只有当新的标记 not 确立了作为句子否定词和 Neg P 的成分后，初始否定标记才消失。第二阶段出现的双重否定结构是第一阶段语法与第三阶段语法重叠的结果，两个阶段的语法形成竞争。

德格斯、沃尔特雷特（Detges & Waltereit，2002）观察了法语的语言事实后也发现了类似的现象。在法语中，ne... pas 结构中的 ne 不能省略，说明这是一个非强调义的强制性成分，也就是说，只有当第二个标记发挥句子否定作用时，动词前的初始标记才可以脱落。

推式循环的理据是，在否定的演变过程中，存在着一个这样的阶段——两个否定标记同时带有否定特征，两个否定标记一起表达句子的否定意义，即一个由两个成分构成的复合结构转变成一个表单一功能的单位（Detges & Waltereit，2002：186）。

除了拖式循环与推式循环的解释途径外，还有一种区分也大致对应于此。范·德·奥维拉（Van der Auwera，2009）认为，英文的叶氏周期应该为 Jespersen Cycle 而不是 Jespersen's Cycle。Jespersen Cycle 包含 Jespersen's Cycle 与 Negative Cycle，前者指叶氏本人以及与叶氏观点一致的关于否定周期的解释，后者则是指与叶氏不同的观点，其分歧类似于拖式循环与推式循环的区别。

首先看第一种解释途径,即俗称的叶氏周期(Jespersen's Cycle)。如前所述,叶氏周期一般分为三个阶段,区分细致的话,可以是四个阶段或五个阶段。为了全面阐述叶斯帕森本人的思想,范·德·奥维拉(2009)以法语为例,将其分为六个阶段①。为什么第 1 阶段为 non NEG 呢?大多数日耳曼语中,初始否定词在几百年前就脱落了。在拉丁语中,源自印欧语的 ne 被 oenum(one)强化后构成 ne oenum 格式,oenum 从不表否定义,但两个字合成为 non 即为否定义,non 在古法语中弱化成 ne,启动了法语的叶氏周期。

1　non NEG
2　ne NEG
3　ne NEG...pasx
4　ne NEG...pas NEG
5　nex...pas NEG
6　pas NEG

图 2-6　法语叶氏周期(引自 Van der Auwera, 2009:39)

在图 2-6 中,第 1 阶段的 non NEG 为初始否定副词,第 2 阶段 ne NEG 是初始否定副词 non NEG 的弱化形式,在第 2 阶段与第 3 阶段之间,弱化的 ne NEG 不足以表达否定义,需要通过添加新词加以强化,这种强化是两个层面的——句子结构层面和语义层面。添加的词有本身的语义,但还不是句子否定,所以第 3 阶段用的是 X 而非 NEG,第 3 阶段的强化形式取代了第 1、第 2 阶段的弱化形式。到了第 4 阶段,添加词本身具有了否定义,其强化效应消失,第 4 至第 5 阶段第二个否定词成为否定本身,nex 成为多余的成分。到了第 6 个阶段,否定周期在形式上已经形成,非功能性的多余成分消失(Van der Auwera,2009:38)。否定周期的发展过程见图 2-7。

这一解释途径的基本思想是,否定周期起始于初始否定词的弱化,否定形式的弱化要求引入另一成分来强化初始否定义。图 2-7 明确地

---

① 法语还没有完全达到第 6 个阶段,在书面语和正式口语中,ne 仍然是强制性的。

说明了这一点，这与上面讨论过的拖式循环的观点基本一致。

```
1   non NEG          ⟩----  formal weakening
2   ne NEG           ⟩----  formal & semantic strengthening
3   ne NEG...pasx    ⟩----  semantic weakening
4   ne NEG...pas NEG ⟩----  semantic weakening
5   nex...pas NEG    ⟩----  formal weakening
6   pas NEG
```

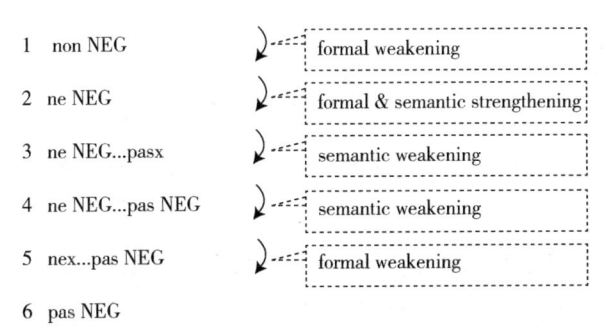

图2-7　法语叶氏周期否定演变图解（引自Van der Auwera，2009：40）

区别于俗称的叶氏周期的解释途径称为否定周期，其观点是，否定循环不是起于初始否定词的弱化，而是强化的扩散及随之而来的否定弱化。语言中有表中性义和强调义的否定结构，表强调的否定结构会失去强调功能，成为初始否定词的竞争对象，最后取代初始否定词，所以，实际上是否定词强化的扩散启动了整个否定循环，见图2-8。

```
Stages   Emphatic strategies      Neutral strategies
n        ne NEG... pas NEG        ne NEG
n+1                                ne NEG... pas NEG
```

图2-8　否定周期否定演变（引自Van der Auwera，2009：41）

图2-8说明，在n阶段，语言中存在两种否定手段，表强调义的否定结构ne NEG...pas NEG及表中性义的否定结构ne NEG，前者在语言的演变过程中，在语义上逐步弱化，失去其强调义，成为否定中性义结构ne NEG的竞争对象。

在n+1阶段，语义上完全弱化了的否定结构ne NEG...pas NEG在形式上得以强化，取代先前表否定中性义的否定结构ne NEG。

这一演变过程涉及语义弱化与形式强化，图2-9更加清晰地描述了演变路径。

```
Stages  Emphatic strategies        Neutral strategies
n        ne NEG... pasNEG           ne NEG :
n+1      ┌─────────────────┐        ┌─────────────────┐
         │Semantic weakening│       NEG ... pas NEG │Formal strengthening│
```

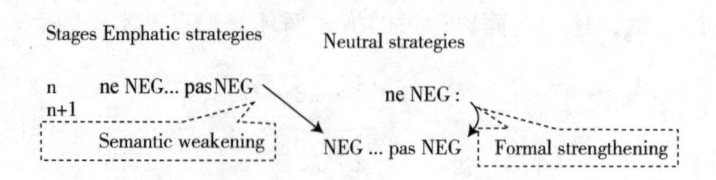

图 2-9　否定周期否定演变（引自 Van der Auwera, 2009：41）

第二种解释途径与叶斯帕森不同的地方在于，ne NEG 不是因为语义弱而需要强化，它只是一个表中性义的成分，当然也可以作为强化手段处理。

范·德·奥维拉（2009）将以上两种解释途径整合在一起，我们可以清楚地看出二者的联系与区别。见图 2-10.

```
1                       non NEG         Formal weakening
2                       ne NEG          Formal & semantic strengthening
3    ne NEG ... pasX    ne             Semantic reanalysis
4    ne NEG ... pas NEG  ne NEG         Formal strength ening
5                       neNEG...pas NEG Semantic weakening
6                       nex ... pas NEG Semantic weakening
7                       pas NEG         Formal weakening
```

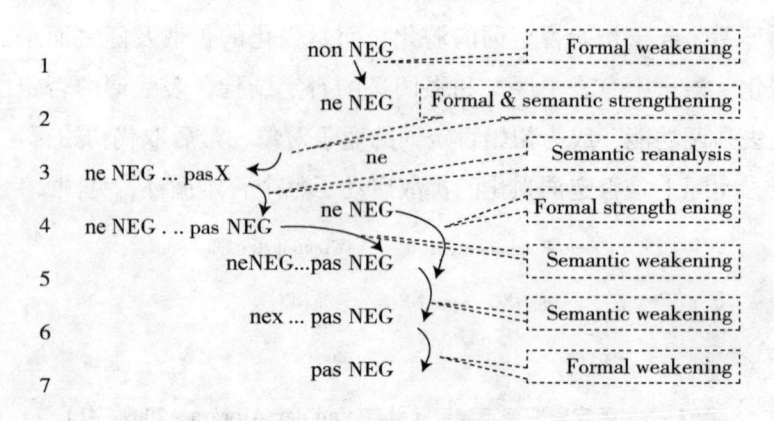

图 2-10　叶氏周期与否定周期的否定演变（引自 Van der Auwera, 2009：43）

在叶氏周期理论看来，中性否定词太弱，所以需要强化。与之相反的观点是，中性否定词与具有强化意义的否定结构竞争，在语法化过程中弱化。

以上两种观点都有合理的地方，但叶氏周期理论更接近其本来思想，是对叶斯帕森观点的正确解读，其可取之处有三点（Van der Auwera, 2009：53）：①对于否定强化来说，ne NEG 确实太弱，不足以表强调意义；②作为多功能否定词，既表中性否定，又表否定强调，ne NEG 还是太弱；③虽然 NEG...NEG#结构源于强调功能，它也有可能源于非强调的功能。如果源于非强调功能，作为中性否定手段，NEG 从形式与语义上来说还是偏弱的。综上，否定的周期演变始于否定词偏弱需要强化的观点既与叶斯帕森的本来思想一致，也得到了许多语言证据的支持。

2.2.2 跨语言证据

语言为什么会启动这个过程呢？叶氏周期是基于这样一个语言事实：语言中总是会有表否定强调的形式，如英语中除了 not 外，还有 not... at all，not... the least，not... a bit 等强调格式或结构。如果说话人过多地使用强化手段，那么该强化手段就会失去强化效果，成为中性的否定手段。从此语言中有了两种表中性义的否定手段，因而有了选择的余地，原来的结构作为否定本身或者作为复合结构的一部分开始失去意义。由此看来，叶氏周期是语法化的自然表现。

叶氏周期从第 2 阶段开始出现双重否定结构，只不过有些语言的双重否定是强制性的，有些语言的双重否定是非强制性的。双重否定出现的阶段也有差异，有些语言的双重否定出现在第 2 阶段，有些语言的双重否定出现在第 3 阶段，有些语言的双重否定出现在第 4 或第 5 阶段。泽尔斯拉特（2004）考察了 27 种语言的语料，发现叶氏周期与双重否定有非常密切的关系，见表 2-6。

表 2-6　　　　　　　　叶氏周期与多重否定

Variety/language	Jespersen Phase	NC	DN
Italian	I	+	-
Spanish	I	+	-
Portuguese	I	+	-
Romanian	I	+	-
Polish	I	+	-
Czech	I	+	-
Slovenian	I	+	-

续表

Variety/language	Jespersen Phase	NC	DN
Bulgarian	I	+	−
Russian	I	+	−
Serbo-Croatian	I	+	−
Greek	I	+	−
Hungarian	I	+	−
Hebrew	I	+	−
Turkish	I	+	−
Berber	I	+	−
Catalan	I	+	−
Standard French	II	+	−
West Flemish	III	+	+
Colloquial French	IV	+	+
Quebecois	IV	+	+
Yiddish	V	+	?
Bavarian	V	+	+
Standard English	V	+	+
Dutch	V	?	+
German	V	−	+
Swedish	V	−	+
Danish	V	−	+
Norwegian	V	−	+
Colloquial English	VI	+	+

引自 Zeijlstra (2004: 250)。

在27种语言中，都存在否定标记连用的情况，即否定呼应与双重否定，除了法语、荷兰语、巴伐利亚方言外，否定呼应与双重否定呈互补分布，即出现否定呼应的阶段不出现双重否定。27种语言中，15种语言在叶氏周期的第1阶段呈现否定呼应特征。标准法语、魁北克法语、荷兰语、巴伐利亚方言、意第绪语等语言在第3阶段或第4、第5阶段呈现否定呼应特征，且与双重否定特征并存。

叶氏周期在所有的日耳曼语言、意大利北部方言及一部分非洲语言中都得到了验证,那么东南亚语言、大洋洲语言与澳大利亚语言中是否也具有叶氏周期的特征呢?这是叶氏周期研究中被忽略了的语言证据。如果在这些语言中能找到叶氏周期的特征,就说明叶氏周期是否定演变中具有普适性的规律。基于此,沃森(Vossen,2011)开展了一项大型研究,考察了南亚、大西洋与澳大利亚地区,包括中国、尼泊尔、越南、印度尼西亚、菲律宾、新几内亚、澳大利亚、大西洋所有岛屿地区,涉及9个语系,其中,南岛语系最大,有1257种语言。沃森穷其所能,检索了很多语法书、字典、词表、文献,包括最新版的语言结构世界地图,搜索带有强制性双重否定、选择性双重否定、非连续否定的语言,总共找到814种语言含有否定策略或否定结构,具体见表2-7。

表2-7 南亚、大西洋与澳大利亚地区语言中含否定结构的语言数量统计

	Ethnologue	WALS	#NEG
Austronesian	1257	325	392
-Non-Oceanic	710	176	188
-Oceanic	547	149	204
Australian	264	161	103
Austro-Asiatic	169	50	32
Sino-Tibetan	439	148	72
Papuan	323	252	177
Tai-Kadai	92	23	13
Centr. Solomonic	4	3	3
Hmong-Mien	38	5	4
Dravidian	85	26	18
		Total:	814

引自Vossen(2011:5)。

表2-7的第1栏是涉及的语言,包括南岛语、澳大利亚语、南亚语、汉藏语、巴布亚语、台-卡岱语、中所罗门语、苗瑶语、德拉威语。第2栏是民族语分类。民族语(Ethnologue:Languages of the World)又称民族语言网或世界语言资料库,是基督教以传教为目的开

设的一个语言研究服务机构,该机构称为"美国国际语言暑期学院"(简称 SIL,先前称为"暑期语言学院"),民族语为其旗舰网站。它提供了这些语言所使用人口数量、语言的分布、方言情况,以及是否有圣经版本等数据,并通过"世代失调分级表"(Expanded Graded Intergenerational Disruption Scale, EGIDS)来判断其生命力。美国语言学家威廉·布莱特(William Bright)认为民族语是"研究全球语言不可或缺的参考资料"(见语言学百科)。第3栏为世界语言结构图册(the World Atlas of Language Structures, WALS)。世界语言结构图册2005年由牛津大学出版社出版发行,是第一部展现各种重要语言结构在全球分布情况的地图集,总共描述了58000多个数据点,涉及2560种语言,参考文献高达6700多本/篇。WALS采取地图和文本解释相结合的形式,为读者详细提供了上百个语言结构特征在全世界范围内的地理分布情况,所反映的所有研究结果均建立在广泛的跨语言数据考察之上,可以说是一种"人类语言'方言'的地图集"(李金满,2009)。第4栏是否定结构或否定手段,总共814种语言存在否定结构或否定手段。在这些语言中,除了中所罗门语、苗瑶语、德拉威语没有发现双重否定结构外,其他语言都存在双重否定现象。沃森将之进一步统计,重点统计了双重否定在否定结构中所占的比例,其结果如表2-8。

表2-8 南亚、大西洋与澳大利亚地区语言中否定结构与双重否定的比例

language farmily	#NEG	double	percentage double/#NEG
Austronesian			
-Non- Oceanic	188	14	7
-Oceanic	204	69	34
Australian	103	10	10
Austro-Asiatic	32	25	
Sino-Tibetan	72	19	26
Papuan	177	18	10
Tai-Kadai	13	2	15

引自 Vossen(2011: 5)。

第二章　多重否定的动因

以下是一些具体语言的语料，我们可以了解一下双重否定的使用情况①。

（14）大西洋群岛的罗图马语（Rotuman）

'umefe　**kat**　ma'ma'　**ra**

plate　NEG1　clean　NEG2

"The plates are not clean."

（15）汉藏语系的灿凌语（Camling）

pa-khai-n-uŋa

NEG1-1s-NEG2-go

"I didn't go."

（16）南岛语的迈辛语（Maisin）

isaa i-yee-ye-**ka**

NEG1 he-PG-swim-NEG2

"He isn't swimming."

（17）瓦努阿图语勒沃语（Lewo）（Early，1994：411）

naga　**pe**　Ø-pa　**re**　**poli**

He　NEG1　s-R-go　NEG2　NEG3

"He hasn't gone."

（18）瓦努阿图语勒沃语（Lewo）（Early，1994：422）

ve　a-kan　**re**　**toko**

NEG1.IRR　2SG-eat　NEG2　NEG3（'desist'）

"Don't eat it！"

（19）汉藏语系尼泊尔林布语（Nepali Limbu）

kɛ-**n**-de：s-u-**n**

2-NEG1-sow-3p-NEG2

"You didn't sow."

---

① 此处的用例均转引自 Vossen（2011：6-10），笔者没有直接读取语料中涉及的文献。

(20) 纳土纳群岛（Natu na islands）

Tökölëwäu

tö-   kölë =   ä-   **u-**   u

NEG1-know-subj-   NEG2   NEG extra

"I don't know"

(21) 南亚语的布劳语（Austro-Asiatic Brao）（Keller, 1976：69）

îîm, ay   **tha**   khîay   **îîm**

no,   I   NEG1   accustomed NEG2

"No, I'm not in the habit of going."

(22) a. 南岛语的罗格莱语（Roglai）

amã   buh   não   paq   apu   oh

father   NEG1   go   to   rice field   NEG2

"Father didn't go to the rice field."

b. 南岛语的嘉莱语（Jarai）

kâao   bu   homâo   prâk   ôh

I   NEG1   have   money   NEG2

"I don't have any money."

c. 楞高语（Rengao）（Gregerson, 1979：54）孟高棉语族（Mon-Khmer）

aw   bıg   loq   oh

1-sg NEG1   know   NEG2

"I don't know."

(23) 布干维尔岛巴诺尼语（Banoni）（Lynch et al., 2002：449 - 450）

nna   ghinava   maa   tai

he   NEG 1   NEG 2   go

"He isn't going."

(24) 智利拉帕努伊语（Rapanui, Chile）

'ina 'o   kai   piri atu ki   a   koe?

NEG NEG NEG meet awa dat prs 2s

"Has he really not met you?"

(25) 瓦努阿图语尼瑟语（Nese）（Crowley，2006：70）

Ø-se-be-yes-te

3s：R- NEG 1a- NEG 1b-walk- NEG 2

"（S）he did not walk."

(26) 瓦努阿图语勒沃语（Lewo）（Early，1994：420）

pe-re   a-pim   re   poli

NEG 1- NEG 2   23ps-R NEG 2 NEG 3

"They didn't come."

(27) 印度阿萨姆的台法克语（Thai Phake, India, Assam）

ma   kin6

NEG1   eat. NEG2

"（I）won't eat."

(28) 古加达的科卡塔语（Kokata）（Platt，1972：36–38）

ŋalulu   maga   waru   gambila：dja

1s   NEG1   wood   burn-NEG2

"I'm not burning the wood."

在越南语中，有 6 种语言含有双重否定结构，形成南岛语群，其周围是属于南亚语系的孟－高棉语，孟－高棉语族中也有一些语言有双重否定结构。还有一些含双重否定结构的语言分散在周围，其中有些与巴布亚语一起形成语群。在南岛语系的大西洋岛屿地区，含有双重否定结构的语言更多，有 69 种语言，其中 31 种为瓦努阿图语言，9 种为瓦努阿图以北的所罗门岛语言。在 16 种巴布亚新几内亚语言中有 9 种语言含有双重否定结构，这 9 种语言与巴布亚语一起形成另一个语群。澳大利亚语中有 10 种语言含有双重否定结构，其中 8 种语言在北部，1 种语言在皇后岛，1 种语言在南部。汉藏语系中，语群现象更为明显,东尼泊尔 19 种语言中,10 种语言以语群出现,另外 9 种语言也是围绕尼泊尔语群。这 19 种语言都属于藏缅语支。南亚语中有 8 种语言含有双重否定结构,它们都紧邻在越南的南岛语群。在靠近巴布亚新几内亚边界的新几内亚印度尼西亚地区,有一个 8 种语言和方言的语群。

在沃森(2011)考察的这些地区,有历史记载的语言很少,而且这些有记载的语言其历史远不及欧洲语言的历史悠久,但仍然表现出很明显的叶氏周期特征。强制性双重否定已经得到验证,否定词大部分都居动词前或动词后。当双重否定为非强制性时,第二个否定词或者第一个否定词可以省略,分别对应于叶氏周期的第 1 阶段和第 3 阶段。在这些语言中,语群的结构模式很清晰,否定的周期特征与欧洲语言所表现的叶氏周期相同。所有这些语言现象在叶氏周期非常明显的欧洲语言和非洲语言中都有呈现(Vossen,2011:12)。

叶氏周期最核心的要素是在否定演变的过程中经历了一个双重否定阶段,到目前为止,除了叶氏周期外,还没有找到解释双重否定起因的其他缘由(Vossen,2011)。

否定周期除了叶氏周期外,还有克氏周期(Croft's Cycle),是克罗夫特(Croft)基于某些否定标记的类型分布提出来的。克氏注意到,在存现否定与一般句子否定中有三种类型的句法关系:

类型 A:存现谓词由动词否定词否定;

类型 B:否定性的存现谓词具有特殊的形式(NEGEX);

类型 C:否定性的存现谓词具有特殊的形式,该形式与动词否定词一致。

有些语言表现出类型 A-B、B-C、C-A 的句法差异,说明其历时发展经历了一个 A > B > C > A 的否定存现周期,见图 2 - 11。

StageA	Stage B	Stage C	Stage A′
NEG exixtential	NEG EX	NEG X	NEG EX existential
NEG V	NEG V	NEGEX V	NEGEX V

图 2 - 11 克氏周期(引自 Willis et al.,2013:24)

在克氏周期中，某个特殊的否定存现形式出现（A＞B），该形式与动词一起成为一般的句子否定词（B＞C），取代其初始的否定词。最后，存现本身的否定通过特殊的否定形式以新的面貌出现，重新分析为否定的简单标记，外加存现动词本身（C＞A），其最终结果是，语言在结构上又回到了其初始形式（即存现与其他动词的对称标记），所不同的是，新的否定存现标记（NEG EX）取代了初始的否定标记（NEG）。

2.3 小结

多重否定作为一种否定手段，在人类语言中普遍存在，具有跨语言的共性。否定标记与否定词同现并不是冗余，而是否定演变过程中的一种选择，其动因可以追溯到语言周期，即语言发展过程中呈现出来的有规律的变化模式，每一轮语言的变化都具有系统性，有规律可循。语言周期可以分为微观周期与宏观周期（Gelderen，2016）。微观周期涉及某个特定的词的消失及被另一个词的取代而获得重生，如否定周期、未来式周期、模态词周期、限定词周期、代词周期、系词周期、介词周期、指示词周期等，这些周期争议较少，容易形成共识。宏观周期指分析语向综合语转换或综合语向分析语转换的周期，这种周期分歧较大，面临的问题较多，难以达成统一。在微观语言周期的众多小类中，叶氏周期影响最大，具有语言类型学的意义，为语言中的否定现象研究提供了取之不竭的源泉。

叶氏周期指的是在语言发展过程中，否定的演变经历了三个阶段：第1阶段为单一否定词阶段，否定词居动词前；第2阶段为双否定词阶段，两个否定词连用，一个居动词前，另一个居动词后；第3阶段为单一否定词阶段，否定词居动词后。否定进入第2阶段的理据是，单一的否定词语音弱化，不足以表达否定意义，需要另一个否定词加以强化，所以出现了否定连用的语言表现形式；随着语言的发展与演变,起强调作用的否定词逐渐获得独立的地位,可以单独表达否定意义,否定又回复到单一否定词阶段。

叶氏周期的典型特征是否定标记的周期性强化和弱化。对于这种周期性的变化,文献中有两种解释途径:拖式循环和推式循环(Breitbarth,2009)。

拖式循环是比较传统的思想,包括叶斯帕森本人也持同样的观点,即初始否定标记的弱化导致新的否定标记语法化而成为句子否定词,也就是动词前否定词的弱化触发动词后否定标记的重新分析。推式循环的观点则不同,根据推式循环理论,添加的否定词,先前为独立使用的负极性副词,语法化以后,作为强化手段,推动初始标记逐步消失。

除了拖式循环与推式循环的解释途径外,还有一种区分也大致对应于此。范·德·奥维拉(2009)认为,英文的叶氏周期应该为 Jespersen Cycle 而不是 Jespersen's Cycle。Jespersen Cycle 包含 Jespersen's Cycle 与 Negative Cycle,前者指叶氏本人及与叶氏观点一致的关于否定周期的解释,后者则是指与叶氏不同的观点,其分歧类似于拖式循环与推式循环的区别。以上两种观点都有合理的地方,但叶氏周期理论更接近其本来思想,是对叶斯帕森观点的正确解读。

叶氏周期具有跨语言的证据支持,在西欧、北非等语言中十分常见,日耳曼语中的英语、荷兰语、德语,斯堪的纳维亚语及罗曼语中的早期拉丁语、法语(口语)、凯尔特语、威尔士语、希腊语、匈牙利语、北部意大利方言及大部分罗曼语方言都呈现了完整的周期。部分语言呈现出不完整的叶氏周期,只覆盖两个阶段,如西非荷兰语、标准法语、布列塔尼语等,许多亚非语言也呈现出叶氏周期的不同阶段。这些跨语言的证据说明,多重否定是一种普遍的语法现象,这种语法现象有理可据。

第三章　英汉双重否定的默认格式

双重否定是多重否定的一种类型，在英汉两种语言的否定结构中都是主要形式，双重否定遵守双否律，表肯定意义，有强化格式与弱化格式。本章聚焦英汉双重否定的默认格式，对其进行系统描写。

3.1　英汉双重否定的强化格式

双重否定的强化格式常用来加强肯定，所表达的语气更加坚决。学界很早就关注到双重否定中的两个否定形式可以相互抵消，有强调肯定的表达效果（Van der Wouden, 1994a；Zeijlstra, 2004；马建忠，1998；黄伯荣、廖序东，2011等）。

3.1.1　not+否定词缀

否定的表达需要形式上的标记。英语否定可以通过语法手段、构词手段以及词汇手段来实现，语法手段是使用否定词 not，构词手段是使用否定词缀，词汇手段是使用具有否定意义的词。结合语法手段和构词手段，将否定词 not 和否定词缀连用可以构成英语双重否定，两个否定形式可以相互抵消，构成双重否定的强化格式。

3.1.1.1　否定词和否定词缀

否定词 not 和否定词缀（如：un-/dis-/il-/im-/in-/ir/non-/-less）

构成的派生词连用，构成双重否定的强化格式，如：

(1) a. Though it is difficult, it is not impossible. (W. Otto Birk)

b. This maybe called pleonastic, but is certainly not really illogical. (Jespersen)

c. Certainly Simon did not dislike his position and salary. (Marthe Gross)

d. Not infrequently, however, the conjunction is omitted. (Marthe Gross)

e. Now she felt sure that squatting adventure had not been useless. (Jack Lindsay)

（转引自周振，1985）

否定词 not 能够表达否定意义，否定词缀构成的派生词也能表达否定意义，两者连用构成的双重否定满足双重否定形式和语义的要求，以（1a）为例，形式上，包含否定词 not 和否定词缀 im-；语义上，两个否定相互抵消表示肯定，not impossible 等值于 possible。

在"not + 否定词缀"格式中，否定词缀不同于否定词 not，前者位于派生词内部，且具有定位性，后者为单词。克利马（1964）认为，not 为句子否定（sentence negation），否定词缀为成分否定（constituent negation）。麦考利（McCawley, 1998）也利用反义疑问句测试（question tag-test）证明了句子否定和成分否定的不同，如：

(2) a. Hoboken is in New Jersey, *is it/isn't it?

b. Hoboken isn't in Pennsylvania, is it/*isn't it? (McCawley, 1998: 611)

c. John is unhappy, *is he/isn't he?

例（2）表明：un-X 结构和肯定句的表现相同，只能被否定形式反问，而不能被肯定形式反问，而含有 not 的句子只能被肯定形式反问，而不能被否定形式反问。

陈平（1991）从命题逻辑的角度指出否定词不同于否定词缀，否定词作用于命题，否定词缀无法采用命题逻辑表达，如：

（3） a. They are non-combatants.

　　 b. 他们是非战斗人员。（陈平，1991）

例（3）在命题逻辑中的表达只能是 P，而不是 ⌐P，即（3）不是复合命题，而是原子命题。在他看来，语言否定与逻辑否定不同，语言中的否定不仅可以否定句子和词，还可以否定比词小的语素（陈平，1991：212）。张焕香（2012）在此基础上认为"not un-X"的逻辑式只能表示为"⌐（⌐X）"，而不能表示为"⌐［⌐（X）］"，即"not impossible"中是"not"否定"impossible"，不是否定前缀"im-"先否定"possible"，然后再由"not"否定 impossible，"impossible"等由否定词缀构成的派生词是一个整体，不可拆分，即存在词缀否定和句子否定的区别。

其实成分否定和句子否定只是表面上的不同，实质上并无根本的不同（Karen，2013），因为在很多情况下，两者表现出了一致性。

第一，两者都能允准 any。方立（2005）考察了 any 的分布限制：

（4） a. Zhang San didn't read any book.

　　 b. *Zhang San read any book. （方立，2005：219）

例（4）说明 any 只能出现在否定的语境中，出现在肯定的语境中会造成句子不合格，如（4b）。但是成分否定和句子否定都能允准 any，如：

（5） a. He won't be able to find **an**y time for that. （Karen，2013：4）

　　 b. He is unable to finy **an**y time for that. （Klima，1964：291）

　　 c. Unaware of **an**y dangers he went on vacation. （Zeijlstra，2004：46）

（5a）中，any 被 not 允准，（5b）和（5c）中 any 被否定词缀 un-允准，说明 un-也能提供否定语境。成分否定和句子否定的主要区别在于否定辖域不同，否定词缀的否定辖域在派生词内部，构成限域否定（Quirk et al.，1985），限域否定的对象只能是词或短语，not 的否定辖域可以扩展到整个句子。

第二，两者都能够表达否定的意义。否定词缀包括否定前缀和否定后缀，否定前缀有 un-/dis-/in-/non-等（im-/ir-/il-是否定前缀 in-因同化规则而产生的三个音位变体），否定后缀如-less/-free 等，添加否定词缀，能够将肯定意义转化为否定意义，见表 3-1。

表 3-1　　　　　　　　　　否定词缀的否定意义

否定词缀	肯定意义	否定意义
un-	lock	unlock
dis-	agree	disagree
in-	expensive	inexpensive
im-	possible	impossible
ir-	relevant	irrelevant
il-	literate	illiterate
non-	existent	nonexistent
less	selfish	selfishless

从表 3-1 可以看出，添加否定词缀，能够将肯定意义转化为否定意义，否定词缀和否定词有同样的意义功能。否定前缀的否定对象为否定词缀修饰的成分，如 un-的否定对象为 lock，dis-的否定对象为 agree，in-的否定对象为 expensive。否定后缀否定的对象为其附着的宿主，否定后缀-less 否定宿主为 selfish。

否定词缀的上位义为否定，不同的否定词缀都能让肯定变成否定，但不同意义的否定词缀会带来不同的否定效果，如：

(6) a. She is non-Chinese.

b. Her behavior is un-Chinese.

例 (6) 都是对 Chinese 的否定，(6a) 否定的是她中国人的身份，即她不是中国人，她可能是美国人或者其他国家的人；(6b) 也是对 Chinese 的否定，但她有可能是中国人，只是说她的行为表现不像典型的中国人，否定的不是她中国人的身份，而是其行为表现。因此，被否定成分的语法意义，与被否定成分本身的属性有关，与否定词缀的语义也相关，不同词缀具有不同否定意义：

(7) a. un-：①lacking a (valued) quality；②deprive of；③reverse process or state

b. dis-：①deprive of；②lacking a (valued) quality；③not；④reverse state or process

c. in-/im-/ir-/il-：lacking a (valued) quality

d. non-：not a member of a specified class

e. -less：of reduced size, extent, or degree

不同的否定词缀具有不同的语法意义，同一个否定词缀拥有不同的否定义项，一个句子中，一个否定词缀只能实现一个否定语义，否定派生词的语义与否定词缀意义密切相关。

第三，两者都遵从同样的句法限制。在纳米句法（nanosyntax）的框架内，词并非句法操作的最小单位，它允许句法树上的终端节点为比语素更小的单位，语素可以是一束特征集，极端的情况是"一个核心，一个特征"（one head-one feature）。凯伦和温加尔（2017）基于纳米句法理论，指出词缀否定也属于句法范畴，它们都遵循同样的句法假设，即：

(8) *＜Neg, Neg＞

The functional sequence must not contain two structurally adjacent Neg-features.

(8) 是说，结构上相邻的成分不能同时带有 Neg 特征。这一假设其实也与 not un-A 中 A 的语义限制（S-celcetion）有关。叶斯帕森（1942）、齐默尔（Zimmer, 1964）和荷恩（2005）都观察到，只有积极意义的形容词才能带否定前缀 un-，消极意义的形容词则排斥否定前缀 un-，如：

(9) a. unhappy   b. *unsad   c. not sad
    untrue   *unfalse   not false

unhealthy　　　*unsick　　　not sick

（9）中 un- 之所以排除 sad、false 以及 unsick 等消极意义的形容词，是因为消极意义的形容词会溢出 Neg-特征，在同一个派生词的内部，否定前缀 un- 和消极意义的形容词均具有 Neg-特征，且结构上相邻，违反句法规则（8），导致结构不合法。在 not un-A 内部，A 同样不能实现为消极意义的形容词，禁止 Neg Neg。但是 not un-A 结构本身，似乎为 Neg Neg 结构，对规则（8）构成挑战，实则不然。not 和 un- 均属于否定标记，两者在线性序列上相邻，但在句法层级上不相邻，un- 否定修饰的语素，为限域否定，not 并非直接修饰 un-A，not 的辖域为 TP 或者 FocP（Belletti，2004），为句子否定，并不违反规则（8）。

词缀否定与其他否定形式的差别在于，词缀否定具有定位性。若以词为句法计算的最小单位，否定词缀参与词法计算，不参与句法计算。在纳米句法的理论框架下，语素可以作为句法操作的单位，否定词缀像否定词一样参与句法计算。

第四，两者都有相应的范畴选择。否定词缀不仅有否定意义，也会有自己的范畴选择。如：

（10）否定词缀的范畴选择：

　　a. dis-：[__ A/V/N]

　　　例如：dishonest、dislike、disadvantage

　　b. in-/im-/ir-/il-：[__ A/V/N]

　　　例如：inexpensive、inability、infrequently、immoral、ir-regular、illogical

　　c. un-：[__ A/V]

　　　例如：unclean、unlock

　　d. non-：[__ A/N]

　　　例如：nonexistent、nonfiction

　　e. -less：[A/V/N __]

例如：selfishless、helpless、homeless

（10a）中的前缀"dis-"附加在法语来源的词根之前。（10b）中的前缀"in-"附加在拉丁语来源的词根之前。（10c）中的前缀"un-"主要出现于英语来源的词根之前。这三个词根的分布具有互补性，如：

（11）a. He is irrational.

b. *He is unrational.

c. *He is disrational.

（12）a. His behavior is *in-American.

b. His behavior is un-American.

c. His behavior is *dis-American.

凯伦（Karen，2018）把这三类前缀归为一组，为量化否定的标记。否定前缀"non-"是另一组，凯伦（2018）称之为分类否定的标记，可以附加在各种来源的词根之前。从层级上来说，分类否定的标记高于量化否定的标记，在线性上表现为前于关系，如（Karen，2018）：

（13）a. non-dis-enfranchized

b. non-in-finite

c. Non-un-happy people are the best.

否定后缀-less，不仅能够将肯定意义转化为否定意义，还可以改变词的范畴类别，-less 具有形容词性，它的范畴选择可以为形容词、动词与名词，如：

（14）a. A-less，如：selfishless

b. V-less，如：helpless、stainless、useless、tasteless

c. N-less，如：homeless、shapeless、hopeless、speechless

-less 的宿主词性多样，可以是名词、动词或是形容词，但整个结构 X-less 还是形容词性的，我们可以指派如下结构：

(15)

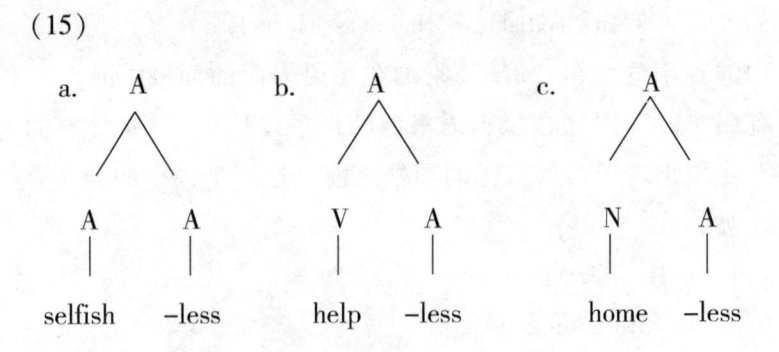

```
    a.   A              b.    A              c.    A
        ╱ ╲                  ╱ ╲                  ╱ ╲
       A   A                V   A                N   A
       │   │                │   │                │   │
    selfish -less         help  -less          home  -less
```

（15）中，否定词缀-less 的语素类别为 A，整个结构的词类范畴也为 A。英语遵从右向核心准则，否定后缀-less 为词法核心①，具有形容词性，核心可以将其特征渗透到合成词上，使其具有形容词性。否定词缀-less 不仅具有否定意义，还可以作为核心将其范畴特征渗透给母亲节点，决定整个词类的范畴属性。

当否定词缀构成的派生词与 not 共同构成双重否定时，not 作为句法范畴的否定标记，对否定词缀选择的范畴也有一定的限制作用。在英语中，否定标记各司其职，如否定名词性成分的是否定形容词 no（除了 not a X 形式），否定谓词性成分的只能是否定副词 not，not 选择谓词性成分。即 no 选择名词性成分，not 选择动词性成分，如：

(16) a. No teachers went on strike.

b. I've got no Thursdays free this term.

c. She had no idea what I meant.

d. No honest man would lie.

e. Sorry, there's no time to talk.

(17) a. The teachers did not go on strike.

b. I haven't any Thursday free this term.

c. She didn't have any idea what I meant.

---

① Chomsky（1995）也认为当两个成分合并的时候，其中一个成分决定结构体的范畴标记，决定结构体标记的成分为核心。

d. An honest man would not lie.

e. Sorry, there's not any time to talk.

否定前缀只具有改变意义的作用，相当于副词，不能改变派生词的范畴地位，在与 not 构成双重否定结构时，not 对否定前缀所搭配的成分有限制，否定前缀只能搭配形容词 A 和动词 V 等谓词性成分，"not + un-/dis-/il-/im-/in-/ir-/non-" 能够选择的词根只能拥有 A 或 V 的范畴属性，这是由 not 的范畴选择决定的。有学者基于线性序列认为"not un-X"中的 X 常为形容词、动词、副词，有时也可接名词、介词（短语）等（张焕香，2012），如：

(18) a. It is certainly (not at all) <u>not uncommon</u> for counsellors of older people to find marriages which have followed this broad pattern decline.

b. They're going to reduce the claims that dying the way that she is dying is <u>not painless</u>. In fact, they say it is painful.

c. Thus, even while still in university, they would <u>not infrequently</u> attend exhibits and concerts together, usually in the company of Teruko.

d. They seek to establish the facts in an objective manner. They look for points of agreement, <u>not disagreement</u>.

从范畴选择来看，not 的选择仍是谓词性成分。(18c) 中虽然出现的是"not infrequently"，其中"frequently"为副词，但 not 选择的或修饰的却是整个动词短语，如"infrequently attend exhibits and concerts together"；(18d) 中的 not 后面虽然是名词"disagreement"，实为"look for points of disagreement"的省略形式，not 范畴选择限制为动词性短语，不能实现为名词性成分。

"not + 否定词缀"（un-/dis-/il-/im-/in-/ir-/non-/-less）构成的双重否定中，被否定成分句法范畴选择的限制如下：

(19) a. not + un-/dis-/il-/im-/in-/ir-/non- + A/V

b. not + A/V/N + -less

否定前缀否定的句法成分只能实现为谓词性句法范畴,如为动词或形容词,因为 not 的范畴选择为动词性短语,前缀相当于副词。否定后缀是核心,决定派生词的类别,所以否定的是动词、形容词甚至名词的词根。

否定词缀和其他否定形式在语法意义和语法限制上并无实质不同,区别在于否定词缀本身的定位性与范畴选择的局域性,即否定词缀只能否定修饰的成分,对修饰成分的范畴有所限制,否定前缀只能选择谓词性成分,否定后缀既可以选择谓词性成分,也可以选择名词性成分。

3.1.1.2 语义解读及语用动因

在逻辑学中,否定词缀和否定词表现不同,但在语言学中,两者并无实质不同。在"not + 否定词缀"构成的双重否定中,否定词缀构成第一层次的否定,not 构成双重否定。需要注意的是,并不是所有的 not 和否定词缀组合都能构成双重否定,其区别在于 not 的否定表现:一是否定句子所表达命题的真值,二是对真值条件的适宜性予以否定,如:

(20) a. She did not dislike her pen pal.

b. Tessa shook her head—not disagreement, but a gusture of hopelessness.

在 (20a) 中 "not" 否定的是 "She disliked her pen pal.",即 "not" 否定的是一个肯定的命题,否定的是句子所表达命题的真值,转换为逻辑语言是:

(21) ¬ dislike' (She', her pen pal')

(20b) 与 (20a) 不同,命题表达的意义 "disagreement" 本身并没有否定,而是否定 "disagreement" 表达的适宜性,并不是真正的双重否定。对于否定词缀的语义值,我们可以表达为 "~",(21) 的语义可以重新表达为:

(22) ¬ [~like' (She', her pen pal')]

= like' (She', her pen pal') (P (She', her pen pal')

= (like' (She', her pen pal')

P 是介于"like"与"dislike"中间的状态，这是因为"like"与"dislike"为对立关系而非矛盾关系。(20a) 中的双重否定削弱了肯定的意义，我们用"⇓"表示。不含中间状态时，语用上就会有语气的加强，例如：

(23) a. The accused was <u>not dishonest</u>, judged objectively as well as subjectively.

b. ¬ [~honest (the_ accused)]

= honest (the_ accused)

= ⇑ honest (the_ accused)

"dishonest"和"honest"构成矛盾关系，所以从语义上说"¬ [~honest (the_ accused)]"等同于"honest (the_ accused)"，即双重否定得到肯定义；从语用上说，肯定得到增强，"⇑"表示肯定意义的增强。如：

(24) a. [¬ [~P]]^{Prag}

= [P ∨ (Q)]^{Prag}

= ⇓ P

b. [¬ [~P]]^{Prag}

= [P]^{Prag}

= ⇑ P

(24a) 反映的是对立情况，(24b) 反映的是矛盾情况。在矛盾的情况下，双重否定得到肯定，但在语用的作用下，肯定的语气会增强。

逻辑学上的矛盾和对立，反映了词的不同反义义场。黄伯荣、廖序东（2011）指出，反义义场可以分为两类：一类是互补反义义场，另一类是极性反义义场。互补反义义场是指，处于同一反义义场的两个词，肯定 A 必否定 B，肯定 B 必否定 A；同时，否定 A 就必定肯定 B，否定 B 就必定肯定 A，两者之间不允许有非 A 非 B 的第三者存在，如：

(25)

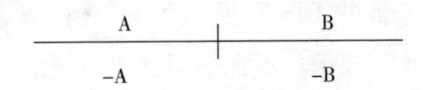

```
        A         |         B
      ─────────────────────────
        -A                  -B
```

像"生"与"死"、"动"与"静"、"有"与"无"就构成互补反义义场。dis-X 与 not dis-X 等否定词缀构成的否定派生词与对否定派生词再次否定的形式构成反义义场，可以实现为互补反义义场，如：

(26) a. The accused was not dishonest, judged objectively as well as subjectively.

b. Medicine has great powers, but not unlimited powers.

c. It is not undetermined but over determined.

d. This investigation was not illegal.

例 (26) 否定词缀构成的词与"not + 否定词缀"构成的短语之间均构成互补反义义场，如 (26a) 中 not dishonest 与 dishonest 构成互补反义义场，肯定 not dishonest 必否定 dishonest，肯定 dishonest 必否定 not dishonest，两者之间不允许有非 not dishonest 和非 dishonest 的第三项存在。

根据极性反义词之间的矛盾关系，可以推出相应的双重否定与肯定的对应关系，对其中一项的否定可以推导出对另一项的肯定，如：

(27) a. ~honest↔dishonest　　b. ┐dishonest↔honest

not dishonest 与 dishonest 之所以构成互补反义义场，实则是 X 与 dis-X 构成互补反义义场，判定 not un-X 的义场依赖于 X 的本身属性。

但并非所有的否定词缀都构成矛盾关系，也存在对立关系，对立关系的词构成极性反义义场。极性反义义场是指，处于这种语义场的两个词，肯定 A 就否定 B，肯定 B 就否定 A，但否定 A 不一定就是肯定 B，否定 B 也不一定就是肯定 A，因为还有 C、D、E 等其他意义存在的可能，如：

（28）

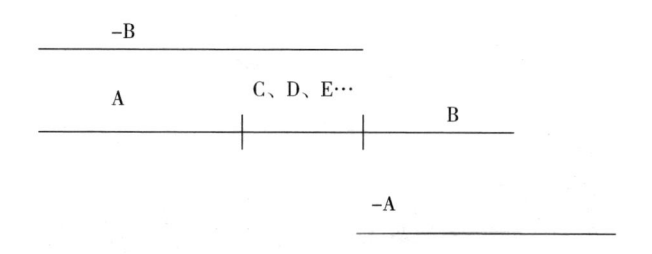

```
                    -B
        ┌───────────────────┐
    A              C、D、E…           B
    ├──────────────┼────────┼──────────
                    └───────────────────┘
                           -A
```

像"黑"与"白"、"大"与"小"、"高"与"低"、"冷"与"热"就构成极性反义义场。"黑"与"白"相反，肯定"黑"就否定"白"，但是否定"黑"就不一定是"白"，因为还有可能是"红""绿""黄"等其他颜色，这是存在于"黑"与"白"之间的中间状态，可以看出肯定和否定的不对称性。同样，not un-X 与 un-X 也可以实现为极性反义义场，如：

（29）a. She is not unhappy.

b. John is not unfriendly.

以（29a）为例，否定 unhappy 不一定就是肯定 happy，因为 happy 和 unhappy 之间有 neither happy nor unhappy 的中间状态，如下：

（30）happy　　　neither happy nor unhappy　　　unhappy

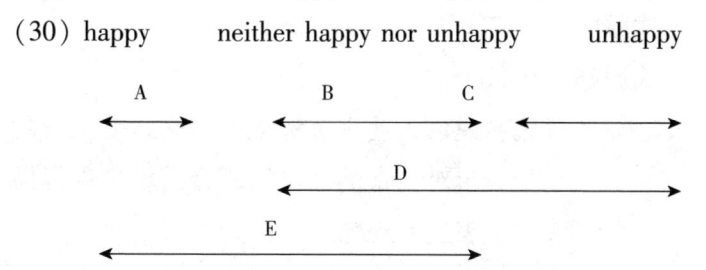

```
     A            B        C
    ←→         ←─────────→      
                    D
              ←──────────────→
                 E
              ←─────────→
```

从（30）可以看出，not unhappy 等值于 E，而不是 A（happy），极性反义义场构成的双重否定不表达强烈的肯定语气。两种反义义场并非完全不能互换，黄伯荣、廖序东（2011）指出："反义义场两种类型在特定情况下可以改变，互补反义义场可以当成极性反义义场来

用,极性反义义场也可以变成互补反义义场",比如:

(31) a. 互补反义义场:男—女⇨极性反义义场:男—不男不女—女

死—活⇨极性反义义场:死—不死不活—活

b. 极性反义义场:进—不进不退—退⇨互补反义义场:进—退(不进则退)

左—不左不右(中)—右⇨互补反义义场:左—右(非左即右)

(31a)说明互补反义义场有时候会被当作极性反义义场来使用,(31b)说明极性反义义场也可以转换成互补反义义场。以(31a)为例,处于极性反义义场的"男"和"女"存在中间状态"不男不女",否定"男"只能得到包含"女"和"不男不女"的"非男生"集合,中间状态的存在削弱了双重否定的肯定意义;但是处于互补反义义场的"男"和"女"不存在中间状态,否定一方就等于肯定另一方,不是"男"就是"女"。

英语中带有否定词缀形式标记的(如 dis-、in-、il-等)反义词很大一部分构成矛盾关系,构成矛盾关系的两个否定可以相互抵消表达肯定意义。表面上,双重否定的使用违反了语言使用的经济性原则,实际上,双重否定的使用是基于一定的语用动机,可以采用莱文森(2000)的方式原则予以解释(孙英杰,2006):

(32) 方式原则(M-Principle)

a. 说话人准则:说话人使用有标记表达来指非正常的、非常规的场景,与对正常的、常规的会话场景进行描述所使用的无标记表达形成对比。

b. 听话人准则:非正常方式的表达表明非正常的场景,或者说,有标记的表达形式用来指有标记的场景。

方式原则涉及说话人准则和听话人准则,从方式原则可以看出,说话人使用有标记形式是为了与无标记形式形成对比。相对于无标记的肯定形式而言,双重否定是有标记的,有标记形式是为了表达额外的效果，如矛盾项相互抵消产生强烈的肯定意义，对立项不能完全抵消产生委婉的肯定意义。叶文曦（2013）持同样的观点，认为对双重否定的理解可以引入两条规则予以解释，如下：

（33）a. 否定标记消除规则：¬（¬P）→P

b. 痕迹留存规则：P→P_s（下标 s 表示主观性痕迹）

双重否定的使用能够表达说话人的主观感受，相对于一般肯定，矛盾关系的双重否定会产生更加强烈的肯定语气，即从语用角度来说，肯定意义会得到增强，从而表现为双重否定强化格式。

"not + 否定词缀"构成的强化格式有一定的限制：一是 not 否定的是句子命题的真值，而非真值条件的适宜性；二是否定词缀修饰的 X 与其否定形式之间为矛盾关系，构成互补反义义场，"否定词缀 + X"被否定词 not 再次否定时，not 和否定词缀相互抵消，在方式原则或痕迹存留规则的作用下，表达更加强烈的肯定语气。

3.1.2　not + without

英语中，除了使用语法手段和构词手段构成双重否定，还可以使用语法手段与词汇手段构成双重否定，如 not 能够与含有否定意义的介词 without 搭配构成双重否定，not 与 without 可以连用，两者之间也可以插入其他成分，不同类型的双重否定所表达的肯定语气的强弱既与搭配成分有关，也与构成形式相关。

3.1.2.1　not 和 without 的搭配

蒋红红、赵云春（1992）归纳了英语中含"without"双重否定的三种形式：

第一种：not + without + …

（34）a. The advice was, certainly, not without reasonable grounds.

b. I have brought back your man—not without risk and danger.

c. Prosperity is not without many fears and distastes, and adversity is not without comforts and hopes.

第二种：否定副词 not +…+ without…，如：

(35) a. I did not step into the well-known boat without a cordial greeting.

b. You cannot make omelettes without breaking eggs.

第三种：否定不定代词 nothing, no one, no, none 等与 without 搭配。

(36) a. Nothing can live without water.

b. There is no smoke without fire.

本节主要考察包含 not 和 without 的双重否定，即第一种和第二种，这两种形式的双重否定形式上的差别也造成句法上否定对象的差别。在 not without X 形式中，not 与 without 在线性序列上相邻，without 为包含否定意义的介词，其语义为 not with 或 not having，它对 X 的否定构成第一层否定，否定词 not 对 without X 整体构成第二层否定，即 [not [without [X]]]，如 (34a) without 先否定 reasonable grounds，然后 not 否定介词短语 without reasonable grounds。但是在"否定副词 not +…+ without…"格式中，not 与 without 中间有其他成分，not 和 without 分别否定不同的成分，如 (35a) 中 not 否定的对象为"step into the well-known boat"，without 否定后面成分"a cordial greeting"，"not +…+ without…"为异项双重否定。

not 与 without 连用时，通常在句子中充当补足语，有时也可以作后置定语或状语，如：

(37) a. The use of such checklists is not without problems.

b. The new frontiers were not without their hazards.

c. The Premier League, however, is not without its critics.

（BNC）

(38) a. This appeal raises a short point not without interest to solicitors generally. （BNC）

b. This is a phenomenon not without relevance to understanding of the modern world. （张焕香，2012）

（39）a. I have made this decision with some regret—but <u>not without a great deal of thought</u>. （BNC）

b. If it hadn't been for Anna, She'd have been gone at sunrise. But she couldn't just walk out of the old woman's life, <u>not without preparing her first</u>. （张焕香，2012）

（37）中 not without X 均为补足语，以（37a）为例，not without problems 位于系词 is 的后面充当句子的补语；（38a）中 not without interest 充当 a short point 的后置定语，（38b）中 not without relevance 充当 a phenomenon 的后置定语；（39a）中 not without a great deal of thought 和（39b）中 not without preparing her first 都充当条件状语。从以上例子可以看出，not without X 在句子中充当补语、定语或者状语时，not 否定的成分均为 without X，即 not 的否定为成分否定，而不是句子否定，不能作用于命题。

在"not without X"中，without 作为包含否定意义的介词，限制 X 的范畴选择，X 只能实现为名词或动名词。当 X 为名词时，这些名词通常是问题类名词和作用类名词，如：

（40）not without + 问题类名词（如：accident, bias, confidence, criticism, conflict, consequence, difficulties, disadvantage, disagreement, discomfort, dissatisfaction...）

（41）not without + 作用类名词（如：reason, support, truth, use, value, witness, significance, satisfaction, permission, point, relief, promise, self-respect...）

X 也可以实现为动名词，如：

（42）a. I could live without performing but not without song writing. （BNC）

b. In 1620, at the age of twenty-seven, not without some canvassing, he was elected as Public Orator of the University.

（42a）中 X 为动名词"song writing"，（42b）中 X 为动名词"some

canvassing", without 作为介词, 它的范畴选择只能实现为名词或动名词。

学界对于 not X without Y 是否归属于双重否定存在争议, 侍建国（1984）认为两个否定形式之间存在限定关系; 张焕香（2012）从逻辑转换的角度出发, 指出 not X without Y 作为条件式双重否定句, 每个否定都作用于各自的分句, 无法通过否定转移实现"¬¬P"或者"¬(¬P)"结构, 不属于双重否定。王群生（1993）则认为异项双否定句 F_1A, F_2B 也属于双重否定, 芜崧（2003）持同样观点。我们认同后者的观点, 语言中的双重否定和逻辑中的双重否定并非完全一致, 比如否定词缀不能构成对命题的否定, not without 构成的成分否定也不能构成命题否定, 如果单从逻辑的角度出发, not + 否定词缀以及"not without X"都不归属于双重否定。双重否定的判断需要从形式和意义两个角度出发, 形式上包含两个否定形式, 意义上表达肯定意义的双重否定形式都属于双重否定, not X without Y 属于条件式异项双重否定, not 和 without 在线性序列上不相邻, without 所接的成分是 not 修饰成分或整个事件的前提条件, 这类双重否定为条件式否定抵消, 为双重否定的强化格式, 表达语气较为强烈的肯定意义。

not 与 without 分开使用时, 两者否定不同的成分, 主要有两种形式。

第一种: not VP_1 without VP_2, not 和 without 否定不同的 VP, 如:

(43) a. The potential energy does not <u>limit</u> without <u>increase</u>.

　　　b. It was a pity one could not <u>invade</u> without <u>giving advance warnings and following the rules</u>: it would be a pushover.

(43a) 中 not 和 without 后接不同的动词, not 否定 increase, without 否定 limit, 并且 VP_2 所表示的动作对 VP_1 所表示的动作进行限制, 即 limit 限制 increase。(43b) 中 VP_1 和 VP_2 表示不同的事件（event）, not 否定 VP_1, without 否定 VP_2, 并且事件 VP_2 是事件 VP_1 的必要条

件，在 not VP₁ without VP₂ 形式中，without VP₂ 为条件状语。

第二种：not VP without NP，not 否定动作所表达的活动，without 否定名词性成分，如：

（44） a. You can not survive without me!

b. The Germans would not fight without a clear advantage.

c. The Labour Party can not and will not survive without the affiliation of the trade union movement.

（44a）中人称代词 me 的存在，是整个事件 you can survive 的前提条件，（44b）中只有拥有 a clear advantage，the Germans would fight 这个事件才会成为可能。（45c）也是同样，NP 是 VP 得以实现的必要前提条件，没有 NP 的存在，VP 不可能实现，without NP 同样充当条件状语，为前面事件实现的必要条件。我们可以进行形式上的转换，not A without B，A 通常实现为 VP，B 可以实现为 VP 和 NP，其语义解读为只有 B 实现，才能 A，B 为 A 实现的必要条件，not A without B 为条件式双重否定。

3.1.2.2 语义解读及动因分析

张焕香（2012）认为，not without X 形式是一种克制性的陈述，只能表达语气委婉的肯定意义。根据陆殿扬（1958）、曾炳衡（1964），双重否定肯定语气的强弱与形式有关，如 not/no + 含否定词缀的词或 not without，表示比单纯肯定语气更弱的肯定；而 cannot…without… 则加强肯定的语气。其实只有当 not without 在线性序列上相邻，且 X 为名词时，才会使语气有所弱化，表示委婉的肯定，如：

（45） a. The Chancellor is not without fault.

b. A lot of these drugs are not without potential side effects.

c. I have brought back your man—not without risk and danger.

以（45a）为例，not without fault 不等值于 with fault，这种区别如下所示：

— 71 —

(46)

　　　　　　　　　　　　　　　　　not without fault

　　　　　　　fault　　　　　　　　fault

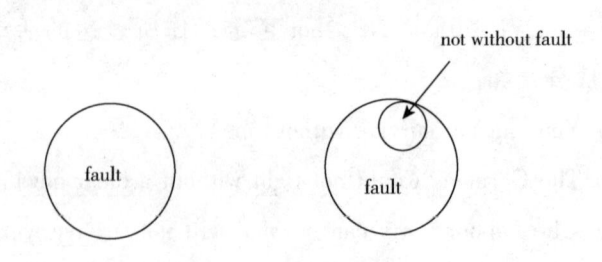

　　with fault 占据的是整个的集合，但是 not without fault 只是占据 fault 这个集合里的一个小小的子集就可以表达意义，not without fault 和 with fault 都表达肯定意义，但语气更为委婉。这与名词的量度有关，在 not without NP 形式中，如果 NP 是量度范畴，一般取下限的最小值，比如在 not without fault 中，有一点错误就可以采用 not without fault 的表达，不需要很多错误，fault 作为一个量度范畴可以和数量短语搭配，数量短语一般取小量。同理，not without risk and danger 可以在只承担小小风险的时候就可以采用这种表达。NP 作为量度范畴，在 not without NP 格式中，NP 往往取下限（即最小量），与 not without 组合时，not without 作为双重否定格式其否定意义会相互抵消，但是因为 NP 为小量，只能造成委婉肯定的解读。

　　not without 构成的双重否定所表达的委婉肯定还可以通过语境来确认，如：

（47）a. The Chancellor is not without fault. He made an error of judgement, albeit one which is understandable.

b. In passages written not without humour, though theirs is the blackest of black comedy.

c. Although the authorities are directly in charge of broadcasting, governments are not without considerable powers over broadcasting. (BNC)

　　例（47）中，not without 结构前后分句都是对 not without 所在分句的进一步解释，如（47a）中，"总理并非没有过错"，后续分句提及"他犯了一个可以理解的过错",这说明"并非没有过错"的意思为"犯了一点错",相对于"with fault","not without fault"的表达更为委婉,肯定程度更轻。从(47b)的后续分句"the blackest of black comedy"可以看出"not without humour"解读为"并非没有幽默,但幽默感不强";(47c)中although引导的从句说明"广播权主要在权威机构手中","governments are not without considerable powers over broadcasting"只能解读为"政府有广播权,但不多",表达的是语气较为委婉的肯定。

当not without中without后接动名词形式时,其语气解读会有所不同,如:

(48) a. I could live without performing but <u>not without song writing</u>.

b. He could <u>not without taking</u> in all those properties.

c. In 1620, at the age of twenty-seven, <u>not without some canvassing</u>, he was elected as Public Orator of the University.

当without后接动名词时,表示的是一个事件,事件与名词的量度有很大的区别,(47a)中的fault是一个量度范畴,量度的大小决定肯定语气的强弱,在not without NP形式中,NP一般取量度的下限。但是作为一个事件,只有二选一,比如(48a)中not without song writing的语义只能为song writing,song writing作为一个事件,要么发生,要么不发生。在not without X格式中,without的句法限制决定X能实现为名词或动名词,当X为名词时,名词的量度的下限决定not without X表达较为委婉的肯定语气,而动名词的事件意义决定"not without + 动名词"表达较为强烈的肯定语气。

not和without分开使用时,not修饰的为VP成分,而without作为介词,其后可以接名词性成分,也可以接动名词,表示事件,且without后接的成分都是not所修饰成分得以成立的必要前提条件。蒋红红、赵云春(1992)指出,not与without否定不同成分时,不但表示一般肯定,而且含有"皆"字之意。英语中,这类双重否定句,大都可以释义为含有"all"和"every"的相应肯定句，翻译成汉语时，往往带"都、每、总"等全称义，如：

(49) a. I did not step into the well-known boat without <u>a cordial greeting</u>.

b. 释义：**Every** time（Whatever）I stepped into the well-known boat, I offered it a cordial greeting.

c. 汉语：**每**当我迈步登上这艘广为人知的船时，**总**要向它亲切致意。

(50) a. You cannot make omelettes without breaking eggs.

b. 释义：Break eggs for **every** omelette.

c. **每**做一块煎蛋饼**都**要打碎蛋。（有失才有得）

(49a)和(50a)中without组成的成分是not修饰成分得以成立的前提条件，前提条件成立，VP就会实现。否定不仅涉及质的改变，还涉及量的改变（马学东，1988），比如：全称的否定变特称，特称的否定变全称。(50a)中，特称变为全称，表达"总要向它亲切致意"，其肯定语气比一般肯定更为强烈。(49b)和(50b)中，Every和"每"都属于全称量词，全称量词的出现代表每一种可能都实现，肯定语气更为强烈。曹桂花（2012）分析了英语中的none…never…以及never…without…格式，认为否定+否定=肯定，而且肯定的语气比一般肯定更强烈，如：

(51) a. All of us have finished the homework.

b. None of us have never finished the homework.

(52) a. Whenever I see the film, I am moved to tears.

b. I can never see the film without being moved to tears.

(51)中All of us和None of us虽然都指我们中的每个人，但是all of us不具有排他性，比如可以有all of us except Tom的表达，而None of us的表达则包含了所有人，无一例外，拥有排他性，双重否定表达的范围比一般的全称肯定范围更为明确，表达的语气更为强烈。在

— 74 —

not... without... 格式中，without X 所包含的范围必须为所有人，无一例外，如：

（53） Though I am now retired, I can not do without them.

（53）是说尽管我已经退休了，我不能没有他们，这里的他们包含集合中的每一个个体，具有排他性，包含的范围更广。

在 not without 形式中，双重否定的语义解读与 without 搭配的成分有关，not without 连用时，搭配名词短语，往往会产生较为委婉的肯定意义，委婉的语义解读可以从上下文进一步推断。当 not without 搭配动名词成分或者 not 和 without 在线性序列上不相邻时，会产生语气较强的肯定语气，强调肯定对应于双重否定的强化格式，委婉肯定对应于双重否定的弱化格式，not 和 without 搭配构成的强弱格式如表 3-2。

表 3-2　　　　not 和 without 搭配构成的强弱格式

形式 格式	not... without...	not without + 动名词	not without + 名词
强化格式	+	+	-
弱化格式	-	-	+

只有"not without + 动名词"组成的双重否定以及"not... without..."构成的条件式双重否定才属于双重否定的强化格式，表达语气更为强烈的肯定意义。

3.1.3　不是不/没

现代汉语中，"不"和"没"是两个常用的否定标记，两者都可以和"不是"搭配，组成"不是不"或"不是没"双重否定格式。"不是"的句法层级高于"不/没"，不能组成"不不是"或"没不是"格式。"不"和"没"是两个常用的否定功能词，两者在句法选择和语义功能上存在差异，相应地造成"不是不"和"不是没"语义解读的差异。本节将从句法、语义及语用三者接口出发，对"不是不"和"不是没"进行构件分析,比较"不是不"和"不是没"双重否定格式的异同,并探讨两种格式表超量肯定和低调陈述的限制性条件。

3.1.3.1 "不是"的句法语义

通常情况下,"不是"为"是"的否定形式。黄伯荣、廖序东《现代汉语》指出"是"有两种句法身份:一是判断动词"是",二是肯定副词"是"。判断动词"是"为谓词,常位于主宾语之间,表示多种语义关系,对"是"的否定为"不是",如:

A. 表示事物等于什么或属于什么,即:甲=乙。如:

(54) a. 鲁迅是伟大的革命作家。(肯定形式)

b. 我们的目的是发展生产。

(55) a. 鲁迅不是伟大的革命作家。(否定形式)

b. 我们的目的不是发展生产。

B. 表示事物的特征、质料、情况。如:

(56) a. 这孩子是双眼皮。

b. 这一年,人家是丰年,我是歉年。

(57) a. 这孩子不是双眼皮。

b. 这一年,人家不是丰年,我不是歉年。

C. 表示事物的存在。如:

(58) a. 遍地是牛羊。

b. 靠墙的是一张书桌。

(59) a. 遍地不是牛羊。

b. 靠墙的不是一张书桌。

判断动词"是"表示事物之间的关系,以(54a)为例,"是"表明事物等于什么或属于什么,即鲁迅的身份是伟大的革命作家。(55a)中"不是"为"是"的否定形式,否定了"鲁迅"与"伟大的革命作家"之间的关系,即¬伟大的革命作家(鲁迅),"不是"的否定范围为整个句子,构成对整个命题的否定。"是"为判断动词,其后成分为名词性成分，"不是"否定"是"所表达的等同或类属关系，并不改变"是"的范畴选择，"不是"也只能选择名词性成分。而"不/没"组成的结构为谓词性短语，不能被"不是"所选择，"不是不"和"不是没"格式中的"不是"不能为判断动词"是"的否定形式。

副词"是"常用在谓语动词、形容词前表示"肯定"，这类"是"要重读，表示强调，意思为"的确，确实"，副词"是"的否定为"不是"，如：

(60) a. 他的性格是变了。

　　 b. 今天是很冷。

(61) a. 他的性格不是变了。

　　 b. 今天不是很冷。

(61) 中，"不是"为副词"是"的否定，其范畴选择为谓词性成分，副词"不是"可以和"不/没"组成"不是不/没"双重否定格式，如：

(62) a. 他的问题，你也<u>不是不</u>了解，你有点头脑好不好？（李国文/《那年故事》）

　　 b. 芸弟，你也应当下水来洗洗！又<u>不是不</u>会水，怕哪样？（沈从文/《记陆弢》）

(63) a. 你们年轻，煤矿<u>不是没</u>前途！（路遥/《平凡的世界》）

　　 b. 城里我<u>不是没</u>去过，忙什么忙？一天到晚就是耍。（韩少功/《马桥词典》）

黄正德（Huang, 1982）也认为"不是"中"是"有系词和副词两种不同的处理，后面是名词性成分的为系词，表示等同或类属关系，后面是谓词性成分的"是"为副词，表示强调。张焕香（2012）采取不同的处理，她认为在"不是不 X"中，"不是"为判断动词"是"的否定形式，对"不 X"进行二次否定，如：

(64) 这件事他<u>不是不</u>知道，只是不肯过问罢了。

在（64）中"不"对"知道"进行第一次否定，第二层否定为"不是"进行的否定，这句话用一阶谓词逻辑表达为：¬［¬知道（他，这件事），双重否定等于肯定，即：他知道这件事。在张焕香的处理中，"不是"为判断动词，否定的为整个句子，实际语料证明："不是"否定的不是句子，而是"不是"后的动词短语，如：

（65）a. 我不是不会跳舞，我确实能跳。

　　　b. 他不是不来，而是会晚点来。

（65）中后续分句能够帮助判断双重否定的语义，（65a）中"我不是不会跳舞"的意思为"我会跳舞"，"确实能跳"是对"不是不会跳"进一步补充说明；（65b）中"他不是不来"的意思为"他来"，"晚点来"是对"不是不来"的补充说明，说明在"不是不X"中，"不是"否定的不是整个句子，而是句子的谓语部分。

在"不是不/没"格式中，副词"是"为焦点标记，"不是"作为否定焦点标记，否定的是句子的焦点成分，如：

（66）a. 那有什么，你也<u>不是</u>不会回来。

　　　b. 可怜的孩子，我<u>不是</u>不相信你。

（67）a. 其实，有些产品并<u>不是没有</u>市场，而是销售渠道不畅。

　　　b. 于是，他着急地埋怨道，"又<u>不是</u>没告诉诸位早点来。该来的不来"。

在（66a）中"不是"否定"不会回来"，语义等值于"会回来"；（66b）中，"不是"否定"不相信你"，语义等值于"相信你"；同样（67a）表达的意思为"有市场"，"不是"否定"没有市场"；（67b）中"不是"否定的是"不是"后面所有的成分，意思为：告诉过诸位早点来，"不是"否定的成分为句子的焦点。

在句法结构上，"不是"可以实现为短语，也可以实现为词。当"不是"为短语时，中间能插入其他成分，如：

（68）a. 他的问题，你也不是不了解。

　　　b. 他的问题，你也不一定是不了解。

(68)中"不是"中间可以插入其他成分,表明"不是"为短语。张谊生(2014)指出"不是"可以语法化为副词或连词,朱德熙(1985)指出"划分词类只能根据词的分布",主要考虑其区别特征的线性分布。副词的句法分布为:

(69)副词:[!＿＿＿动词] ∨ [!＿＿＿形容词]

(69)是说副词只能分布在动词和形容词之前作状语。副词"不是"位于"不X"和"没X"前作状语,如:

(70) a. 埃丽诺,他不是不愿意!我看得很清楚。(简·奥斯汀/《理智与情感》)

　　 b. 这老年人不是不原谅我的荒唐。(沈从文/《从文自传》)

连词"不是"通常和其他连词并用,构成"不是……而是……","不是……就是……",如:

(71) a. 他不是不走,而是等一会儿走。

　　 b. 他们一个个不是不体谅人,就是手太懒。(简·奥斯汀/《理智与情感》)

在(71a)中,"不是不走"的意思为"走",后续分句"等一会儿走"对前面分句进一步补充。对于"不是……就是……"格式中出现的"不是不X",张焕香(2012)、方绪军(2017)等都认为不是真正的双重否定。双重否定分为语义双重否定和语用双重否定,语义否定是指对命题的真值条件进行否定,语用否定则是超越句子的真值条件,对句子的外部意义进行否定,否定句子真值的适宜性条件。在"不是不X"和"不是没X"结构中,既有语义否定,又有语用否定,如:

(72) a. 他不是不来,而是会晚点来。

　　 b. 他不是不来,而是家里有客人。

(73) a. 我们这次来也不是没带。

　　 b. 我不是没有勇气,而是没有气力。

(72)的语义关系如图3-1所示。

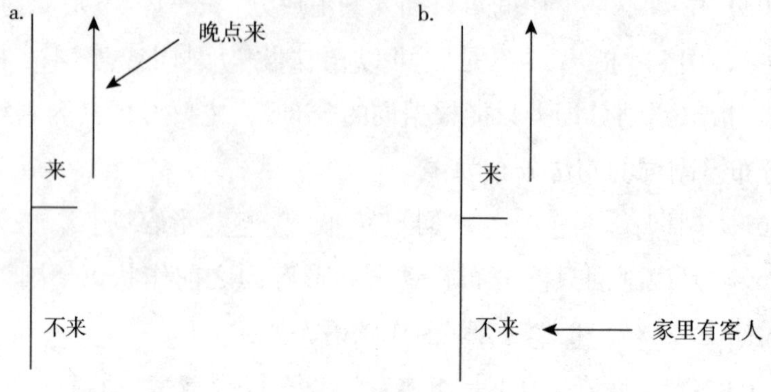

图 3-1 "不是不"与"晚点"的语义关系

如图 3-1 所示,"不是不来",对"不来"进行全面否定,结果是表达肯定"来","晚点来"属于"来"的范畴,(72a) 的"不是不来"为语义双重否定;而 (72b) 中,"家里有客人"仍然属于"不来"的范畴,双重否定不等于肯定,"不是不来"为语用双重否定,"不是"为元语否定标记。同理,(72a) 为语义双重否定,(72b) 为语用双重否定。

另外,在"不是 A 就是 B"句子中,并非完全否定 A,也有可能否定 B,如:

(73) a. 你的家庭成员不是不在家,就是忽视你的存在。(莱德菲尔德/《塞莱斯廷预言》)

　　b. 一面拆一面看,稿子不是不好,就是长了,都不能用。(张恨水/《春明外史》)

　　c. 他们一个个不是不体谅人,就是手太懒。(简·奥斯汀/《理智与情感》)

(73a) 中,"不在家"和"忽略你的存在"属于两个选项,"不是……就是……"属于二选一,"不是"没有对"不在家"进行否定,否定词"不是"的语义值并没有完全发挥作用。不属于严格意义上的双重否定,不是本文关注的对象。语义型双重否定需要满足的条件为:一是需要在句法上得到允准,即具备两个否定标记,显性实现为否定之否定，并且两个否定标记否定同一个成分或命题；二是需要在语义上得到允准，即符合逻辑上的双否律，否定之否定，表达肯定意义。

"不是"的句法身份有三类：一是对判断动词"是"的否定，构成对整个命题的否定，为断言标记，不能选择"不/没"组成双重否定结构；二是对焦点标记"是"的否定，其否定范围为其后谓词性成分，能够和"不/没"组成双重否定；三是在"不是……就是……"中，"不是"的语义值没有发挥作用，"不是……就是……"提供的是两个可选项，不是真正的双重否定；在"不是……而是……"中，"不是"否定命题的适宜性条件时，也不是真正的双重否定，只有"不是不X"语义值等同于"是X"时，"不是……而是……"才属于真正的双重否定。在"不是不/没"双重否定格式中，"不是"只能实现为否定焦点标记或表达否定语义的连词。

3.1.3.2 "不"和"没"的句法语义

在"不是不X"中，否定标记"不"可以为否定语素，"不是"与"不X"的关系表现为［不是］［不X］，如：

（74）不是不可修饰　不是不治之症　不是不安　不是不才

　　　不是不可克服　不是不利条件　不是不便　不是不报

在（74）中，"不"作为否定语素，与其他语素共同构成一个否定复合词。在"不是没X"中，"没"也可以实现为否定语素，"不是"和"没X"的关系表现为［不是］［没X］，如：

（75）不是没事　不是没用　不是没辙　不是没趣　不是没法儿

吕叔湘（1982）指出："'没'和'没有'本可随便说，但是'没法儿'，'没事'，'没用'，'没趣'，'没奈何'等词语里头通例不说'没有'。"作为否定语素的"没"不能替换成"没有"，［不是］［没X］中的"没"不能替换成"没有"。方绪军（2017）的研究排除了X为语素的结构，其实可以不用排除。否定词和否定语素均可以作为否定算子参与计算，只是计算的层级不同。朱德熙（1982）指出："语法系统里的基本符号是语素，语素是最小的有意义的语言成分。"否定语素也能拥有否定意义，可以参与计算。否定标记具有跨层级性，它可以与语素、词、短语乃至句子等各个层面的语法单位组合。在这些复合词中，"不"为前置定位语素，是不自由语素，但是它们的否定语义依然发挥作用。钱敏汝（1990）指出，参照语义成分分析法的理论，可以假设否定标记"不"的语义分子式为一束不定量的否定分子，这些否定分子处于动态活动中，活跃在语言结构的各个层面上，如图3-2所示。

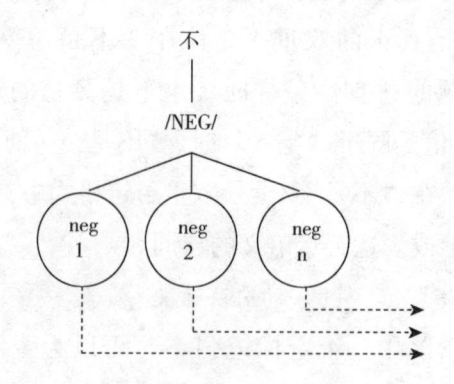

图3-2 否定标记"不"的语义分子式

否定语素"不"和"没"也拥有否定意义，而且与"不是"组合时产生的双重否定也能表达肯定意义，如：

(76) a. 不是不安 = 安心　　不是不可修饰 = 可修饰
　　　b. 不是没用 = 有用　　不是没法儿 = 有法儿

形式上，有两个显性的否定标记，语义上，双重否定表达肯定，语素否定同样参与句法计算。

"不是不X"中，"不"也可以实现为否定副词修饰X，再被"不是"二次否定，"不是"和"不X"的关系为[不是[不[X]]]，如：

(77) 不是不了解　　不是不想念　　不是不会
　　　不是不爱钱　　不是不漂亮

(77) 中"不"先否定"想念"，"不是"再否定"不想念"，"不是不想念"的意思为"想念"。"不是不X"中"不"能够否定动词

(一般动词、情态动词、心理动词)、性质形容词,不能够否定名词。黄正德、李艳慧、李亚非(Huang,Li & Li,2009)用否定语素"不"来区分名词和动词的语类,其选择限制为:

(78) 不:[＿ V]
　　　　[＿ *N]

实际语言中似乎能发现违反"不"修饰名词的反例,如:

(79) a. 不人不鬼

　　 b. 他也不茶不烟,一言不发。[《儿女英雄传》(四)]

　　 c. 客初至时,不冠不袜。(《大铁椎传》)

　　 d. 不时不食。(《论语·乡党》)

黄正德、李艳慧、李亚非(2009)认为这些看起来的反例并不能证明"不"能够修饰名词,可以将其看作习语,因为"不-N"形式具有非能产性,常常是对举出现,且N往往是单音节的形式,如:

(80) a. *不书不笔

　　 b. *不桌子不椅子

　　 c. *不人

　　 d. *不鬼

吕叔湘(1956)则认为名词前用"不",并非"不"能修饰名词,而是名词已经作形容词和动词用了。比如(79b)中的"不茶不烟"指的是不喝茶不抽烟,(79c)中的"不冠不袜"是指不戴帽子也不穿袜子,(79d)中的"不时不食"是吃东西要应时令,按季节,到什么时候吃什么东西。吕先生进一步指出像"不道"、"不轨"、"不法"、"不群"、"不材"以及"不第"中的名词也都是用作动词或形容词。朱德熙(1982)也强调副词不能修饰名词,"不"为副词,当然不能修饰名词;熊仲儒(2013)指出表面上看起来是副词修饰名词,其实是名词受到了轻动词的扩展,变成了谓词性短语。

"不是没X"中,X为动词短语时,"没"为副词,如(81);X为名词短语时,"没"为动词,如(82):

(81) 不是没来　不是没去过　不是没吃饭　不是没想过

(82) 不是没钱　不是没想法　不是没意义　不是没根据

"没"和"不"有不同的范畴选择，"没"可以选择谓词性成分或名词性成分，"不"作为副词，只能选择谓词性成分。

"不"和"没"在句法选择上有差异，作为两个常用的否定功能词，其否定语义功能同样存在差异。叶文曦（2013）指出，"不"的否定功能不同于"没"，"不"为典型的表达"示否"的否定成分，所谓"示否"是指直接否定被否定的事物、动作或性状，强调其跟肯定相反或相矛盾的一面；而"没"具备"示否"和"述无"两种语义功能，"没"的"示否"功能体现在"指示否定的一面"，"没"的"述无"功能体现在表明被否定的事物、动作或性状不存在或不曾存在。"不"和"没"的不同句法限制以及不同语义功能会造成"不是不"和"不是没"不同的语义解读。

3.1.3.3　强弱对立和语用动因

"不是不"和"不是没"双重否定的语义解读，与"不"和"没"的句法限制有关，也与"不"和"没"的语义功能有关，还与"不/没"搭配对象所处的矛盾/对立关系有关。

在"不是不X"双重否定结构中，"不"的范畴选择要求"X"只能实现为动词或形容词等谓词性成分，如：

(83) a. 这个工作并不丢脸——<u>不是不值得</u>——精神上也并不低下，我下定了决心。

　　b. 聪明人<u>不是不</u>犯错误，而是有了错误立即改正。

　　c. 爸，你<u>不是不</u>晓得，这要犯原则的！

(84) a. 她们也<u>不是不</u>会待人和颜悦色，问题在于她们是否乐意这样做。

　　b. 中国人学这方面的本事也很大，聪明也很够，并<u>不是不</u>能学。

　　c. 你<u>不是不</u>敢做，而是要弄明白为什么做。

（方绪军，2017）

(85) a. "父王似乎有些不高兴。""<u>我不是不高兴</u>。我是有点讶异消息传得这么快，尤其是传到我的敌人的宫廷里。"（BCC）

b. "难道你不快乐，陈迪！"他回答我："也<u>不是不快乐</u>，可也不是快乐。"（BCC）

（83）中 X 实现为动词，这些动词通常不表示行为动作，（84）中 X 实现为助动词"会、能、敢"等。动词和助动词通常处于矛盾关系中，即存在"V"与"不V"的矛盾，不存在中间状态，否定一方等值于肯定另一方，如（83a）中"不是不值得"等值于"值得"，（84a）中"不是不会待人和颜悦色"等值于"待人和颜悦色"，这类双重否定遵循排中律，要求互为矛盾的两个选项必定有一个选项为真，否定了一项就肯定了其余所有的语义项，产生一定程度的肯定，从而表达超量肯定。与动词的语义表现不同，形容词构成的"X"与"不X"常常处于对立关系中，不遵循排中律，即否定一方不等于肯定另一方，而存在中间状态，如（85a）中，"不是不高兴"不等值于"高兴"，从该句的语境可以推断，至少父王没那么高兴，或者说"既不是高兴，也不是不高兴"，这是因为"高兴"与其否定形式"不高兴"为对立关系，"不是不高兴"的语义区间为"既不是高兴，也不是不高兴"到"高兴"，通常表示"不是那么高兴"，表示委婉的肯定。同理，"快乐"和"不快乐"之间也存在中间状态，（85b）的后续分句"可也不是快乐"表明"不是那么快乐"，"不是不快乐"的肯定程度低于"快乐"。

语境有助于解读双重否定的语义值，但同时语境的改变也会影响双重否定的语义解读。一般情况下，处于对立关系的双重否定通常表示低调陈述，如（85），但并非所有的对立关系的双重否定都表达低调陈述，有时候，"不是不 X"前出现的词能够帮助加强双重否定所表达的肯定意义，如：

A. 与"又"共现，如：

(86) a. "那怎么能让他们知道呢！你又不是不明白。"

（狄更斯/《荒凉山庄》）

b. 其实我的情绪又不是不好。我的情绪怎么会不好呢？我每天干得可欢了。（埃里奇·西格尔/《奥利弗的故事》）

B. 与"并"共现，如：

(87) a. 我从来也没有怀疑过你的能力，你说的这些我也并不是不清楚。你为这个家庭做了那么多的牺牲，我打心底里感激你。   （张平/《抉择》）

b. 使我不快的事这儿并不是不多。我又遇到了当年节场上的熟人，曾经激起我多少义愤的人。

（罗曼·罗兰/《约翰·克利斯朵夫》）

C. 与"决"共现，如：

(88) 于倩决不是不认真地："如果他张嘴，我毫不犹豫答应！"

（李国文/《戒之惑》）

(86)—(88)中"又""并""决"等加强了双重否定所表达的语气，同时表达了说话者的主观性，使双重否定所表达的肯定语气更为强烈，这说明双重否定的语义解读需要语境的允准，说话者的主观性具有干涉效应。

"不是不X"结构通常对上文提到的事实进行解释，或说明理由，也可以表达辩解、不满、埋怨甚至批评的意味，如：

(89) a. 我的一篇《台湾大学的"新十诫"及其他》被我直压到今天，才肯公布。光此一事，就可证明我不是不为你们留点余地的，你们也大可不必在校外人士面前失态也！

（李敖/《快意恩仇录》）

b. 总监看着她说：不是不信任你，但要把你的手绑起来。

（王小波/《青铜时代》）

c. 她不是不了解，而是不愿说。（格非/《江南三部曲》）

(89a)对前面事实进行解释，(89b)的双重否定为自己的行为辩解，(89c) 后续分句说明理由。

"不是没 X"中"X"可以实现为名词、动词或形容词，"没"的语义功能为"述无"，指被否定的事物、动作或性状不存在或不曾存在，X 为名词时，"述无"指称名物、动作或性状的不存在；X 为动词时，指没有发生过某个动作行为，跟完成体关联；X 为形容词时，否定性状的量级，如：

(90) a. 不是没来 = 来了　　不是没去过 = 去过
　　　b. 不是没钱 = 有钱　　不是没想法 = 有想法
　　　c. 不是没红 = 红了

(90a) 中，否定动作行为的发生，(90b) 中否定事物的存在，都不存在中间状态；(90c)"没"否定的是性状未达到某个标准的程度，而"不是没红"则表示达到了"红"的标准，表达强调肯定的语气。

"不是不/没"双重否定格式的使用有一定的语用动因，相对于简单的肯定形式，"不是不/没"使用了较为复杂的双重否定格式，违反了方式原则（Levinson, 2000），同时也涉及由双重否定引发的语用推理，一般情况下，处于矛盾关系的双重否定表达的肯定语气更为强烈，处于对立关系的双重否定表达的肯定语气较为委婉，但是语境的变异性以及说话者的主观性会改变双重否定逻辑上的推理，当"不是不 + 对立关系的形容词"前出现"又、并、决"等表达强调语气的副词时，其肯定的语气也会随着强调副词的出现而加强。

3.1.4　没有不/没

否定标记"没有"可以分别和"不"或"没有"组成"没有不"或"没有没"双重否定格式。汉语中，"没有没"的使用频率远远低于"没有不"，学界研究也大多集中在"没有不"格式上，且将"没有不"格式分为两类，一类表示总括概念或周遍意义，"没有"和"不"之间往往插入一个名词性成分；另一类不表达总括概念，"没有"作为副词直接否定"不"所引导的否定结构。本节将在学界研究的基础上进一步分析"没有不/没"的句法语义,并分析其使用动因。

3.1.4.1 "没(有)"和"没/不"的搭配

《现代汉语八百词》指出"没有"的句法身份有两类:一是动词"有"的否定形式"没有",表达对领有、存在的否定,表示不足或不及,常搭配名词性成分;二是副词"没有",否定动作或状态的发生,后跟谓词性成分。在"没有$_1$没(有)$_2$"形式中,"没有$_1$"常常实现为动词,"没(有)$_2$"为副词,且"没(有)$_2$X"常为"的"字短语,如:

(91) a. 他已再<u>没有没完成的小说</u>要写。

(杰克·伦敦/《马丁·伊登》)

b. 在这间书房里,你无论拿出一本书来,我都<u>没有没念过的</u>。 (BCC)

c. 家家户户又都拥有园田,种植着各色菜蔬,自给自足,所以无论大人还是孩子,<u>没有没摸过农具的</u>。

(迟子建/《农具的眼睛》)

(91)中"没有没"在线性序列上相邻,实际位于不同的句法层级,"没有$_1$"并非直接修饰"没有$_2$"。(91a)中,"没有$_1$"为动词,修饰"没完成的小说","没$_2$"位于"的"字短语内部,其句法结构为:[没有[没完成的小说]];同样(91b)和(91c)中"没有$_1$"修饰的是"没$_2$"组成的"的"字短语,"没$_2$"为限域否定,其否定辖域为"的"字短语的修饰语;"没有$_1$"为句子否定,其否定辖域为整个句子,"没有$_1$"可以实现为"有没有"形式,如:

(92) a. 她问我舅舅<u>有没有没咬过的</u>烟,纯粹是没话找话。

(王小波/《未来世界》)

b. 他对着镜子拉扯腮帮,看下巴上<u>有没有没刮净的</u>地方。

(海明威/《太阳照常升起》)

"没(有)$_2$"也可以为动词,但否定辖域依然位于"的"字短语内部,如:

(93) a. 没有没困难的剧组，就像没有做好人的制片主任。

(BCC)

b. 革命说，天下也没有没有地主的村子呀。

(阎连科/《受活》)

在"没有没"格式中，"没有"和"没"位于不同的句法层级，"没有"不直接否定"没"，有些学者认为对同一事物或同一概念的两次否定且表达肯定意义的双重否定才是真正意义上的双重否定，按照这种界定，"没有没"不属于真正的双重否定结构。但是"没有没"格式在某种程度上，满足双重否定的形式语义要求：拥有两个否定形式，且表达肯定意义，如（93a）中"没有没困难的剧组"其意义可以转化为"所有的剧组都有困难"，两个否定意义相互抵消。本书认为在逻辑上满足双否律；语义上，两个否定相互抵消的格式同样属于双重否定。只有连用且两个否定语义没有抵消的格式排除在双重否定之外，如：

(94) a. 世钧还没走到房门口就站住了，笑道："已经睡了吧？"顾太太笑道："没有没有，还早着呢。"

(张爱玲/《半生缘》)

b. 果然，到底赵太爷有见识，阿Q终于跟着邹七嫂进来了。"他只说没有没有，我说你自己当面说去，他还要说，我说……"

(鲁迅/《阿Q正传》)

(94) 例中，形式上存在两个否定形式"没有"，但在语义上仍属于否定，这类否定不属于双重否定结构。

"没有不"格式在汉语中的使用情况更为复杂，一类是和"没有没"格式类似，"不"位于"的"字短语内部，其否定辖域为"的"字短语修饰语，"没有"为句子否定，如：

(95) a. 大家总要散的，真是所谓"天下没有不散的筵席"。

(巴金/《家》)

b. 世界上没有不爱花卉的人，但是每人的爱好不尽相同。

(冰心/《冰心全集》)

c. 但市场上<u>没有</u><u>不</u>灌水的鹅，待会儿开它的膛时，还会发现它肚里有一市斤鹅卵石。　　　　（莫言/《十三步》）

（95a）中"没有不散的筵席"，副词"不"修饰"散"，为限域否定，"没有"修饰的是"不散的筵席"，为句子否定，两个否定形式位于不同的句法层级，但是其否定仍能相互抵消，表达"所有的筵席都会散"。同理，"没有不爱花卉的人"等同于"所有的人都爱花卉"，"没有不灌水的鹅"等同于"所有的鹅都会灌水"，"没有不"格式可以转化为周遍式主语句，表达较强的肯定意义。

第二类"没有不"为隐含式语义双重否定，表达总括概念（张焕香，2012）。吕叔湘（1982）指出"没有"和"不"中间常常夹用一个名词或者单位词（称代词），丁声树（1999）则指出"没有"和"不"中间夹用名词时，表示"全都……"。这类"没有不"通常构成"没有X不Y"格式，其中X通常为名词性成分，如：

（96）a. 听了这个消息，<u>没有</u>一个<u>不</u>兴高采烈的。　　（吕叔湘例）
　　　b. 从前线回来的人说到白求恩，<u>没有</u>一个<u>不</u>佩服，<u>没有</u>一个<u>不</u>为他的精神所感动。　　（毛泽东/《纪念白求恩》）

（96）中，"没有"和"不"中间插入了数量短语"一个"，特称"一个（人）"的否定变为全称"所有人"，"没有一个不"意思为"所有人都"，如（96a）中，"没有一个不兴高采烈的"，"没有"修饰一个（人），"不"修饰"兴高采烈"，表示"所有人都兴高采烈的"；（96b）中"没有一个不佩服"是说"人人全都佩服"，"没有一个不为他的精神所感动"是说"全都受感动"；在这类格式中，"没有一个"为周遍式主语，表达周遍义，即"对于谓语所表示的情况来说，主语所表示的事物全都如此，无一例外"（芜崧，2003），比一般肯定的语气更为强烈。

周遍式主语句可以通过语法手段和词汇手段形成（陆俭明，1986），在"没有不"格式中，主要通过插入名词性成分来形成周遍式主语，这些名词性成分除了可以实现为包含"一"的数量短语，还可以实现为疑问代词（如：谁、什么）以及全称量词"任何"：

(97) a. 平常，翔翔身上的零用钱很少低于 100 元，他家和学校附近的小商店老板，没有<u>谁</u>不认识他。

b. 为了这个根本目标，没有<u>什么问题</u>不可以协商，没有什么困难不能克服。

c. 出院时，他本人已经没有<u>任何</u>不适感觉。

（张焕香，2012）

当"没有"否定的成分为包含"一"的数量成分、疑问代词（如：谁、什么）以及全称量词"任何"时，产生周遍意义。

侍建国（1984）认为双重否定句中的两个否定要在句法结构的同一个层次上，都是谓语否定，而"没有一个人不来""没有一个不喜欢"中"没有"并非谓语否定，不属于双重否定。但芜崧（2003）、张琳（2010）、张焕香（2012）等主张将句法、语义和逻辑结合起来界定双重否定，即在形式上包含两个否定词，语义上表达肯定的句子为双重否定句。按照这种界定，"没有 X 不 Y"属于双重否定，丁声树（1999）以及黄伯荣和廖序东（2011）也将其纳入双重否定结构。我们认同后者的观点，即形式上，包含两个否定词，语义上，表示肯定意义的结构属于双重否定。"没有一个人不来"这类异项双重否定也能在逻辑上予以解释，如果将"不来"看成论元，"没有一个人"看成谓词，"没有一个人"对应于"所有人"，"所有人"为量化短语，是集合的集合，即"没有一个人"是"不来"这个集合的集合，前面一个集合内部包含否定，而大集合也包含另一个否定，否定之否定，等于肯定。

第三类"没有不"不表达总括概念，"没有"与"不"连用，其否定层级为：[没有 [不 X]] 或者 [没有 [不 [X]]]，X 可以实现为不成词语素，也可以实现为词，如：

(98) a. 我并<u>没有不幸</u>，没有，但也并不幸福。

（西蒙娜·德·波伏娃/《名士风流》）

b. 老槐树一如既往和昨天<u>没有不</u>同，和明天也将没什么两样，可人呢？　　　　　　　　　　（张鲁镭/《家有宝贝》）

(99) a. 我后来真的很喜欢他，现在也<u>没有不喜欢</u>，虽然他在我临死前不应该地流了那么多泪。　　　（麦家/《暗算》）

b. 我没受什么罪，也<u>没有不开心</u>，一切都很好，让他们放心。　　　　　　　　　（艾利克斯·希尔/《天蓝色的彼岸》）

(98) 中"不幸"和"不同"整个组成一个词，"不"否定的是不成词语素，为限域否定；"没有"对"不 X"进一步否定。(99a) 中"不"否定"喜欢"，"没有"否定"不喜欢"；(99b) 的否定层级为：[没有 [不 [开心]]]。两个否定成分并非否定同一个成分，而是一个否定词否定一个否定性仂语（王力，1985），两个否定成分位于不同的句法层级。Huang（2003）认为"没有"是 IP 内部的否定算子，Paul（2005）认为"不"是 VP 内部否定算子，其句法结构为：

(100) a. 他没有不喜欢。

b. [IP 他 [I' [NEG 没有 [VP [v' [NEG 不 [VP 喜欢]]]]]]]

"没有"是 IP 内部的否定算子，"不"是 VP 内部否定算子，IP 位于 VP 的上面，相应地，"没有"的句法位置强制性地高于"不"的句法位置。Huang 也认为"没有"的位置高于"不"的句法位置，但是在实际语料中，我们也检索到"不－没有"形式的例子，如：

(101) a. 她也和姐姐同样满面堆笑地说道："我想问问你，你<u>不没有</u>听到什么有关韦翰先生的事？"

（简·奥斯汀/《傲慢与偏见》）

b. 即使抓住了罕见的昆虫，把它放在纸做的三角盒里以后也<u>不没有</u>地方揣。　（大江健三郎/《在自己的树下》）

c. 盖尔达准备回娘家尼德兰去，安冬妮带着女儿，外孙女孤单单地活着，她满脑子的骄傲和虚荣<u>不没有</u>放弃，还整天沉湎在对过去的荣华富贵的怀念里。

（托马斯·曼/《布登勃洛克的一家》）

d. 她直至最近<u>不没有</u>明白那是多么不易解开，那爱之束缚。（戴维·赫伯特·劳伦斯/《查泰莱夫人的情人》）

（101）说明"没有"的位置并不强制性的要求高于"不"的句法位置。只是在"没有不 X"结构中，"没有"的句法位置高于"不"的句法位置。

3.1.4.2 语义解读和语用动因

"没有没"的句法属性以及"没"的语义功能影响"没有没"的语义解读。在"没有没"格式中，后一个"没"通常实现为"的"字短语内部的修饰语。"没"可以搭配名词，也可以搭配动词，与名词搭配的"没"通常指被否定的事物不存在，与动词搭配的"没"指动作行为没有发生，通常与完成体关联，如：

（102）a. 我爹说世上<u>没有没道理的事</u>，细想想啥蹊跷事都有个蹊跷理儿。（尤凤伟/《石门绝唱》）

b. 我们说："那没关系，新生事物，<u>没有没缺点的</u>，我们要像接力赛选手那样，完成这项创造，回答阶级弟兄的亲切关怀。（《人民日报》）

（103）a. 在这间书房里，你无论拿出一本书来，我都<u>没有没念过的</u>。（BCC）

b. 张燕鹰《三岔口》可称得起是京剧的一出名剧，凡是武生、武丑演员几乎没有不会演的，凡是喜欢京剧的人几乎<u>没有没看过的</u>。（BCC）

（102a）中，"没有没道理的事"其语义为"世上的事都有道理"，"没$_2$"否定"道理"的存在，"没道理的事"被"没有"二次否定，产生肯定解读。事物存在有、无的对立，否定"有"为"没有"，否定"没有"即为"有"，"没有"是事物的否定为全面否定，被再次否定时，产生全面肯定的解读，这种解读比一般的肯定语气更为强烈。（102b）中"没有没缺点的"即为"新生事物都有缺点"，其语气比"新生事物有缺点"更加肯定。（103）中，"没$_2$"与完成体"过"搭配，对过去发生的动作予以否定，"没有₁"的二次否定肯定动作行为的发生，(103a)中"没有没念过的"即为"都念过"，(103b)中"没有没看过的"意思为"都看过"，双重否定表达的肯定为更加全面的肯定。

"没有不"的句法形式有三类，第一类是"不 X"为"的"字短语；第二类是"没有"和"不"中间插入一个名词性成分；第三类是"没有"与"不"连用。三种不同句法形式的"没有不"在语义解读时，可合并为两类：一类是周遍式解读，包含第一类和第二类；一类是连用式解读，主要为第三类。

作为动词使用时，"没有"通常搭配"不 X"修饰的"的"系名词短语，如：

(104) a. 当知做学问本来是要工夫的，<u>没有不花工夫的学问</u>。

(钱穆/《中国史学名著》)

b. 就为一棵树多年在城里上访，<u>满城人没有不认识他的</u>。

(贾平凹/《制造声音》)

c. 妇女们凑在一起儿做活路，<u>没有不说话的</u>。

(周克芹/《许茂和他的女儿们》)

(104a)中"没有"是动词，"不花工夫的学问"为宾语，"不 X"为"的"系名词短语中心语的修饰语，"没有"并非直接修饰"不 X"，"没有不花工夫的学问"解读为"所有的学问都要花工夫"，是总括意义，表示强调肯定。当"没有"的宾语为"的"字短语时，"没有"后面通常可以插入带数词"一"的数量短语，如(104a)可以转换为(105)：

(105) 当知做学问本来是要工夫的，没有[一种]不花工夫的学问。

这里是通过对最低限度的否定获得全称肯定。同样，(104b)的语义为"满城人没有一个不认识他的"，即大家都认识他；(104c)"没有不说话的"解读为"都说话"，这类双重否定表示总括意义，比一般的肯定意义更加强烈。

当"没有"和"不"中间插入一个名词性成分时,也是全面否定,从而表达更加强烈的肯定语气,如:

(106) a. 他家和学校附近的小商店老板,<u>没有谁不认识他</u>。

　　　 b. 他家和学校附近的小商店老板,<u>没有一个不认识他</u>。

　　　 c. 他家和学校附近的小商店老板,<u>没有任何人不认识他</u>。

(107) a. 他家和学校附近的小商店老板,全都认识他。

　　　 b. 他家和学校附近的小商店老板,认识他。

在(106a)和(106b)中"没有"和"不"之间插入的是特称词"谁"和"一个",否定特称变全称;(106c)通过对主语周遍式的否定以及谓语的否定从而达到全面肯定的效果,(106)的解读均为(107a),(107b)为一般肯定,表达"认识"的事实,(107a)更加强调"认识"主体的范围,其肯定语气更加强烈。

对于连用式的"没有不"结构,副词"没有"直接修饰"不X","没有"和"不"之间不能插入其他成分,存在多种可能的语义解读。其语义解读与"不"的搭配对象有关,与"没有不"的语境相关,甚至会受"不"是否重读的影响。

副词"不"只能搭配动词或形容词,搭配动词时,表示较为肯定,前面可以出现"并"等表示强调的副词,如:

(108) a. 我为什么要出去?我<u>没有不愿意听讲</u>,是希望你讲得更好一点。

　　　 b. 老乔,上次跟你吵架的是小彭,小林并<u>没有不尊敬你</u>!

(张焕香,2012)

(108a)中"没有不愿意听讲"等值于"愿意听讲",通过双重否定表达别人对自己的误会;(108b)中"没有不尊敬你"等值于"尊敬你",前面的"并"加强了强调的语气,表明小林实际上是尊敬老乔的,可能老乔自己误会了。当"不"搭配的对象为形容词时,通常实现为可分等级的形容词,在获得语义解读时,往往落在中间状态,如:

(109) a. 我并没有不幸，没有，但也并不幸福。

（西蒙娜·德·波伏娃/《名士风流》）

b. 买卖不成，季匋民倒也没有不高兴。

（汪曾祺/《岁寒三友》）

c. 没有，我没有不舒服。大哥使劲压抑着咳嗽回答。

（连城三纪彦/《一朵桔梗花》）

（109a）中的"没有不幸"不等值于"幸福"，从后续分句"并不幸福"可以知道"没有不幸"的语义解读为"既不是不幸福，也不是幸福"。"幸福""高兴""舒服"都是可分等级的词，存在中间状态，在获得语义解读时往往偏向于表示委婉的肯定，这种委婉的肯定意义在前面分句或者后续分句也可以推断出来。

连用的"没有不"可以表达较为肯定的意义，搭配可分等级的形容词时表达委婉的肯定意义，而在"没有不"结构中，当第二个否定算子被强调或重读时，整个句子有可能被解读为单一否定（Li et al.，2018），如：

(110) 没有 – 不（SN = 12% of responses）

我没有不去加拿大。

"It is not the case that I won't go to Canada."

（Han Weifeng & Müller Amanda, 2018）

Li 等（2018）认为"没有 – 不"形式有 12% 的可能性解读为单一否定，即"我不去加拿大"，其否定语义落在焦点"不"所标记的焦点上，"没"并没有发挥语义作用。韩巍峰、马勒（Han Weifeng & Müller Amanda, 2018）认为"不"重读或强调时，"没有"后面有停顿（pause），听话者倾向于期待最后一个成分包含信息焦点（contain informational focus），后续分句（subsequent clause）倾向于被解读，故产生了单一否定的解读，即只解读了"不"的语义值，而没有解读"没有"的否定语义，这类结构并非真正的双重否定，因为它只满足了双重否定形式上的要求，而没有满足语义上的要求。

"没有"和"不"连用时，不表示总括概念或周遍意义，"不"搭配的 X 为可分等级形容词时，一般表达委婉肯定。而当"不 X"为"的"字短语或实现为"没有 X 不 Y"异项双重否定时，否定特称而获得全称解读，表达总括意义或周遍意义，表达的肯定语气更为强烈。

3.1.5　不要不

汉语中，除了否定标记连用构成的双重否定，"不＋情态动词＋不"也能构成双重否定，如："不要不""不可能不""不一定不"等。吕叔湘（1985）指出，在有些场合，包含情态动词的双重否定，会大大改变原来的单纯肯定意义，既可以加强肯定，也可以削弱肯定，双重否定所表达的肯定意义的强弱与情态动词的语义强度等级密切相关。本节将从情态动词"要"的语义强度等级出发，考察"不要不"的句法语义。

3.1.5.1　"要"的语义强度等级

情态动词的语义等级强弱决定了"不＋情态动词＋不"肯定意义的强弱，"不要不"肯定意义的强弱取决于情态动词"要"的语义等级。

学界很早就关注到情态动词双重否定解读与情态动词本身密切相关。吕叔湘（1982）指出"可能"和"必要"之间存在对立关系，在"可""能""会"等表示可能的情态动词上下各加一个"不"字，表示"必要"；在包含"必要"的情态动词上下各加以双重否定，表示"可能"，如：

(111) a. 不如公荣者，<u>不可不</u>与饮酒。　　　（《世说·简傲》）

　　　b. 既留下他，<u>不能不</u>留下太太照管他。

[《儿女英雄传》（二）]

(112) a. 我看他<u>未必不</u>知道，怕出头罢了。

　　　b. 塞翁失马，<u>未必非</u>福。　　　　　　　（吕叔湘，1982）

表示可能的情态动词上下加以双重否定表示"必须",如(111a)中"不可不与饮酒"为"必须与饮酒";表示必然的情态动词上下加以双重否定表达可能,如(112a)中"未必不知道"等值于"可能知道"。

沈家煊(1989)认为情态动词中"可能"和"必要"的对立反映了情态动词的语义强度等级,肯定等级中"可能"为弱项,"必要"为中项,还包含中项"很可能",构成一个连续统,对应存在的否定等级也构成一个连续统,如:

(113)

	可能	很可能(多半)	肯定
肯定等级	0	0.5	1
	[弱项]	[中项]	[强项]
	不肯定	不很可能	不可能
否定等级	0	-0.5	-1

这两个等级的特点之一是等级右边的语词蕴含左边的语词,反之不然:

(114) 不仅可能是 P,而且多半是 P/肯定是 P

不仅多半是 P,而且*可能是 P/肯定是 P

不仅肯定是 P,而且*可能是 P/*多半是 P

不仅不肯定是 P,而且不很可能是 P/不可能是 P

不仅不很可能是 P,而且*不肯定是 P/不可能是 P

不仅不可能是 P,而且*不肯定是 P/*不很可能是 P

(沈家煊,2002:65)

根据等级语词的蕴含关系,可以判断"要"的语义强度等级。汉语中情态动词"要"有多种用法,马庆株(1988)基于语义场把情态动词分为六小类:①可能 A 类,主要为"可能";②可能 B 类,包含"能够、可以、会"等;③必要类,如"要₁、应该、应当、必得"

等；④愿望动词，如"要₂、愿意、希望、乐意"等；⑤低估动词，包含"便于、难于"等；⑥许可动词，如"准许、许可"等，按照马庆株的分类，情态动词"要"可以归入"必要类"，也可以是愿望动词，沈家煊（1989）持相同观点。基于马庆株（1988）和沈家煊（1989），我们根据"要"的不同用法将其一分为二：要₁表示"必须，必要"；要₂为愿望动词。表示"必须"的情态动词"要₁"在汉语中比较常见，如：

（115）a. 写文章<u>要</u>简明扼要。

　　　b. 水果<u>要</u>洗干净才能吃。

以（115a）为例，"要₁"蕴含关系为：

（116）a. 写文章<u>可能</u>简明扼要，而且写文章<u>多半</u>简明扼要/写文章<u>要</u>简明扼要

　　　b. 写文章<u>多半</u>简明扼要，而且﹡写文章<u>可能</u>简明扼要/写文章<u>要</u>简明扼要

　　　c. 写文章<u>要</u>简明扼要，而且﹡写文章<u>可能</u>简明扼要/写文章<u>多半</u>简明扼要

根据"要"与弱项"可能"和中项"多半"的蕴含关系可以看出"要₁"的语义强度为强项，位于肯定等级的右边，蕴含左边的语词，而左边的语词不能蕴含"要₁"。

另外，根据情态动词的句法表现也能判断"要₁"的语义强度等级，如：

（117）a. 你可以去上班，也可以不去。（弱项）

　　　b. ﹡你应该去上班，也应该不去。（中项）

　　　c. ﹡你必须去上班，也必须不去。（强项）

　　　d. ﹡你要去上班，也要不去。

（118）a. 你应该去上班，也可以不去。（中项）

　　　b. ﹡你必须去上班，也可以不去。（强项）

　　　c. ﹡你要去上班，也可以不去。

在（117）中，通过"M + VP, M + 不 + VP"可以看出"要"与弱项"应该"的句法表现不同，而与中项"应该"和强项"必须"的句法表现相同；但是从（118）可以看出，中项"应该"能够表达为"M + VP，可以 + 不 + VP"，而强项"必须"不能，"要"的句法表现和强项相同。从句法表现和肯定等级的蕴含关系可以推断"要₁"为语义等级的强项。

愿望动词"要₂"通常表达说话者做某事的愿望，如：

(119) a. 他要学游泳。

b. 我要去学校。

以（119a）为例，"要₂"的蕴含关系为：

(120) a. 他可能学游泳，而且他要学游泳/他一定学游泳

b. 他要学游泳，而且*他可能学游泳/他一定学游泳

c. 他一定学游泳，而且*他可能学游泳/*他要学游泳

（120）例表明强项"一定"蕴含"要"和弱项"可能"；"要"蕴含"可能"而不能蕴含"一定"，所以在递进关系中，"要"只能递进为"一定"而非"可能"，如（120b），从"要₂"的蕴含关系可以推断"要₂"为语义等级的中项，其命题在多数可能的世界里为真，在真实的世界并不一定必然为真。

再有，愿望动词"要"的句法表现和中项"应该"相同，而不同于弱项"可以"和强项"必须"，如：

(121) a. 你可以去上班，也可以不去。（弱项）

b. *你应该去上班，也应该不去。（中项）

c. *你要去上班，也要不去。

d. *你必须去上班，也必须不去。（强项）

(122) a. 你应该去上班，也可以不去。（中项）

b. 你（想）要去上班，也可以不去。

c. *你必须去上班，也可以不去。（强项）

（121）表明"要₂"的句法表现和中项以及强项相同，但是（122）

进一步表明"要₂"不同于强项"必须",其句法表现只和中项"应该"相同。从"要₂"的语义蕴含以及句法表现来看,意愿动词"要₂"位于语义等级的中项。

从情态动词"要"的语义蕴含和句法表现可以推断,表示"必须"的"要₁"为语义等级的强项,要求其命题在真实的世界为真;表示"意愿"的"要₂"为语义等级的弱项,要求其命题在大多数可能的世界为真。

3.1.5.2 语义解读和动因分析

情态动词双重否定的解读与情态动词的语义强度等级相关,表示"必须"与表达"意愿"的"要"都位于肯定等级一端,但是语义强度不同,决定了其语义解读不同。

沈家煊(1989)指出,情态动词语义强度等级的另一个特点是在一个等级上否定一个弱项等于另一个等级上的强项;在一个等级上否定强项等于另一个等级上的弱项;对一个等级中间项的否定等于另一个等级的中项。如:

(123) a. 这种会议我们<u>不能不</u>去。→这种会议我们<u>必须</u>去。

　　　b. 这种会议我们<u>不一定不</u>去。→这种会议我们<u>可能</u>去。

　　　c. 你身体不好,你<u>不应该不告诉我</u>。→你身体不好,你<u>应该告诉我</u>。

(123)中"不能"为否定等级的弱项,对"弱项"的否定等于肯定等级的强项"必须",即"不能不去"等值于"必须去";同样,对强项的肯定得到另一个等级的弱项,即"不一定不去"的意思为"可能去";对中项的否定还是中项,"不应该不告诉我"等值于"应该告诉我"。

表示"必须"的"要"能够上下各加一个"不",构成"不要不"双重否定,如:

(124) a. 他画的画儿的确比你好,你<u>不要不</u>服气。

(北语《中级汉语教程》)

— 101 —

　　　　b. 二毛,你不要不知足了,乔已经不错了。

　　　　　　　　　　　　　　　　　(赵波/《晓梦蝴蝶》)

　　　　c. 朱老板,你不要不相信嘛,我这里可是有公文为证。

　　　　　　　　　　　　　　　　　　(季宇/《当铺》)

　　表示"必须"的"要"为语义等级的强项,对强项的双重否定等于弱项,(124a)中"不要不服气"的意思为"你应该服气",同理"不要不知足"等值于"应该知足","不要不相信"表示"应该相信",表达相对较为委婉的肯定语气。张焕香(2012)也认为"不要不"是表达"要求、劝告说话人说某事",比直接地提出要求或劝告,语气更为委婉,如:

　　(125) a. 要坚持从实际出发,与当地实际情况相结合,不要不顾
　　　　　　条件地互相攀比。

　　　　b. 我对你讲的都是真话,你不要不相信,时间会验证一切
　　　　　　的。　　　　　　　　　　　　　　　　(张焕香,2012)

　　(125a)劝告听话人应该考虑条件,不能攀比,说话人会用双重否定来避免冒犯或不礼貌。(125b)"不要不相信"等值于"要相信",表达双重否定的肯定意义之外,还提出了说话者的要求,比直接要求或警告语气委婉得多。有时,能从语境推断"不要不 X"的委婉语气,如:

　　(126) a. 所以你千万不要全信,可也不要不信。

　　　　　　　　　　　　　　　　　(王安忆/《长恨歌》)

　　　　b. 小布,不要不高兴。"我避开身说"没有"。

　　　　　　　　　　　　　　　　　(渡边淳一/《异恋》)

　　(126a)中"不要不信"只需听话人部分相信即可,从前一分句要求对方不要全信可以推断;(126b)中"不要不高兴"不等值于"高兴",也有可能既不是高兴,也不是不高兴。有些时候,语境中表示强调语气的副词能够加强"不要不"的肯定语气,如:

　　(127) a. 大姐啊,你要说话算话啊,以后千万不要不管我啊!"

　　　　　　　　　　　　　　　　　(池莉/《生活秀》)

b. 养一个孩子本来就不容易，<u>千万不要不耐烦</u>。

（冰心/《我自己走过的路》）

（127a）中，"千万不要不管我"等值于"一定要管我"；（127b）中"千万不要不耐烦"等值于"一定要耐烦"，有一定的强调作用，这种强调的效果是通过副词"千万"来表达的。

属于"愿望动词"的"要"表达说话者的主观意愿，如：

（128）a. 我可能上学。

b. 我要去上学。

c. 我一定去上学。

（128a）表达了说话者的主观愿望，（128）中的语义等级为：可能去上学 < 要去上学 < 一定去上学，得出极差 < 可能，要，一定 >，"要"为语义强度等级的中项，对其进行双重否定仍然得出"中项"，"不要不"表达的命题在真实世界中有可能实现，但不一定必须实现。

沈家煊（1989）指出，表示意愿的"要"适应于否定词移位，如：

（129）我要你<u>不</u>再多管闲事 = 我<u>不</u>要你再多管闲事。

位于动词前的否定"不"可以移至情态动词之前，语义等级位于中项的"要"可以通过否定词移位来解读双重否定的语义，如：

（130）我<u>不要不</u>上学。= 我［不］要上学。= 我要上学。

通过否定前移和双重否定抵消可以推断"我不要不上学"的意思大致等于"我要上学"，但是两者在否定程度方面存在差别，否定词的移位有削弱否定强度的效果，否定强度与否定词离动词的距离成反比（文卫平，2006）。换言之，"我不要不上学"中"不"否定谓语的句子的否定强度大于"我［不］不要上学（我要上学）"，"不要不"表达的肯定语气要强于一般肯定。

情态动词的语义强度等级决定了情态双重否定的语义解读，表示"必须"的"要"在语义强度上属于强项，否定强项得到弱项，"不要不"表达委婉的肯定语气，一般表达委婉的劝告。表示主观愿望的

"要"在语义强度等级上低于"一定"又高于"可能",对"中项"的双重否定等值于中项,但是在解读双重否定时采用了否定词移位,削弱否定语气后等值于一般肯定,说明"不要不"的肯定语气大于一般肯定。

3.2 英汉双重否定的弱化格式

英汉双重否定既可以表达强调语气,也可以表达委婉、平和的语气。亚里士多德(Aristotle,1984)、荷恩(1989)指出双重否定与事物的矛盾和对立相关,对立项存在中间状态,表达的肯定语气更为委婉;吕叔湘(1942)、沈家煊(1989)则指出表示"必要"的情态词上下加以双重否定,表示可能,从而弱化肯定意义;文卫平(2017)进一步发展,将委婉表达肯定意义的双重否定对应于"否定弱化",英语的"not un-A"格式和汉语的"不无/未必/不一定不/不见得不"格式为否定弱化格式,英汉双重否定的弱化格式的搭配限制,语义解读及动因是本节探讨的重点。

3.2.1 not un-A

表肯定意义的 not un-A 格式并不完全等同于 A。叶斯帕森(1924)、赛莱特(Seright,1966)以及荷恩(2002)等认为"not un-A"格式在语义层面削弱了句子的意义,相对于单纯的肯定,这类格式语气更加婉转、更加和缓。本节将从句法、语义以及语用等多个层面探讨影响该格式肯定语气强弱的动因。

3.2.1.1 not 和否定词缀 un-

not 和 un-A 的搭配有两种形式:一是置于名词之前的位置(a/the not un-adj N),另一种是谓语位置(NP is not un-adj)(Horn,2002),如:

(131) a. He's a <u>not unhappy man</u>.

b. He's not an unhappy man.

un-为词缀否定，其否定辖域在派生词内部。not 的否定辖域有两种可能，在（131a）中，not unhappy 为 man 的修饰语，not 的辖域为其后修饰的成分 unhappy man，not 和 unhappy 都为成分否定；在（131b）中，not 为句子否定，否定的是整个命题，用逻辑表示为："¬unhappy man（he）"。

not 否定对象的不同，反映了 not 否定辖域的不同。凯伦（2013）基于功能、语义、辖域和叠加能力的不同将英语中的否定标记划分为四种不同的类别，见表3-3。

表3-3　　　　　英语否定标记类别

marker	scope	stackability
T^{Neg}-marker	sentential scope	on all the others
Foc^{Neg}-marker	untensed predicate	on $Class^{Neg}$ and Q^{Neg}-markers
$Class^{Neg}$-marker	predicate term	on Q^{Neg}-markers
Q^{Neg}-marker	lowest scope	do not stack

否定词缀 un-的辖域最小，不能叠加其他否定形式；not 的否定辖域最大，可以否定句子、非时态谓语以及谓项成分，且能叠加其他否定标记，not un-A 格式便是 not 与 un-的叠加。否定句子和否定谓语都是同一个否定形式 not，是因为英语的否定形式发生了类并，导致同一个否定形式拥有不同的否定辖域。但是世界上有些语言没有发生类并，每个层级都有专属的否定词，如希腊语的 T^{Neg}（dhen）、Foc^{Neg}（oxi）、$Class^{Neg}$（mi）和 Q^{Neg}（a-），不同的否定辖域采用不同的否定标记。

在 not un-A 格式中，A 能够进一步划分为不同的次类范畴。布雷斯南（Bresnan, 1973）、肯尼迪（Kennedy, 1999）以及肯尼迪、麦克纳利（Kennedy & McNally, 2005）指出英语中有些形容词能够表示较高的程度，表明量度范畴的存在，如：

（132）John is tall.

例（132）的意思为 John 的身高高于标准的身高，即 tall 本身就暗含了量度特征（Q-feature）。布雷斯南（1973）指出"John is tall"其实是说"John is MUCH tall"。第二个能证明 Q-特征存在的证据是 much-support（Corver, 1997），如：

(133) John is fond of Mary. Maybe he is too **much** so.

（Karen & Wyngaerd, 2017）

so 是 AP 结构"fond of Mary"的替代形式，凯伦和温加尔（2017）认为 much 拼读出了量度特征，可分等级形容词本身能够拼读出量度特征（Q-特征），不能再被量度特征扩展，如 *much tall；而非等级形容词本身无 Q-特征，其句法结构如下：

(134)

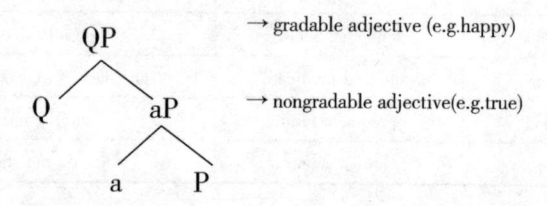

```
        QP              → gradable adjective (e.g.happy)
       /  \
      Q    aP           → nongradable adjective(e.g.true)
           / \
          a   P
```

否定词缀 un-能否定可分等级形容词，也能否定不可分等级形容词，说明 un 能扩展 QP，如 unhappy；un-又能扩展 aP，如 untrue。一般情况下，可分等级形容词存在肯定项、中项以及否定项，如：happy—neither happy nor unhappy—unhappy；不可分等级形容词只能实现为肯定项和否定项，如 true—untrue。

3.2.1.2 语义解读和动因分析

not 与 un-A 连用，当 A 实现为可分等级形容词时，常常构成双重否定的弱化格式，如：

(135) a. She had settled her life into a routine in which she was <u>not unhappy</u>. （Keep the Aspidistra Flying）

b. Obviously the ring had to be designed so that it was <u>not uncomfortable</u> to wear, but at the same time the key part needed to be intricate enough to serve a lock.

（转引张焕香，2012）

（135a）中，not 和 un-可以相互抵消，但否定 unhappy 不等于 happy，从上文语境可以推断 not unhappy 的语义不同于 happy，其快乐的程度没有 happy 强烈；（135b）的后续分句提及戒指的复杂设计，从中可以推断 not uncomfortable 的语义没有 comfortable 强烈，更有可能表达 neither comfortable nor uncomfortable，表达的肯定程度更浅，肯定语义更为婉转。

范·德·武顿（Van der Wouden，1994b）指出从逻辑上来说，not un-A 等同于 A，如：

（136） a. It is <u>not unwise</u> to take precautions.

b. It is wise to take precautions.

即 not unwise 等同于 not not wise，否定抵消等值于 wise。按照格莱斯的行为准则（Grice's maxim of manner：Be brief, don't use unnecessary prolixity），说话者应该选择（136b）而不是（136a），但说话者在实际的说话过程中会选择（136a）的表达，这与 A 与 un-A 构成的反义义场密切相关。not unwise 内部构成的反义义场属于极性反义义场，存在中间状态，否定 unwise 会有多种可能的解读，如表 3-4。

表 3-4　　　　　　　　医患会话总览

a	unwise	……	wise
b	not wise		……
c	……		not unwise
d	……	not unwise	……

表 3-4 中，否定 unwise 可能有 c 和 d 两种解读。萨丕尔（Sapir，1944）指出 a 中说话者通过拐弯抹角的方式来表达"采取预防措施并非不明智"可以推测说话者想要表达的意识是介于 unwise 和 wise 之间的灰色地带（Van der Wouden，1994b：123），（a）更有可能解读为（d）。

双重否定的语气强弱与 A 和其反义词构成的反义义场类型密切相关：由互补反义义场词构成的双重否定表达超量肯定的可能性大于由极性反义义场词构成的双重否定，试比较：

（137） a. She's a not unattractive woman.

　　　　b. She's not unhappy.

（137a）中 attractive 构成的各类反义义场为互补反义义场，这句话的语义等值于：她是个有吸引力的女人，表达较为强烈的肯定语气，而在（137b）中，happy 构成的反义义场为极性反义义场，表示较为委婉的肯定语气。

除了根据上下文语境，还可以根据标准极差诊断（Standard Scalar Diagnostics）测试出 not un-A 的肯定程度低于一般肯定，如：

（138） a. She's happy, or at least not unhappy.

　　　　　　　　　　　　　（#not unhappy, or at least happy）

　　　　b. It was comfortable, or at least not uncomfortable.

　　　　　　　　　　　　　（#not uncomfortable, or at least comfortable）

至少（at least）表达的程度更轻，说明（138a）的语义等级为 < not unhappy, happy >，（138b）的语义等级为 < not uncomfortable, comfortable >，not un-A 为弱化的肯定。

有些时候 not un-A 结构大致等同于 A，如：

（139） A not unblack dog was chasing a not unsmall rabbit across a not ungreen field.　　　　（Orwell, 1946：357 – 365）

（140） a not unblack dog ≈ a black dog

　　　　a not unsmall rabbit ≈ a small rabbit

　　　　a not ungreen field ≈ a green field

not un-A 有时表示委婉的肯定，其语义值为 A 和 un-A 的中项。not un-A 的语义解读主要与 A 构成的矛盾和对立相关，当 A 和 un-A 构成对立关系时，A 和 un-A 存在中间项，否定 un-A 可能等于 neither A nor un-A；而当 A 和 un-A 构成矛盾关系时，遵循排中律，两者不可能同时为真，也不可能同时为假，否定 un-A 等值于 A，其语义关系如下：

（141） Contrary Opposition　　　　Contradictory Opposition

```
         not G                          not G
      ⌒                              ⌒
    F       G                       F       G
  ▓▓▓ ▨▨▨ ░░░                    ▓▓▓▓ ▨▨▨▨
```

neither F nor G			
happy	unhappy	black	unblack
comfortable	uncomfortable	small	unsmall
friendly	unfriendly	green	ungreen
poor	rich	even	odd

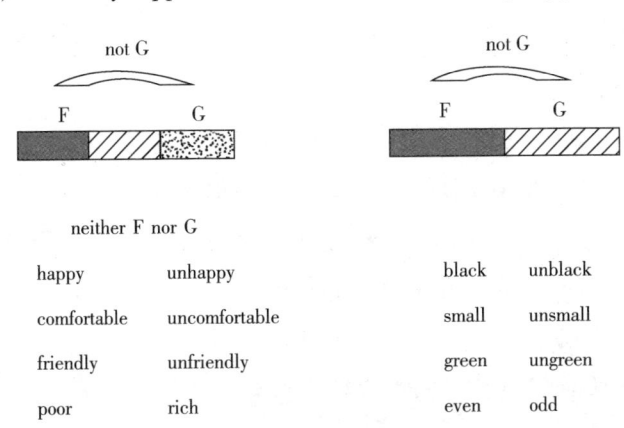

如（141）所示，（138）中的 happy 与 unhappy，comfortable 与 uncomfortable 为对立项，对立项之间不会互为穷尽项，在解读时极有可能落到中项，即 neither F nor G。（139）中 black 和 unblack，small 和 unsmall 以及 green 和 ungreen 互为矛盾项，矛盾项既是穷举的又是相互矛盾的，非此即彼，即否定 G 等值于 F，否定 unblack 等值于 black。语义上的矛盾和对立，在逻辑上可以刻画成：

（142） a. unhappy = ©　happy　　　uncomfortable = ©　comfortable

　　　 b. unblack = ¬　black　　　　unsmall = ¬　small

　　　　 ungreen = ¬　green

即对于对立项而言，否定词缀 un-对 happy 的否定对应于 happy 的补集，包括 unhappy 和 neither happy nor unhappy；对于矛盾项而言，unA 等于¬A，否定 un A 等于它本身，如：not unblack = ¬（¬ black）= black。

荷恩（2002）指出矛盾项遵循矛盾律（Law of Contradiction）和排中律（Law of Excluded Middle）；对立项只遵循矛盾律，不遵循排中律，如：

（143） If F and G are contradictories, then

(i) by LC, for any x in the relevant domain, ~ (Fx & Gx)

(ii) by LEM, for any x in the relevant domain, (Fx v Gx)

Contrary opposition is governed by LC but not by LEM.

可以采用形式化的方式对处于矛盾关系和对立关系双重否定进行刻画，如下：

(144) CONTRADICTORY (CONTRARY [A]) ≠ A

CONTRADICTORY (CONTRADICTORY [A]) = A

从(144)可以看出，对 A 的对立项的否定不等同于 A，因为中间项的存在，un-A 为 A 的补集，not un-A 的肯定程度低于 A；对 A 的对立项的否定等值于 A。荷恩(2015)的研究用形式化的方式刻画了对立项和矛盾项双重否定的肯定程度差异，如下：

(145) a. ¬ (© [$_{ADJ}$X]) should be weaker than [$_{ADJ}$X] (not unhappy)

b. ¬ (¬ [$_{ADJ}$X]) should be identical to [$_{ADJ}$X] (not impossible)

(145a)为对立项的否定，其肯定程度低于一般肯定；(145b)为矛盾项的否定，其肯定程度大致等同于一般肯定。

但在实际语言使用过程中，对矛盾项的否定不一定等同于 A，语义上的矛盾项可能被 un-强迫(coercing)成虚拟的对立，如：

(146) a. Not only is it not untrue, it's true! (#not only true, but not untrue)

b. It's not even not untrue, let alone true. (#not even true, let alone not untrue)

true 和 un-true 为矛盾项，否定 untrue 等值于 true，但是极差测试表明(146)中的语义等级为 < not untrue, true >，说明 true 和 untrue 存在中间项 neither true nor untrue。这表明矛盾关系可以变成对立关系，从而表示委婉的肯定。荷恩(2014)的研究也证实了形容词的矛盾和对立并不是完全绝对的，比如"white"和"not-white"为矛盾关系，无中间状态；而"white"和"black"则为对立关系，存在中间状态，如：

(147)

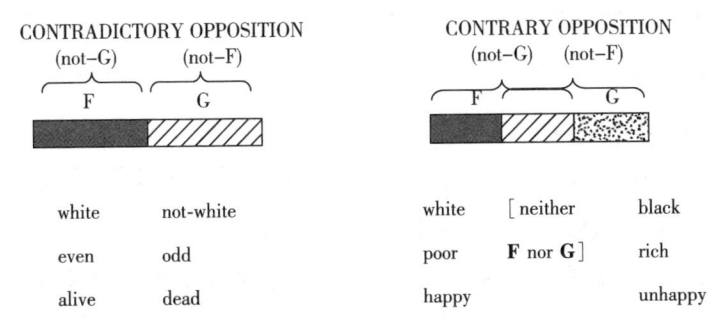

```
CONTRADICTORY OPPOSITION          CONTRARY OPPOSITION
   (not-G)    (not-F)                 (not-G)    (not-F)
      F         G                        F          G

   white     not-white               white    [neither    black
   even      odd                     poor      F nor G]   rich
   alive     dead                    happy                unhappy
```

not un-A 的语义解读与 A 和 un-A 的矛盾和对立有关，A 和 not un-A 为对立关系时，not un-A 表达语气较为委婉的肯定语气；A 和 un-A 为矛盾关系，not un-A 等值于 A，但是也有可能从矛盾关系转换成对立关系从而表达委婉的肯定。

矛盾关系转化为对立关系，反映在语言上表现为互补反义义场转化为极性反义义场。黄伯荣、廖序东（2011）指出："反义义场两种类型在特定情况下可以改变，互补反义义场可以当成极性反义义场来用，极性反义义场也可以变成互补反义义场"，比如例31，现重复为例148：

(148) a. 互补反义义场：男—女 ⇨ 极性反义义场：男—不男不女—女

　　　　　死—活 ⇨ 极性反义义场：死—不死不活—活

　　b. 极性反义义场：进—不进不退—退 ⇨ 互补反义义场：进—退（不进则退）

　　　　　左—不左不右（中）—右 ⇨ 互补反义义场：左—右（非左即右）

同理，untrue 和 not untrue 的互补反义义场被当成极性反义义场来用了，否定 untrue，有两种可能性：一是 either untrue or ture，二是 neither untrue nor true 和 ture，因为中间状态的存在，为 not untrue 表示委婉的肯定语气提供了可能。

对 not un-A 的语义解读可以从语境，A 与 un-A 的矛盾和对立以及是否存在对矛盾项的强迫等多个角度出发，还可以结合使用 not un-A 的其他动因理解。not un-A 结构的解读并非完全由逻辑决定，有时候说话者会出于特定的交际目的而使用 not un-A 格式。叶斯帕森（1924）认为使用 not un-A 结构是通过两个否定来涣散说话者的精力，从而表达隐含的意义，相对于直截了当的肯定来说，更能表达说话者的犹豫不决。荷恩（1991）指出说话者会在有意识或是出于战术目标（loophole-procurement）的情况下，将某些实体不直接描述为 X，而是采用"not un-A"的委婉表达，因为直接表达是不礼貌、不明智的，比如：

（149） I do not pretend to be a pure bachelor. I was married for five years, and it was, to use a cowardly double negative, <u>not an unhappy experience.</u>   （Genoveva Puskás, 2012）

在（149）中，说话者用"not an unhappy experience"来委婉表达自己对婚姻的态度：婚姻不是一个不愉快的经历，（149）例中直接表述为 happy 不能表达说话者的真实意图，从上下文可以推断，not unhappy 更有可能解读为 neither happy nor unhappy 而不是 happy。

荷恩（2002）列举了使用 not un-A 格式的几种动机：

（150） a. 质量原则：S 不确定 A 是否成立（unA 与 A 为对立关系）。

b. 礼貌原则：S 知道（或非常相信）A 成立，但是由于礼貌、谦虚或谨慎不直接用 A 表达。

c. 讽刺：即使在该场合能使用 A，但因为犹豫、不确定、谦虚而不用 A。

d. 夸大或华丽表达：S 违反简洁原则打动听众。

e. 缺乏相应的肯定表达：因为 A 的不存在而使用 not un-A。或者上下文中不能用 A 来直接表达。

f. 与否定结构平行：not un-A 与另外一个否定平行，在 B_{Neg} {if but} B 结构中，B 很容易实现为 not un-A。

g. 最小化：在文本直接反驳或矛盾的情况下，S 断言：X is not un-A 是由 X is un-A 触发的。

说话者采用 not un-A 结构代替简单的肯定，违反了经济性原则，但受到质量原则的约束。对立项的存在，使 not un-A 能够表达更为复杂的、潜在的语义，如：

（151） a. I winked at one of them as I went past and got a not unfriendly grin.

b. She had settled her life into a routine in which she was not unhappy. （Keep the Aspidistra Flying）

相对于一般肯定，（151a）中 not unfriendly 的语义值可以选取 < not unfriendly, friendly > 的任何一点，同样，（151b）中 not unhappy 的语义值可以选取 < not unhappy, happy > 区间中的任何一点，这种委婉的模糊性增大了 not un-A 语义的取值范围。礼貌原则与荷恩（1991）的漏洞策略相同，因为直接表达为 A 是不礼貌的，故说话者采用 not un-A 的委婉表达。除了荷恩列举的 7 个动机之外，有时候采用 not un-A 格式，否定之否定可以让肯定程度的取值变大，通常是上下文语境帮助说话者缩小实际想要的预期范围，如：

（152）I was not ungrateful, I was damn well grateful of it.

not ungrateful 的语义区间为 < neither ungrateful not grateful, grateful >，后续分句缩小了 ungrateful 的取值范围，使得表达的肯定程度更高，等同于"very grateful"。

实现为强烈肯定的 not un-A 格式中，A 一般实现为不可分等级形容词，A 和 un-A 互为矛盾项；当 A 实现为可分等级形容词时，A 和 un-A 实现为对立项，表达较为委婉的肯定。

A 和 un-A 的矛盾与对立，与 A 是否受到量度范畴扩展密切相关。一般情况下，没有受到量度范畴扩展的 A 为不可分等级形容词，当 A 实现为不可分等级形容词时，在逻辑上 A 与 un-A 互为对立项，在语义上实现为极性反义义场，否定 un-A，表达较为委婉的肯定；当矛盾项强迫成对立项时，其肯定语气也低于一般肯定。not un-A 的委婉肯定与说话者使用该形式的语用动机密切相关，如质量原则、礼貌原则等。

3.2.2 不无/未必不/不一定不/不见得不

汉语中的否定弱化现象包括"不无/未必不/不一定不/不见得不"句式，这类句式跟单纯的肯定句相比，肯定意义更加和缓（文卫平，2017）。本节将分类研究几类句式的句法语义，第一部分研究否定之否定结构，即"不"对"无"直接否定构成的"不无"句式的句法语义及搭配限制；第二部分研究表示"必要"（如："必""一定"）的词上下各加一个否定词构成的"未必不、不一定不"句式以及"不见得不"句式的句法语义及搭配限制。

3.2.2.1 "不无"的搭配

"不无"在《现代汉语词典》（第六版）中的释义是："［动］不是没有，多少有些"，"无"的意思为"没有"，"不无"即排除"没有"，在"有"的义项范围内都可以用"不无"。根据林文金（1984），"不""无"连用时，如"不无关系""不无感慨地说"，语气都比较弱。吕叔湘（1982）指出，"非无"的意思为"有"，"不无"的意思和"非无"相近而稍弱，"不无"的意思是"也还有"或"免不了有"。"不无"多用在近于语体的文言和带有文言气的白话。如：

(153) a. 他这样做<u>不无</u>道理。

b. 想尊兄寄旅僧房，<u>不无</u>寂寥之感。（《红楼梦》）

(153a) 中，"不无道理"可以解读为"也还有点道理"；(153b) 中"不无寂寥之感"解读为"免不了有寂寥的感觉"；(153a) 和 (153b) 中的双重否定"不无"后面带的是名词性短语。名词性短语为量度范畴，本身可以表示量度的下限，如："一点道理、一丝寂寥之感",也可以表示量度的上限,如"许多道理、深深的寂寥之感",当"不无"形式与量度名词搭配时,只能取量度的下限而不能取量度的上限,如:

(154) a. 他这样做不无一点道理。

b. *他这样做不无许多道理。

(155) a. 想尊兄寄旅僧房,不无一丝寂寥之感。

b. *想尊兄寄旅僧房,不无深深的寂寥之感。

(154)和(155)说明,"不无"只能搭配名词性范畴量度的下限。BCC语料中,"不无"搭配的名词短语大多为表示量小的名词短语,前面可以带"一些、有点"以及数量较小的数词短语作修饰语,如:

(156) a. 她也向他行了礼,脸上不无<u>一些惊讶的神色</u>,并把书放下了。　（伊凡·谢尔盖耶维奇·屠格涅夫/《初恋》）

b. 破坏了他事前预期的戏剧性的效果,不无<u>有点扫兴</u>。

（徐兴业/《金瓯缺》）

c. 这对于他们生病的仆人不无<u>有点好处</u>。

（约翰·高尔斯华绥/《福尔赛世家三部曲》）

d. 据我看来,虽说不能成家,可是里面也不无<u>一二句可取</u>的。

（张恨水/《金粉世家》）

这说明"不无"对其后名词短语的量度范畴有限制,只能表示小量,而不能表示大量。张焕香(2012)也认为说话者在使用"不无X"的表达时,承认存在X,但是没有用足量的表达方式予以完全肯定,有些时候,说话者甚至在主观上不是完全认同,只是表达正面评价时使用"不无"句式,如:

(157) a. 此话虽然有些危言耸听,但也<u>不无道理</u>,至少,他说的在经济竞争中使用的武器不是子弹而是质量,是对的。

（张焕香,2012）

b. 地方保护主义之所以在一些地方蔓延,与没有认真查处

这方面的违法违纪案件<u>不无关系</u>。　　（张焕香，2012）
　　c. 个别地看，英雄事迹<u>不无感人之处</u>，例如《击鼓骂曹》，例如孤胆英雄赵子龙长坂坡救主子的儿子。

（张焕香，2012）

（157a）中说话人觉得"此话虽然有些危言耸听"，说明不认同，但是后续分句"他说的在经济竞争中使用的武器不是子弹而是质量，是对的"。又表达了说话人认同某些方面，并非完全认同，用"不无道理"表达"有点道理"，表明说话人的主观态度。（157b）中"不无关系"说明了"地方保护主义在一些地方蔓延"与"没有认真查处这方面的违法违纪案件"有点关系；（157c）中表明英雄事迹有感人的地方，但是感人之处不那么强烈。与"不无"搭配的名词通常是心理类、问题类、作用类、关系类和比较类名词（张焕香，2012），还可以是动词或形容词，如：

（158）a. 即此一端，不无<u>可议</u>。　　（吕叔湘《中国文法要略》）
　　　　b. 钱谦益的语气中不无<u>期待</u>。　　（刘斯奋《白门柳》）
（159）a. 此人从沦陷区来到大后方，未受重用，不无<u>不满</u>。

（王火《战争和人》）

　　　　b. 菲利普不无<u>激动</u>地走进去了。（大仲马《王后的项链》）

（158a）中"不无"搭配成分为动词性短语，其语义为"没有什么可以指责的"，表示言行合乎情理，多用来形容人、事、思想、行动、品质等；（158b）中"不无期待"表示有所期待。（159a）中，"不无"连用，表示"有些"，"不无不满"表明此人面临未受重用的处境时"有些不满"；（159b）中"不无"修饰形容词"激动"，"不无激动地"整个作为副词短语修饰谓语"走进去"，表示"走进去"时伴随着有点激动的心情。所以，"不无 X"中的 X 可实现为表示小量的名词、动词或形容词。

学界对双重否定"不无"的语法身份有两种看法：一是"不无"为词，《现代汉语词典》（第六版）中将"不无"界定为双音节动词；

阳盼（2016）认为"不无"经历了一个跨层结构到双音节动词的发展过程，"不无"发生了词汇化。另一种是"不无"为短语，张焕香（2012）认为"不无X"是由自身结构构成，"不"为否定副词，"不无"连用时，"不"对"无"进行否定，实现否定之否定；李德鹏（2012）认为"不无"的意义并非"不"和"无"意义的直接组合，不符合双音节词意义的判断标准，"不无"是短语或结构。语法身份不同会造成结构关系的不同，我们将根据"不无"搭配的成分以及词和短语的判断方法来界定"不无"的语法身份。

先秦时期，"不无"就能在线性序列上连用，如：

（160）a. 以不有道，故不无道；以不得道，故不失道。

（《关尹子·宇（一）》）

b. 昔岁入陈。今兹入郑。不无事矣。

（《左传·宣公十二年》）

在（160a）中"有道"与"无道"对举出现，"不有道"的结构层级为：［不［有［道］］］，相应的"不无道"的结构层级为：［不［无［道］］］，"无"是一个否定动词，与"道"构成动宾结构，再被否定副词"不"修饰，宾语和动词的关系更为密切，"不"和"无"都是词，位于不同的层级结构。在现代汉语中，"不无X"中的"无"，其语义为"没有"，与"有"相对，X能够实现为名词，如：

（161）a. 他们这些年青人，对于这两位老先生的晚节，也不无"微词"。　　　　　　　　　　　　（《冰心全集》）

b. 与他儿时对这位平凡妇女的记忆不无关系。

（约翰·福尔斯《法国中尉的女人》）

在（161）中，"无"的语义为没有，（161a）中"微词"为"无"的宾语，（161b）中"关系"也为"无"的宾语，宾语和动词的结合要比副词与动词的结合更为紧密。此外，我们可以通过插入法和扩展法识别词与短语，"不"和"无"之间可以插入其他成分，如：

(162) a. 他们这些年青人，对于这两位老先生的晚节，也不<u>一定</u>无"微词"。

b. 与他儿时对这位平凡妇女的记忆不<u>一定</u>无关系。

c. 管得多不<u>一定</u>有效，管得少不<u>一定</u>无效。　　(BCC)

（161a）和（161b）能插入"一定"形成（162a）和（162b），在（162c）中"不一定无效"存在与之相对应的肯定形式"不一定有效"，说明"不无"还没有词汇化为词。所以 在"不无X"中，当X实现为名词（如"不无道理"等）时，其句法结构为：

(163) a. ……［不［无［$_{NP}$道理］］］

b. (((x［道理(x)∧…]

c. (x［道理(x)∧…]

"不"对应于"¬"，"无"对应于"¬∃x"，可翻译为（163b），（163b）等价于（163c），即表示存在义，否定意义的动词"无"优先和宾语合并生成动词短语结构。

隋唐时期，"不无"后面搭配的成分开始出现谓词性成分，如：

(164) a. 龙武大将军陈玄礼奏曰："逆胡指阙，以诛国忠为名，然中外群情，<u>不无嫌怨</u>。"　　(《旧唐书·玄宗本纪》)

b. 严补阙官业，或异于斯，昨者进拟，<u>不无疑缓</u>。

(《旧唐书·李藩传》)

阳盼（2016）认为此时的"不无+VP"为联动结构，并且在联动结构中位于次要位置的"无"难以保持其原有的性质和功能，"无"从原先的动词虚化为否定副词，"不无"开始词汇化。按照他的处理，否定副词"不"修饰否定副词"无"。我们认为否定副词"无"修饰的还是名词性成分，该名词性成分由谓词性成分名物化而来，再被"不"修饰，构成一个层级结构，如：

(165) a. ［不［无［$_{NP}$嫌怨］］］

b. ¬¬∃x［嫌怨(x)∧…]

c. ∃x［嫌怨（x）∧…］

（165）中"无"对 NP 进行扩展，"不"对"无嫌怨"进行扩展，在这个句法层级中，能够实现否定之否定，产生较为委婉的肯定意义，即：有点嫌怨。

在"不无 X"形式中，"不"和"无"并非复合词，而是出于不同的句法层级，通过否定弱化，产生委婉、和缓的肯定语气。

3.2.2.2 "未必不/不一定不/不见得不"的搭配

吕叔湘（1982）关注到"可能"和"必然"之间的对立，认为对"可能"的双重否定结果为"必然"（¬◇¬p↔p）；对"必然"的双重否定结果为"可能"（¬¬p↔◇p）。在表示"必然"的"必""一定"等前后可以各加一个否定形式构成"未必不""不一定不"结构，其中"未必"是副词，表示"不一定"的意思。如：

（166）a. 我看他也<u>未必不</u>知道，怕出头罢了。

（吕叔湘/《中国文法要略》）

b. 士<u>未必不</u>接踵而至执事之门。

（侯方域/《癸未去金陵日与阮光禄书》）

（167）a. 似乎不会有的事，<u>不一定不</u>可能。

（莎士比亚/《一报还一报》）

b. 湮没在人迹罕至的乱草中间的，更<u>不一定不</u>是一位无名英雄。　　　　　　（林徽因/《平郊建筑杂录》）

（166a）中"未必不知道"等值于"可能知道"，后续分句"怕出头罢了"也暗示了他知道的事实；（166b）中"士未必不接踵而至执事之门"等值于"士可能会接踵而至执事之门"。（167a）中"不一定不可能"等值于"有可能"，（167b）中"更不一定不是一位无名英雄"等值于"更可能是一位无名英雄"，在这些句子中，对"必然"的双重否定都表示"可能"。"一定"和"必"都属于情态动词。沈家煊（1989）、杨林聪（2001）认为，情态动词的双重否定与"判断词语"的语义强度等级有关，在肯定等级上否定一个弱项能得到否定等级上的强项,在肯定等级上否定一个强项能得到肯定等级上的弱项。"必定""一定"属于肯定等级的强项,否定强项,可以衍推出否定等级的弱项,如对"一定"的否定为"不一定"。"不一定"的语义强度等级可以通过两种方式测定:第一,"不一定"位于"不一定 < 非常不一定 < 绝对不一定"构成的连续统的左端,在否定等级中属于弱项;第二,荷恩(1989)指出,语义等级的强弱还可以通过悬置词的测试,辨别方式如下(文卫平,2006):

(168) Pi if not Pj

Pi or even Pj

Pi or at least Pj

Pi 在前,属于弱项,Pj 在后,属于强项。根据悬置词测试"不一定"和"非常不一定",发现位于 Pi 一侧的为"不一定",位于 Pj 一侧的为"非常不一定",说明"不一定"的语义强度等级较弱。张焕香(2012)指出,"未必不"是"不一定不"的变化形式,"不见得不"在口语中比较常见,其语义为"不一定,不太可能",也是"不一定不"的变体。在"不一定不 X"结构中,X 能够实现为能愿动词、系动词"是"、动词短语以及形容词,如:

(169) a. 似乎不会有的事,不一定不可能。

(莎士比亚/《一报还一报》)

b. 更何况承诺的不一定能做到,没有承诺也不一定不会去做。 (BCC)

c. 苦日子酸日子不一定不是好日子,不然不足以让人怀恋。 (BCC)

d. 信息不一定不值钱,只是赚钱的模式可能变了。(BCC)

e. 新的东西未必就好,旧的东西也不一定不好。 (BCC)

在"不一定不 X"结构中,X 的句法身份由"不"决定,因为否定副词"不"对 X 的范畴选择有一定的限制,只能实现为谓词性成分;在这个结构中,第一个"不"修饰"一定"构成一个否定副词,第一个"不"修饰 X，构成一个否定结构，这个否定结构再被否定副词"不一定"修饰，其句法结构为：

(170) a. ［不［一定［不［$_{VP/AP}$ P］］］］

　　　b. ¬¬p

　　　c. ◇p

内层"不"的范畴限制决定了所选择的成分只能实现为 VP 或 AP，接着受"一定"修饰，然后受外层"不"的否定，整个命题的意义可表达为（170b），即得到可能解读，如（170c），表达委婉的肯定意义，如："不一定不值钱"等值于"可能值钱"，"不一定不好"等值于"可能好"。

"不一定"不是词，而是相邻的词串。"不见得"是词，表达的是"不一定"的意思。"不见得"可以修饰肯定性成分，如"这雨不见得下得起来｜看样子，他不见得能来"，也可以修饰否定性成分，如：

(171) a. 种种迹象表明，合唱并非没有观众，合唱演出也<u>不见得不能获利</u>。　　　　　　　　　　　（文卫平，2017）

　　　b. 通俗小说<u>不见得它不高雅</u>，<u>不见得不严肃</u>。

　　　　　　　　　　　　　　　（孔庆东/《笑书神侠》）

　　　c. 这个叫梅子的女管家<u>不见得不忌妒</u>。

　　　　　　　　　　　　　　　（川端康成/《湖》）

（171a）中"不见得不"结构表明说话者认为"合唱演出有获利的可能性"，（171b）表示事物特性的可能性："通俗小说也可能高雅或严肃"；（171c）是说"女管家可能会忌妒"，这些都是说话者的推断性的结构，而没有把话说死，留有余地。"不见得不"也是表示低调陈述的委婉肯定，主要表达说话者的主观判断，如：

(172) a. 不见得［不［$_{VP/AP}$ P］］

　　　b. ‖a‖ = ¬¬p

　　　c. ◇p

汉语中的"不无/未必不/不一定不/不见得不"格式都表示低调陈述，表面上否定成分线性相邻，在句法结构上位于不同的句法层级，"不无 X"为量度结构，通过双重表达量度的下限，"不无 X"中的 X 可实现为名词、动词或形容词。"未必不、不见得不"为"不一定不"的其他形式，对"必要"的双重否定表示可能，对表示"肯定意义"的强项（如："一定"）进行否定，只能得到否定意义的弱项，弱项之否定等值于"可能"，"未必不/不一定不/不见得不"格式都是表示低调陈述的委婉肯定。

3.3 小结

双重否定不同于一般肯定，它可以用来表达超量肯定，也可以用来表达委婉肯定。一般来说，构成矛盾关系的双重否定和条件式双重否定实现为强化格式，构成对立关系的双重否定实现为弱化格式，但是强迫机制会使矛盾关系变为对立关系，对立关系变为矛盾关系。逻辑之外的因素也会影响双重否定的语义解读，否定词"没"的"述无"功能造成双重否定构成"有—无"的矛盾，从而表达超量肯定，情态动词双重否定的解读依赖于情态动词的语义强度等级，否定强项得到弱项，否定弱项得到强项，否定中项则得到中项。语境会影响双重否定的肯定程度，其他的语用动因如方式原则、质量原则以及礼貌原则也会导致双重否定肯定语气强弱的不同。

第四章 英语中的否定呼应

德·斯沃特（2010）指出，英语是否定呼应与双重否定兼具的语言，对于这一分类，文卫平（2016，2017）曾提出过质疑，认为否定呼应只存在于非标准英语中，标准英语是典型的双重否定语言。考察英语的发展史，特别是英语否定的发展史，我们有了新的发现。就现代英语而言，标准英语是典型的双重否定语言，但是在古英语和中古英语中，否定呼应是常见的语言现象。否定呼应深深地植根于古英语时代的语言中，经历形式上和句法上的变化，一直延续到中古英语，15世纪开始慢慢消失。否定呼应的兴衰反映了英语否定的发展历史。

4.1 早期英语中的否定呼应

英语的发展历史分为三个时期：古英语时期、中古英语时期、现代英语时期，其中，古英语时期与中古英语时期又可合并称为早期英语时期。

古英语是公元450—1100年间使用的英语，这一时期又称盎格鲁-撒克逊时期，是外族不断入侵渗透的时期。古英语在其形成与发展过程中深受日耳曼语、拉丁语、斯堪的纳维亚语的影响。

首先是日耳曼语的影响。公元5世纪初，罗马帝国分崩离析，罗马军团撤离英国，周边强势部族乘虚而入。至5世纪中期以后，盎格鲁、撒克逊和朱特部族这三支日耳曼部族大举入侵，消灭了英国各凯尔特人部落。盎格鲁、撒克逊和朱特部族操三种相近的西日耳曼语方言。在长期的发展过程中，这三种日耳曼方言又演化成四种古英语，即诺森伯兰方言（Northumbrian）、莫西亚方言（Mercian）、肯特方言（Kentish）和西撒克逊方言（West Saxon），其中唯一以文字形式流传下来的是西撒克逊语，但是现代英语的真正祖先当属莫西亚方言，即伦敦方言。

其次是拉丁语的渗透。公元597年，受教皇派遣，奥古斯丁（Augustine）带领传教士在英国建立教会，并成为英国的第一任大主教。基督教传至英国后，大量修建教堂、修道院以及教会学校，罗马文化随之传入英国。与此同时，一批拉丁词进入了英语。正如欧洲其他国家一样，拉丁语成为英国教会的语言，同时也是学术和文学的专用语言。

最后是斯堪的纳维亚语的"入侵"。公元789年，维京海盗，即日耳曼人的北部分支入侵英格兰的多赛特郡，此后维京海盗持续侵略英国，长达300年之久。维京人所讲语言为斯堪的纳维亚语，属于北日耳曼语支。在这个过程中，大批斯堪的纳维亚人涌入英国，并在此定居，他们与英国人交往频繁，使许多斯堪的纳维亚语进入了英语词汇，古英语发生了根本性的变化，如复杂的屈折变化减少；词序位置开始确定，词序位置的确定影响了整个语法体系，英语与西日耳曼语支其他语言（如荷兰语、德语）在语法上呈现出比较大的差异。

中古英语是指1150—1500年间所使用的英语，其起点以诺曼人（Normans）征服英国（1066年）这一重大历史事件为标志。诺曼人指住在（法国）北部的人，诺曼底（Normandy）即诺曼人的领地，诺曼底人讲的法语与巴黎法语略有区别。诺曼人征服英国后，占据了教会和政府的一切重要职务，法语成为英国的官方语言，前后持续300年之久，政府机构、法庭、学校等场所都必须使用法语。教会和学术界则通用拉丁语，普通老百姓使用英语。直到14世纪中叶以后，语言使用情况才出现转机。1362年，英王爱德华三世首次用英语向议会致辞；同年颁布了法庭辩护法令（Statute of Pleading），法令规定，一切法庭诉讼必须用英语进行，这样英语才恢复了它本来应该有的地位。15 世纪，伦敦标准方言兴起。1476 年，卡克斯顿（Caxton）将印刷术传入英国，对英语拼写标准化、传播英语书面语都起了很大的推进作用。

中古英语吸收了大量法语的词汇，数量有几千之多。此外，中古英语还吸收了拉丁语、弗拉芒语、荷兰语、低地德语的一些词汇。同时，大量古英语的词汇由于不再使用而被淘汰。

4.1.1　古英语中的否定呼应

古英语和中古英语中否定的演变印证了叶氏周期。叶氏周期主要关注句子否定，对早期英语否定的发展做出了合乎事实的描写。古英语和中古英语中存在四种否定标记：句子否定词 ne，如（1a），句子否定词 not，如（1b），否定性论元，如（1c），否定性附加语/修饰语，如（1d）。

（1）a. we ne moten halden Moses　e lichamlice.

　　　we NEG might observe Moses' law bodily.

　　　'we might not observe Moses law literally.

　　b. Thou shalt not do so.

　　　You ought not do so.

　　　"You ought not do so".

　　c. He left noping of his lyf at was worthi to be writin.

　　　He left nothing of his life that was worthy to be written.

　　　"He left nothing of his life that was worthy to be written".

　　d. I schal neuere ceese fro wepyngge.

　　　I shall never cease from weeping.

　　　'I shall never cease from weeping.

（引自 Wallage，2005：75）

在例（1）中，我们看到，除了否定标记 ne 与 not 外，（1c）中的

noping (nothing) 为否定性论元，(1d) 中的 neuere (never) 为否定性附加语，它们都是否定标记，在句中表示否定意义。但是值得注意的是，在这四个否定标记中，ne 可以与否定论元、否定修饰语或第二个否定词 not 同现，形成多重否定。所以我们说古英语和中古英语是多重否定语言，否定性论元和否定性附加语/修饰语对英语多重否定的构成至关重要。

古英语中，作为主要的否定标记，ne 在句中居动词前，有两种位置。第一种位置，紧邻限定性动词或左邻限定性动词，即 ne + verb$_{finite}$ 结构。第二种位置，紧邻不定式，即 ne + infinitive 结构。这两种结构中，ne + verb$_{finite}$ 结构占据主流。

我们先看 ne + verb$_{finite}$ 结构，古英语否定研究的大多数文献都认为，否定标记 ne 居限定性动词前，在句中的位置随限定性动词的变化而变化。如：

(2) a. ne sende se deofol δafyr of heofenum, þeak þe hit ufan come
Neg sent the devil the fire from heaven though it from above came
"The devil did not send fire from heaven, though it came from above" (TEHom. i. 6. 13)

b. He ne amdwyrde δam wife æt fruman
he Neganswered the woman at first
"He did not answer the woman at first" (/EHom. ii. 110. 33)
（引自 Van Kemenade, 1999：148）

c. ic geseon ne mæg
I see NEG can
"I cannot see"
(coaelive, +ALS_ [Swithun]: 204.4357)

d. þæt he deaþbrowigan ne scile
that he death endure NEG shall
"that he shall not endure death" (coverhom, HomS_ 24_

[ScraggVerc_ 11：115.121)

（引自 Wallage，2005：77）

ne 左邻限定性动词的现象可以从古英语语料库中找到证据。YCOE 语料库是欧美学者在研究早期英语时经常使用的权威语料库，其全称为 the York-Toronto-Helsinki Parsed Corpus of Old English（约克 - 多伦多 - 赫尔辛基古英语语料库），分为 YCOE（prose），即 the York-Toronto-Helsinki Parsed Corpus of Old English Prose（约克 - 多伦多 - 赫尔辛基古英语散文分析语料库）（Taylor et al.，2003）、YCOE（poetry），即 the York-Toronto-Helsinki Parsed Corpus of Old English Poetry（约克 - 多伦多 - 赫尔辛基古英语诗歌分析语料库）（Pintzuk & Plug，2001）。从 YCOE 语料库的检索来看，ne 紧邻限定性动词的比例高达 99.8%，见表 4-1。

表 4-1　　YCOE 语料库中 ne 紧邻限定性动词的分布

Clause	ne adjacent to V_{finite}	ne elsewhere	TOTAL	adjacent to V_{finite}（%）
Main	7492	12	7504	99.8
Subordinate	7988	7	7995	99.9

引自 Wallage（2005：77）。

从表 4-1 可以看出，无论是主句还是从句，ne 总是紧邻限定性动词，其比例高达 99% 以上，沃利奇（Wallage，2005）认为，ne 实际上可以分析成限定性动词的形态词缀。

古英语中，ne 像法语的 ne，意大利语的 non 和西弗拉芒的 en，可以与其他否定成分同现，形成否定呼应关系，其中最常见的结构是 ne...na/no。如：

(3) a. Ne het he us na leomian heofonas to wyrcenne

　　　Neg ordered he us not learn heavens to make

　　　"He did not bid us learn to make the heavens"（/ELS. XVI. 127）

　b. ... ne meahtest þu hi na forleoscm

　　　not could you them not lose

"you could not loose them" (Boeth. 3. 7. 17. 20)

c. ... þæt he na siþþange boren ne wurde
that he never afterward born   Neg would-be
"that he would not be born afterward" (Oros. 139. 11)

d. Ne sæde na ure Drihten þæt he mid cynehelme oðδe mid
Neg said not our Lord that he with diadem or with
purpuran gescryd, cuman wolde to us
purple clothed come wanted to us
"Our Lord said not that He would come to us with a diadem or clothed with purple" (/ELS. XXXI. 762)

e. Ne wende na Ezechias Israhela kyning δæt he gesyngade, δa ...
Neg thought not Ezechias Israel's king that he sinned, when ...
"Ezechias, king of Israel, did not think he was sinning when ..."
(CP. 39. 2)

（引自 Van Kemenade, 1999：153）

在 ne...na/no 结构中，ne 左邻限定性动词，在句中的位置不是固定不变的，而是随着限定性动词位置的变化而变化。一般来说，ne 的位置在句首，因为古英语中，否定居先。但有时候，限定词并不在句首，如（3c）中，限定词 would-be 在句尾，ne 的位置也随之到了句尾。ne...na/no 结构中的第二个否定词 na/no 在句中的位置却是相对固定的，即出现在代词的左侧，名词性主语的右侧。范·科梅纳德（Van Kemenade, 1999）认为，这一现象可以从分列式屈折语假释得到解释。

除了典型格式 ne...na/no 外，ne 与句中其他否定成分同现但并不彼此抵消，而是一起表达单一的否定。

(4) a. ne mæg nan mon soðre secgan
NEG can no man more truly speak
"Nobody can speak more truly." (Haeberli, 1991)

b. Ic wyrce þa tacnu þe <u>næfre nan man ne</u> geseah ær <u>on nanum lande</u>

I do the miracles that never no man NEG saw before in no land.

"I will do miracles that no man has ever seen before in any land." (Haeberli 1991：58；Exod, 34. 10)

（转引自 Haeberli & Haegeman, 1995：90）

（4a）中的 ne 与句中 nan mon（no man），（4b）中的 ne 与句中的否定词 næfre（never），nan man（no man）及 on nanum lande（in no land）并没有相互抵消，而是与否定词一起共同表述单一否定。我们可以看更多否定呼应的例子：

(5) a. ðæt hi mon <u>ne</u> mæg mid <u>nanre ðreaunge</u> geðreatian

that them one NEG can with no threatening threaten,

"that one cannot threaten them in any way" (Haeberli, 1991：125；CP, 37. 263. 3)

b. for ðam ðe þa Iudeiscan <u>noldon næfre</u> brucan <u>nanes þinges</u> mid þam hæþenum

because the Jews not-wanted never use no thing with the heathens

"because the Jews never wanted to use anything with the heathens" (Mitchell, 1989：663，§ 1604；AEHom 5. 124)

c. & þæt him <u>nan man ne þearf</u> to feormfultume <u>na þingc</u>

and that him no man not need for help in food no thing

syllan butan he sylf wylle

give unless he himself is willing

"and that no person has to give him help in food unless he is willing himself." (Haeberli, 1991：125；Law II, Cn, 69. 1)

d. þæt heora nan <u>ne mehte nanes</u> wæpnes gewealdan

that of them none NEG was able no weapon wield

"that no one of them was able to wield a weapon"

(Mitchell 1989: 660, §1596; Or. 194. 18)

（转引自 Haeberli & Haegeman, 1995: 92）

否定呼应可以分成两种形式：否定重复（negative doubling）与否定延伸（negative spread）（Van der Wouden, 1994a）。

否定重复：句子否定与一个否定论元或否定修饰语同现的现象，如（6a）。

否定延伸：两个或多个否定论元或否定修饰语同现，或指否定论元与否定修饰语结合的情况，如（6b）。

(6) a. Tan had He neuer no begynnynge

then had He never no beginning

"then He never had any beginning"

b. no man seyd no-thyng a-gens hem

no man said nothing against him

"no man said anything against him"

（引自 Wallage, 2005: 235）

这两种形式的否定呼应在古英语散文中出现的频率很高，有时两种形式混合在一起，如（7）：

(7) Ne maeg ponne nan man nahwar beon behydd

NEG can then no man nowhere be hidden

"Then no man can be hidden anywhere"

（引自 Wallage, 2005: 236）

沃利奇（2005）以 YCOE（prose）、YCOE（poetry）、PPCME2[①]语料库为基础，对古英语（c800 - 1150CE）和中古英语（c1150 - 1500CE）的否定形式进行了考察。这三个语料库中，YCOE（prose）

---

① PPCME2 的全称为 the Penn-Helsinki Parsed Corpus of Middle English（宾夕法尼亚 赫尔辛基中古英语语料库）（Kroch & Taylor, 2000）

和 PPCME2 分别为古英语和中古英语散文语料库，每个语料库包含 150 万字，语料没有涉及所有的体裁、地域方言和社会方言，特别是宗教文本，因为古英语和早期中古英语时期对宗教文本存在偏见。

YCOE（poetry）为古英语诗歌语料库，古英语诗歌文本是公认的现存文本，在否定的使用上有很多独到之处。根据沃利奇的考察，在古英语时期，大部分否定短语都与 ne 同现，构成否定重复，见表 4-2。

表 4-2　　　　　ne 在否定重复中的比例（比德作品）

Period	Main clauses ne	Main clauses Total	Main clauses % ne	Second conjuncts ne	Second conjuncts Total	Second conjuncts % ne	Subordinate clauses ne	Subordinate clauses Total	Subordinate clauses % ne
850—950	391	444	88	167	220	76	546	656	83
950—1050	1012	1084	93	840	890	94	1056	1125	94
1050—1150	363	390	93	243	273	89	496	567	87
TOTAL	1766	1918	92	1250	1383	90	2098	2348	90

引自 Wallage（2005：238）。

表 4-2 统计了 ne 在主句、从句、第二个连接成分（即由否定连接词 nor 或非否定连接词 and/or 引导的句子）的使用频率，除了 850—950 年这个时期其出现频率略低一点外，950—1150 年这个时期 ne 在主句、从句及第二连接成分中与否定短语同现的频率都很高。对此，沃利奇进一步考察了 850—950 年这个时期的语料，通过比较，发现在这个时期 ne 的使用有一些区别，频率略低的语料主要集中在比德（Bede）作品中[①]，在除此之外的其他文本中，ne 使用的频率仍然很高，见表 4-3。

---

① 比德（The Venerable Bede），英国历史上第一个历史学家、学者，被称为"英国历史之父"，在中世纪早期极其艰难的条件下奋力撰述，著作等身，为英国留下珍贵的文化遗产。比德一生写作、翻译了 40 多部著作，著述的大部分是对《圣经》的阐释，还有一些以天文、历法、音乐、哲学、语法、修辞、算术、医药等为内容的作品，最有影响的著作是《英吉利教会史》(*The Ecclesiastical History of the English People*)。该书以罗马天主教会在不列颠的布教为主要内容，记述自奥古斯丁受命来不列颠布教开始直到罗马天主教在各国相继取得胜利前后一百余年的历史。该书除了本身的史学价值外，还因作者在写作过程中征集了当地许多口头或文字材料，使大量珍贵史料得以保存下来。自从盎格鲁-撒克逊人迁入以后，不列颠几乎没有留下历史记载。比德的《教会史》成为 5 世纪中期到 731 年这段时间唯一的记录，为英国保存了这段珍贵的历史。这部史书长期以来被视为英国文化遗产中的瑰宝（详见戚国淦，1991）。

表4-3　　ne在否定重复中的比例（比德作品与其他文本比较）

Text	Main clauses ne	Main clauses Total	Main clauses %ne	Second conjuncts ne	Second conjuncts Total	Second conjuncts %ne	Subordinate clauses ne	Subordinate clauses Total	Subordinate clauses %ne
OE Bede	11	47	23	8	56	14	17	101	17
Other 850—950	380	397	96	159	164	97	529	555	95
Total 850—950	391	444	88	167	220	76	546	656	83

引自 Wallage（2005：238）。

表4-3比较了比德作品与除比德作品以外的其他文本的句子类型，结果显示，比德作品中，ne的出现频率很低，在主句、从句和第二个连接成分中的比例分别为23%、17%、14%，而其他文本中，ne的出现频率都在95%以上，这说明表4-2显示的850—950年这一时期ne的使用频率相对偏低，主要是因为比德作品中ne的使用频率低所致。沃利奇认为，比德作品中ne的使用频率低主要有两个原因，一个原因是，比德作品是从拉丁文翻译过来的，ne出现频率低是翻译所致，但古英语中其他的作品也有直接译自拉丁文的，如波爱修斯（Boethius[①]）和《教牧关怀》（the Cura Pastoralis[②]），这些作品却没有这种情况。另一个原因是，比德作品呈现的是不同的语法体系，在该体系

[①] 波爱修斯（Boethius，480—524），欧洲中世纪初罕见的百科全书式思想家，在逻辑学、哲学、神学、数学、文学和音乐等方面都做出了卓越的贡献，被称为"最后一位罗马哲学家""经院哲学第一人""奥古斯丁之后最伟大的拉丁教父"。波爱修斯一生著述丰富，作品涵盖哲学、神学、逻辑学、数学、文学和音乐，最有影响的著作是在狱中写成的《哲学的慰藉》（De consolatione Philosophiae）。《哲学的慰藉》与朋霍费尔（Bonhoeffer）的《狱中书简》（Letters and Papers from Prison）、哈维尔（Václav Havel）的《狱中书简》（Letters to Olga）并称为人类文明三大狱中书简。在波爱修斯以后的一千多年间，欧洲凡有文化的人都将之视为必读书目。当代有学者认为，《哲学的慰藉》作为西欧全部文化精髓的来源，是仅次于《圣经》而对西方思想和文化产生最深刻影响的著作。

[②] the Cura Pastoralis是拉丁文，译成英文为Pastoral Care（《教牧关怀》或《教牧书信》），是罗马教皇葛雷哥利一世（Pope Gregory Ⅰ）在其任职时（约590—604）写成的关于牧师责任的论述。这是该类题材中最有影响的牧教书信，该书由坎特伯雷的奥古斯丁带入英国，阿尔弗雷德大帝（Alfred the Great）于9世纪将其译成古英语作为提高盎格鲁-撒克逊教育素质项目的一部分，阿尔弗雷德大帝的译本保存在牛津博德利图书馆（Bodleian Library of Oxford University）。英译本的"序言"中详细阐述了该项目的原则与宗旨，阿尔弗雷德大帝希望他王国中的每一个主教人手一册以教育那些文化程度相对较低的牧师。

中，ne 使用较少，根据莱文（Levin，1958），比德作品中的拼写和形态特征具有典型的盎格鲁方言特点，与西撒克逊方言不同。我们知道，古英语时期共有四种主要方言，即诺森伯兰方言，指洪伯河（the Humber）以北的方言；莫西亚方言，指界乎洪伯河与泰晤士河之间的英国中部地区的方言；肯特方言，即居住在英国东南部地区的朱特人的方言；西撒克逊方言，即泰晤士河以南的方言。盎格鲁人居住地区的方言是指诺森伯兰和莫西亚这两种方言的合称。

古英语中 ne 的第二种位置是紧邻不定式，即 ne + infinitive 结构，这一结构在古英语研究中一直没有引起重视，被认为是边缘现象，其出现的语境主要有两种情况，第一种情况是以 uton 起始的劝诫句，第二种情况是省略了限定性动词的并列句。

ne + infinitive 出现在 uton 起始的句子中，与第一人称复数形成劝诫结构，类似于现代英语中的 let's。如：

(8) Uton la ne toslitan þa tunecan
　　 let-us lo　Neg asunder-tear the tunic
　　 "Let's not tear asunder the tunic" （HomS 24（ScraggVerc 1）218 [Mitchell 1985：§916a]）

（引自 Van Bergen，2012：488）

但是这个结构并没有找到太多的语言证据，根据范·博根（van Bergen，2012）对 YCOE 和 DOE（Dictionary of Old English Corpus）两个古英语语料库的检索，Uton + ne + infinitive 用例很少，YCOE 语料库只发现了 5 例，DOE 语料库没有发现一例，YCOE 语料库的用例如下：

(9) a. uton ne forlætan gyet eas boc
　　　 let-us Neg abandon yet this book
　　　 "let us not yet abandon this book"（Solil 1，50.14 [Mitchell 1985：§916a]）

　　 b. Uton la ne toslitan ta tunecan
　　　　 let-us lo　Neg asunder-tear the tunic

"Let's not tear asunder the tunic"（HomS 24（ScraggVerc 1）218［Mitchell 1985：§916a］）

c. Uton ne   agildan yfel ongean his god
   let-us Neg repay evil against his goodness
   "Let us not repay his goodness with evil"［HomM 13（ScraggVerc 21）98］

d. &   uton   ne georwenan us
   and   let-us Neg despair   us
   "and let us not despair"［HomM 13（ScraggVerc 21）231］

e. & uton   ne lætan   hie diofol þurh   his searwa us
     fram   animan
     and let-us Neg let them devil through his cunning us
     from   away-take
   "and we should not allow the devil to take them away from us through his cunning"
   （HomU 7（ScraggVerc 22）206［Mitchell 1985：§916a］）

（引自 Van Bergen, 2012：492）

  这个数据与沃利奇（2005）的发现是一致的，即 ne 紧邻限定性动词的比例高达 99% 以上，确实是一种边缘现象，但它又是真真切切的语言事实。对此，有学者（如 Mitchell, 1989）解释道，uton 并不是表劝诫义的自然表述形式，uton 用于表劝诫，可能是受拉丁语的影响，我们知道古英语曾受拉丁语的浸染。紧接 uton 的自然用法应该是否定词 na，因为古英语散文中，词和短语由 na/no 否定。克尔·英克尔（Einenkel, 1912）也认为，ne 不是常规的用法，应该是 na 的误用。但是，范·博根（2012）没有在 YCOE 语料库中找到任何 uton na + infinitive 的用例，在 DOE 语料库只发现了 1 例，这说明米切尔（Mitchell, 1989）所提出的 na 的用法更自然的观点没有语言事实的支持。虽然 uton 不是常规的用于表劝诫义的词语，但是它可以与 ne + infinitive

连用构成劝诫结构，这是古英语的一种形式，只是用例非常少。

ne + infinitive 的第二种情况是出现在并列句中，与以 uton 起始的劝诫句相比，这种情况在古英语中的用例稍微多一些，YCOE 语料库中发现了 19 例，其中 5 例由否定连接词 ne（nor）引导，14 例由连接词 and 引导，如：

(10) a. we willað eac tþt andgit   eow geopenian. and ea dygel-nysse eow <u>ne bedyrnan</u>；

we want also that understanding to-you open   and the mysteries to-you Neg conceal

"we also want to open up that understanding to you and not conceal the mysteries from you"（ÆCHom II, 12.2, 122.414）

b. Hi sculon Godes ege habban on gemynde and <u>ne eargian</u> for worldege ealles to swiee.

they must God's fear have in mind and Neg fear for world-fear entirely too much

"They must keep fear of God in mind and not be afraid of earthly fear at all."（WPol 2.1.2, 45 [also WPol 2.1.1, 62]）

c. Crist het   hine gan … and <u>ne standan</u> idel.

  Christ ordered him go   and Neg stand idle

"Christ ordered him to walk … and not to stand idle."（ÆHom 2, 209）

d. Sotlice iohannes com se fulluhtere hlaf <u>ne etende</u>, <u>ne win</u> drincende

truly John   came the Baptist bread Neg eating nor wine drinking

"Truly, John the Baptist came, not eating bread, nor drinking wine"［Lk（WSCp）7.33］

（引自 Van Bergen, 2012：494/510/517）

从 ne + infinitive 出现在并列句的用例来看，其语言环境基本都是由连接词 and 和否定连接词 ne（nor）连接的句子，但是其语料的来源显示出自不同的文本，这说明，ne + infinitive 在并列句中的使用比较广泛，在盎格鲁-撒克逊语言，特别是西撒克逊语言中被广泛采用。

ne + infinitive 出现的两种情况具有两个共同的特点：其一，它们出现的语境都是句中没有限定性动词的语境，因为从形态和句法的层面来看，uton 并不是一个限定性动词，它没有形态变化，其句法行为也不像常规的限定性动词。其二，ne + infinitive 很少表否定呼应，即 ne + infinitive 表否定呼应的用例非常罕见，只发现了 1 例，如：

(11) utan   nu   efstan   &   ealle ure lifwegas   geornlice   rihtan,
& <u>ne latian</u>

let-us now hasten and all our life-ways diligently correct and Neg delay

<u>na</u> to lange <u>ne</u> ealles to swyee

Neg too long   nor all   too greatly

"let us hasten now and correct the ways of our lives diligently and not delay too long orat all"（WHom 10c，196）

（引自 Van Bergen，2012：495）

这说明，如果语境已经很明显地含有否定义的话，语言首选的方式并不是 ne + infinitive 结构，这个结构的使用是不得已而为之的选择。

综上所述，古英语中，否定标记 ne 在句中有两种位置，第一种位置是左邻限定性动词，即 ne + V_{finite}，第二种位置是左邻不定式，即 ne + infinitive。第一种位置是主体，古英语否定研究关注的基本是这种情况，文献中都称 ne 在句中的位置是居限定性动词之前，随限定性动词在句中的位置变化而变化，ne + V_{finite} 结构允准否定呼应。第二种位置是边缘现象，实际用例很少，从已有的语料来看，除了个别用例外，基本上没有否定呼应，我们可以认为，ne + infinitive 结构不允准否定呼应。ne + infinitive 虽然是边缘现象，对它的关注仍然是有意义的，通过它与 ne + V$_{finite}$ 的对比，我们可以对古英语否定有更深的认识，古英语否定的主要形式是 ne + V$_{finite}$，这一结构允准否定呼应，所以否定呼应也是古英语否定的主要形式。

4.1.2　中古英语和早期现代英语中的否定呼应

在中古英语时期，英语经历了很大的变化。首先是词尾变化大部分消失，其次是名词不再有阴性与阳性的区分。虚词、词序和语调用作表示句子关系的主要手段。如果说古英语与其他日耳曼语一样是典型的综合语，那么到了中古英语末期，随着北欧语言的入侵，语法简化过程开始加速，屈折词尾呈现锐减趋势，介词部分地承担屈折变化任务，语法关系更加依赖于词序，英语逐渐从屈折语言转变成具有分析特征的语言。中古英语词汇涵盖了法语、拉丁语、斯堪的纳维亚语和西撒克逊语，同义词和近义词丰富，语言表现力增强。这一时期借用的外来法语单词逐渐按照英语的规则发音和拼写，使人感觉不到其外来痕迹。

但是就否定而言，其变化不是很大。多重否定始于古英语，在中古英语时期达到鼎盛，晚期中古英语时期开始衰落，进入早期现代英语后，多重否定转化为单一否定，这就是多重否定演变的轨迹，亦即英语否定发展过程中的一个最令人惊奇的特征，多重否定作为古英语和中古英语的普遍现象，在当代英语中发展成单一否定（见 Iyeiri, 1998）。

中古英语否定结构中的否定标记主要有三种形式，分别为：1）否定副词，如 ne, not, never, no；2）否定连词，如 neither, ne/nor；3）上述否定词的不同组合形式。对应于以上三种否定标记，多重否定也可以分成以下三类（Iyeiri, 1998）。

第一类：否定副词同现，最常见的为 ne 与 not 同现，构成 ne... not 结构，如（12a）。

第二类：否定与否定连词同现，如（12b）。

第三类：否定词 not, neither, never, no 的组合。如（12c）。

(12) a. I <u>ne</u>　may　<u>nat</u>　denye　it
　　　　I　Neg　may　not　deny　it
　　　　"I may not deny it"（CMBOETH, 435. C1. 262）（引自 Wallage, 2007：655）

　　b. Tat　we　<u>ne</u>　understoden　<u>ne</u>　bisechen　him　<u>noht</u>（CMTRINIT, 121. 1638）
　　　　that we　Neg understand　　nor　beseech him not
　　　　"that we do not understand him nor beseech him."

　　c. For or now,　　I found <u>never no</u> knyght　that matched me
　　　For before now, I found never no knight　who matched me
　　　"for before now, I never found any knight who matched me."
　　　　　　　　　　（CMMALORY, 68. 2331）（引自 Wallage, 2005：255）

我们首先分析中古英语多重否定的第一种形式 ne...not 结构。该结构中的 not 源自古英语的 nawiht/nowiht，而不是古英语的 na/no，其变体为 noht, nauht, nouht。not 与 ne 同现形成 ne...not 结构后成为取代古英语 ne...na 的主要格式。如：

(13) a. also　<u>ne</u>　accordith　<u>nat</u>　the　peple　to that　I　schal　seyn
　　　　also　Neg　agreed　　not　the people to what　I　shall　say
　　　　"the people did not agree to what I shall say"

　　b. yet　<u>ne</u>　wolde　　he　<u>nat</u>　answare　sodeynly
　　　　yet　Neg　wanted　he　not　answer　suddenly
　　　　"yet he did not want to answer suddenly"
　　　　　　　　　　　　　　　　　（引自陈志芳，2009：21）

在（13）中，nat 为 not 的变体，ne...nat 实为 ne...not，与古英语多重否定结构 ne...na 具有相似的特征，即它们的句法位置相同。古英语中，ne 左邻限定性动词，第二个否定词的句法位置由句中的名词和代词决定。一般来说，第二个否定词总是居名词左，居代词右。在

(13a) 中，ne 居限定性动词 accordith（agreed）之前，因为句中主语是名词，not 居名词"the people"之左。在（13b）中，ne 仍然居限定性动词 wolde（wanted）之前，句中主语为代词，故 not 居代词 he 之右。

在早期中古英语（1150—1350年）中，ne 是句子的否定标记，晚期中古英语（1350—1500年）中，not 成为句子的主要否定标记，中间过渡时期由 ne 与 not 结合，即 ne...not 结构。表 4-4 清楚地表明 ne...not 结构的时间分布。

表 4-4　　　　否定标记在 PPCME2 语料库中的分布

period	ne	%	ne...not	%	not	%	total
1150—1250 年	436	60.5	277	38.5	7	1.0	720
1250—1350 年	166	22.9	490	67.7	68	9.4	724
1350—1430 年	43	1.9	236	10.5	1959	87.5	2238
1430—1500 年	14	0.8	18	1.0	1842	98.2	1874
Total	659	16.3	1021	20.7	3876	63.0	5556

引自 Wallage（2007：636）。

表 4-4 的数据是基于宾夕法尼亚-赫尔辛基中古英语语料库的数据统计的，在 1150—1250 年时期，ne 作为句子否定标记的比例达到 60.5%，not 单独作为否定标记的用例非常少，只有 1.0% 的比例，另外 38.5% 的用例为 ne...not 结构。到了 1250—1350 年时期，ne 作为句子否定标记的用例逐步减少，在 724 个否定标记的用例中，ne 占 22.9%，not 作为句子否定标记的用例开始增多，上升到了 9.4%，这个时期是 ne...not 结构的鼎盛时期，其用例达到 67.7%。在以后的时间，ne 作为句子否定标记的用例持续减少，not 作为句子否定标记的用例持续增加，到 1430—1500 年期间，在 1874 个用例中，ne 的用例只有 14 例，占 0.8%，not 的用例达到 1842 例，占 98.2%。

作为早期中古英语中句子的主要否定标记，ne 出现的语境其实是有一定的规律的。根据 PPCME2 语料库的语料分析，ne 出现在从句中的频率高于主句，出现在否定辖域句的频率高于其他句子类型，见表 4-5 和表 4-6。

表 4-5　　　　　　　　　　ne 在主句和从句的频率

Period	Main Clause				Subordinate Clause			
	ne	not	total	% ne	ne	not	total	% ne
1150—1250	91	3	94	96.8	279	4	283	98.5
1250—1350	48	48	96	50.0	87	15	102	85.3
1350—1420	3	935	938	0.3	17	905	922	1.8
1420—1500	1	927	928	0.1	7	821	828	0.8

引自 Wallage（2007：654）。

表 4-6　　　　　　　　　ne 在 if-句和否定辖域句的频率

Period	If-Clause				In scope of negation			
	ne	not	total	% ne	ne	not	total	% ne
1150—1250	33	0	33	100	33	0	33	100
1250—1350	12	3	15	83.3	19	2	21	90.5
1350—1420	9	64	73	12.3	14	55	69	20.3
1420—1500	2	51	53	3.8	43	47	70	47.7

引自 Wallage（2007：654）。

从表 4-5 来看，在早期中古英语阶段，即 1150—1250 年时期，ne 在句中出现的频率都在 95% 以上，但是主句与从句相比，还是有明显差异的，从句含否定标记的语料明显多于主句含否定标记的语料，从句中出现 ne 的用例达到 279 例，主句中出现 ne 的用例只有 91 例，这说明 ne 更多地出现在从句中。ne 出现在从句中的分布是不是均匀的呢？表 4-6 说明，ne 出现的从句更多的是 if-从句和否定辖域句。在含有否定标记的 if-从句和否定辖域句中，ne 作为否定标记的达到 100%。

Ne 与 not 都是含否定义的普通否定副词，ne 主要用于早期中古英语，not 用于晚期中古英语，中古英语中间由 ne…not 过渡，但过渡没有明显的分界，ne…not 最早形成于古英语晚期，到中古英语时期才开始普遍使用，not 的使用范围是在 12 世纪前后，ne 的消失始于 13 世纪，但乔叟（Chaucer）作品和一些伦敦公文中仍然保留了 ne 的用法直到晚期中古英语，not 的全面使用是 15 世纪的事，此时 ne 才完全消失（见 Iyeiri，1993）。

ne...not 并不稳定，其使用是尝试性的。我们知道，在英语否定的演变过程中，not 是随着 ne...not 的结构引入的。根据叶氏周期，ne...not 是中古英语的典型形式，但是在 ne...not 成为稳定的格式之前，not 就已经单独自行使用了，由于 ne 的使用还保留到了晚期中古英语时期，所以是 ne...not 结构而不是 ne 首先消失，ne...not 结构身份比较弱，晚期中古英语中，实际上是 ne 与 not 的竞争。

中古英语多重否定的第二种形式是否定与否定连词同现。这种形式的多重否定可以从这个时期的代表性作家乔叟的作品中找到证据。乔叟是第一位使用英语创作的宫廷作家，所用的英语为英国中部各郡的英语，而非北部或南部方言。诗体短篇小说集《坎特伯雷故事集》(*The Canter-bury Tales*) 是其主要作品，该小说集由 21 个完整的故事和一些未完成的片段构成，涵盖当时欧洲的大多数文学体裁，如市井故事、骑士故事、悲剧故事、喜剧故事、圣徒传、历史传说、动物寓言、宗教寓意故事、宗教奇迹故事、布道词等，对现代英语的形成做出了巨大贡献。很多学者认为乔叟作品中大量使用多重否定，包括双重否定和否定呼应，这一特点也使他在同时代作家中鹤立鸡群。

表 4-7 是对《坎特伯雷故事集》中否定的统计，主要比较多重否定和单一否定的使用情况。

表 4-7　《坎特伯雷故事》（部分故事）多重否定和单一否定比例

Tales	Multiple negation	Single negation
The Knight's Tale	30.0%	70.0%
The Clerk's Tale	30.7%	69.3%
The Reeve's Tale	10.7%	89.3%
The Canon's Yeoman's Tale	22.6%	77.4%
The Wife of Bath's Tale	21.6%	78.4%
The Tale of Melibee	39.6%	60.4%
The Parson's Tale	43.3%	56.7%

引自 Iyeiri（1998：125）。

在所选的 7 个故事中，5 个故事为诗歌体，2 个故事为散文体。诗歌体故事包括骑士的故事（The Knight's Tale）、店员的故事（The Clerk's Tale）、管家的故事（The Reeve's Tale）、教士侍从的故事（The Canon's Yeoman's Tale）、巴斯妻子的故事（The Wife of Bath's Tale），其中《骑士的故事》和《店员的故事》为正式文体，《管家的故事》《教士侍从的故事》《巴斯妻子的故事》为非正式文体。散文体包括梅里比的故事（The Tale of Melibee）、牧师的故事（The Parson's Tale），都是正式文体。从使用比例来看，多重否定在正式文体中的比例高于非正式文体中。正式文体包括《梅里比的故事》、《牧师的故事》、《骑士的故事》和《店员的故事》，在这些故事中，多重否定使用的比例最多的高达 43.3%，最低的都在 30% 以上。非正式文体使用多重否定的比例要低很多，在《管家的故事》、《教士侍从的故事》和《巴斯妻子的故事》这三个诗歌体故事中，多重否定的比例最低的为 10.7%，最高的也没有超过 23%，这说明，在早期中古英语中，多重否定出现在正式文体中的比例高于非正式文体，出现在散文中的比例高于诗歌。

格拉布斯基（Grabski, 2016）对《坎特伯雷故事集》中所使用的否定形式作了定量分析，选取了其中的两个故事，分别为《磨坊主的故事》（the Miller's Tale），668 行，共 5200 字，《修士的故事》（the Friar's Tale），364 行，共 2900 字。《磨坊主的故事》是《坎特伯雷故事集》中最有趣而且讲得最好的故事之一，故事中的磨坊主是社会底层人物的代表，以最粗鄙的伦敦方言讲述最粗鄙的故事。

在《磨坊主的故事》中，格拉布斯基分析了 4 个人物使用否定手段的情况，这 4 个人物分别为磨坊主（Miller）、约翰（John）、阿布萨龙（Absalom）、尼古拉斯（Nicholas），其中磨坊主与约翰为底层人物，阿布萨龙与尼古拉斯受过良好的教育，通过对他们的对话分析发现，其使用否定呼应的频率分别为 35%、33%、29%、14%，如果将 4 人分成受教育与未受教育两组对比，其结果为，受过教育的两人使用否定呼应的比例为 18%，未受教育的两人使用否定呼应的比例为

35%。对《修士的故事》也选取 4 人作了类似分析和统计，4 个人物分别为修士（Friar）、传唤者（Summoner）、女人、自由民（Yeoman），其中修士与传唤者受过教育，女人没有受过教育，自由民的受教育情况不明。他们 4 人使用否定呼应的比例分别为 25%、18%、67%、14%。将受教育与未受教育情况进行对比的话，两组的比例分别为 19% 和 67%。

从以上两个故事的分析统计来看，否定呼应在《坎特伯雷故事集》的使用有一定的覆盖面，低的接近 15%，高的达到 67%，未受教育者使用的频率高于受教育者。

下面我们具体看其中的一些选段：

(14) a. And that no wys man nedeth for to wedde,

[And that no wise man needs to wed],

Ne no man that entendeth unto hevene.

[Nor any man that hopes (to go) to heaven].

b. But if it be of hooly seintes lyves,

[Unless it be of holy saints' lives],

Ne of noon oother womman never the mo.

[Nor of any other woman in any way].

(15) Quod tho this sely man, I nam no labbe

[Said then this simple man: I am no blab]

Ne, though I seye, I nam nat lief to gabbe

[Nor, though I say it, am I fond of gab]

(16) Ne was I nevere er now, wydwe ne wyf,

[Never was I, till now, widow or wife]

Ne nevere I nas but of my body trewe

[Nor ever of my body was I untrue!]

(14) 出自《巴斯妻子的故事》的开场白，(15) 出自《磨坊主的故事》，(16) 出自《修士的故事》，从这三个选段来看，乔叟所使用的多重否定大多是第二种形式，即否定与否定连词同现，如 (14a) 中的 Ne

no man (Nor any man), (14b) 中的 Ne...never the mo (Nor...in any way), (15) 中的 I nam no labbe, Ne...I nam nat lief to gabbe (I am no blab, Nor...am I fond of gab), (16) 中的 Ne...nevere (Nor ever)。

中古英语多重否定的第三种形式是否定词 not, neither, never, no 的组合, 这种情况主要出现在晚期中古英语中。晚期中古英语时期多重否定处于衰退阶段, 但在正式文体中仍有较多的多重否定的用例,《1384 至 1425 年伦敦英语》(A book of London English, 1384-1425) 为我们提供了语言证据, 其多重否定的用例多为 never 与 not, no 的组合。

《1384 至 1425 年伦敦英语》收录了晚期中古英语时期研究伦敦英语必不可少的许多文献资源, 包括伦敦市政厅的官方文件及一些行业商会 (如酿酒商会和食品商会) 的历史记录, 这些都是伦敦英语的真正样本和典型范例。与诗歌和一般散文不同的是, 该书涉猎广泛, 触及不同的题材, 从市政暴虐到对英法战争的反应, 从反对摔跤和木乃伊的宣言到足球运动员的薪酬, 从主要街道的脏、乱、差到其治理, 甚至还涉及晚餐的费用和成本, 等等, 呈现了一幅中世纪生动的伦敦生活画面。其中前三章涉及法律诉讼文献、商业行会报告及英格兰国王亨利五世颁布的英法战争相关法令等正式公文, 陈志芳 (2009) 将《1384 至 1425 年伦敦英语》一书前三章的否定形式分成单一否定和多重否定并对其进行了统计, 结果表明, 单一否定的用例虽然高于多重否定, 但差异不是很大, 见表 4-8。

表 4-8 《1384 至 1425 年伦敦英语》单一否定与多重否定比例

	Single Negation	Multiple Negation	Total
Number	78	55	133
Ratio	58.6%	41.4%	100%

引自陈志芳 (2009: 30)。

根据表 4-8, 在 133 例否定句中, 单一否定 78 例, 占 58.6%, 多重否定 55 例, 为 41.4%, 多重否定占否定的四成, 这说明, 晚期中古英语中, 多重否定仍然很活跃, 并没有失去其活力。多重否定的活跃与该书的体裁有关,在正式文体中,多重否定一直保留到晚期中古英语时期。在该书中,否定词同现的情况十分有趣,在 59 例否定词同现的用例中,两个否定词同现的用例有 34 例,除此之外,1/3 以上的多重否定句(19 例)含有三个以上的否定词,其中含有 3 个否定词的用例有 12 例,含有 4 个否定词的用例有 5 例,含有 5 个否定词、6 个否定词、9 个否定词的用例各 1 例,最多的含有 10 个否定词,有 1 例。
(17)含有 9 个否定词:

(17) Wherfore the Mair and aldermen comandeth on the kyngges half and on hire

Thus the mayor and aldermen command on the king's be-half and on their

owene half also that ***no*** man of what condicioun or degre that he be,

own behalf also that no man of what condition or rank that he is,

priue ***ne*** straunge, with-ynne the franchise of the Cite ***ne***

having rights in London nor foreign, within the franchise of the city nor

with—oute, ***ne*** destourbe, lette, ***ne*** greue in dede ne in word ***ne*** in ***non*** other

withour, not disturbe, hinder, not vex in deeds nor in words not in no other

manere ***no*** manet straunge vitailler bryngynge

manner no manlier not belonging to London trader in food-stuffs bringing

fissh or ***eny*** other vitaille by land or by water to the Citee to selle,

fish or any other food by land or by water to the city to sell,

— 145 —

"Thus the mayor and alderman command on the king's behalf and on their own behalf that no man of what condition or rank that he is in, having rights in London or is foreign, being within the franchise of the city or not, should not disturb, hinder, and vex trader in food—stuffs who does not belong to London bringing fish or any other food by land or by water to the city to sell in deeds nor in words or in any other manner"

（转引自陈志芳，2009：32）

《1384 至 1425 年伦敦英语》一书否定词同现的一个重要特征是 never 与其他否定词的连用，主要有四种格式：

never ne... ne...

not... never

ne... never... nor...

never... no

以上四种形式的多重否定在《1384 至 1425 年伦敦英语》前三章共出现 11 例，其中 never ne... ne... 格式 6 例，not... never 格式 1 例，其余各 2 例。显而易见，最常见的格式是 never ne... ne... 结构，never 与其他否定词连用，其作用是强化整个句子初始的否定意义。(18) 与 (19) 是典型的 ne... never... nor... 和 never... no 格式：

(18) wher-for I aske grace & mercy of my lyge lord the kyng, & Thus I ask grace and mercy of my Majesty lord the king, and the gode comunes of the town, as he that wol ***neuer*** more the good common people of the town, as he that will never more trespace a-yeins the town in ***no*** degre. offend against the town in any degree.

"Thus I ask the grace and mercy of my lord the king, the mayor, all the honoured aldermen, and all the common people of the town that he will never more offend the town in any degree."

第四章 英语中的否定呼应

(19) And trewely, most dred and souueraign lord, gladder **ne** moor
And in fact, most dread and sovereign lord, gladder nor more

confortabe tithinges might **neuer** haue come, <u>nor</u> in better tyme, for
comfortable events might never have come, nor in better time, to

to satisfie and refresshe þe feruent desir of your poure lieges, þat
satisfy and refresh the fervent desire of your poor subjects, that

haue loong thrusted aitur knowlech of your prosperite, than were
have long desired after knowledge of your prosperity, then were

your sayd gracious lettres, the which arnongs al o þer special graces
your said gracious letters, the which among all other special graces

most Principalich for our hertly confort conteyned þe souueraign
most principally for our hearty comfort continued the sovereign

helþ and parfit prosperite of your most souueraign and gracious persone
help and perfect prosperity of your most sovereign and gracious person.

"And in fact, if it were not for your sovereignty, gladder nor more comfortable events might never have come, nor in better time to satisfy and refresh your poor subjects' fervent desire. We have long desired that after knowing of your prosperity, and then came your gracious letters, which are among all the other special graces the most principal one that have brought our hearty comfort, as they sustained your sovereignty and perfect prosperi-

— 147 —

ty brought by your most sovereign and gracious personality."

（转引自陈志芳，2009：38）

在（18），"***neuer*** more trespace a-yeins the town in ***no*** degre"（never more offend the town in any degree）中，***neuer…no*** 构成多重否定，表示强调，说话人急切地要求终止所有的对市区秩序的冒犯行为，两个否定词并没有相互抵消，而是叠加表一个逻辑否定义。在（19），"***nor*** moor confortabe tithinges might ***neuer*** haue come, ***nor*** in better tyme"（nor more comfortable events might never have come, nor in better time…）中，***ne…neuer…nor*** 构成多重否定格式，同样，同现的否定词并没有相互抵消，而是叠加表一个逻辑否定义，强调此时如果国王不实现自己获得更大权力的理想更待何时。

多重否定形成于古英语时期，到早期中古英语时期达到鼎盛，随后逐渐衰退，至晚期中古英语时期其用例急剧减少，在这一时期的代表性作品《1384 至 1425 年伦敦英语》一书中，已经显露出明显衰退的迹象，但仍然不乏活力，文献认为，这与该书的体裁有关。《1384 至 1425 年伦敦英语》为正式文体，我们有理由认为，在正式文本中，多重否定一直保留到了晚期中古英语时期。

其实，多重否定不仅仅是保留到了晚期中古英语时期，如果考察更多的文学作品，我们会发现，多重否定在早期现代英语中依然存在，如斯宾塞（Spenser）的作品中有多重否定的用例，莎士比亚（Shakespeare）作品中也有多重否定的用例。莎士比亚时期以后，多重否定用例变得稀少，到 17 世纪，多重否定成为非标准用法。虽然 18 世纪还在使用多重否定，在当代英语中也仍然存在多重否定现象，但此时的多重否定被认为是英语的非标准变体（见 Iyeiri，1993）。

4.2　否定呼应的消失

多重否定经过中古英语时期的兴盛后，逐步走向衰退。如果我们考察现代标准英语,就会发现这个曾经兴盛一时的英语否定手段已经完全退出了历史舞台,消失殆尽了。关于多重否定消失的原因,文献中有过一些讨论,经过梳理,我们认为,不外乎两种因素:其一是来自语言规则的干预,其二来自语言内在的演化机制,下面我们分别探讨这两种因素。

4.2.1 规范语法与拉丁语的影响

早期关于否定呼应消失的主流观点认为,现代标准英语中否定呼应现象的消失可能与规范语法和拉丁语的影响有关,但都只是一笔带过,没有详细的论证。我们对这段历史进行认真考察,以历史语言学的视角来审视这一现象,发现规范语法的影响不容忽视。①

规范语法的兴起与英语史上英语的标准化和规范化分不开,英语的标准化和规范化又是英国特定历史时期的必然结果。我们在考察规范语法的兴起与规范语法产生的影响时,不能不考察其产生的历史背景及特定的社会因素和政治因素。

文艺复兴时期,为了表达新情感与新思想,英国作家以及学者们大量借用希腊语、拉丁语、法语、西班牙语、意大利语的词汇,同时不断创造新的词汇,英语词汇变得空前丰富起来,但也因此出现了混乱庞杂的现象,英语的净化势在必行。语言的净化与宗教改革息息相关,随着宗教改革,英国教会与罗马主教断绝了关系,英语开始替代拉丁语在教堂使用,《圣经》由拉丁语变为英语。英国学者更加重视母语的地位,他们认为母语有极其丰富的表达力,无须借用外来词。这种净化英语的努力呈现出两种趋势,一种趋势是丰富英语的词汇,使其更加文雅;另一种趋势是保持英语的纯洁与平实。这两种趋势相

---

① 卡莱尔(Kallel,2011)认为,规范语法、拉丁语是导致否定呼应消失的外部因素这一说法不成立,规范语法问世时否定呼应就已经开始消失了,否定呼应的消失是语言自然变化的一个个案。我们认为,卡莱尔过多地强调了语言内部因素,忽略了语言的外部影响。

互竞争，促进了英语的发展。第一种趋势避免了英语的"营养不足"；第二种趋势防止了英语的"消化不良"。自17世纪英国资产阶级革命以来，清教徒出身的资产阶级将其缄默寡言、中庸节制的生活理想与习惯带入社交生活，使英语也受其影响，朝着简单平实的方向发展。至18世纪，英语受英国商人冷静审慎、实事求是的精神的影响，变得更加实际、更接地气。

英语发展到17世纪，已成为能够和古希腊语、拉丁语、近代法语、意大利语相媲美的文学语言。1662年，皇家学院正式成立，提倡用质朴的语言探讨哲学与自然科学。从此，英语开始逐渐替代拉丁语，成为科学和哲学著作的语言。哲学家霍布斯（Hobbes）和洛克（Locke）主张文章要写得准确、清晰、合乎逻辑。文学家德莱顿（Dryden）的散文为英语句法树立了规范。1755年出版的由约翰逊（Johnson）编纂的《英语字典》（*A Dictionary of the English Language*）首次将英语作为全民语言记录下来，对英语的规范化起了非常积极的作用。

但直到18世纪，英语语言文字仍然比较混乱，首先是外来词过多，随着文化、艺术、科技、经济等领域的蓬勃发展，英语坚持兼收并蓄的开放态度，从其他语言借入大量词汇，比较多的有拉丁语、希腊语、法语、意大利语和西班牙语。其次是语音、语法、拼写都没有统一的标准。18世纪的英国，由于资产阶级革命解放了生产力，在政治、经济、社会生活各方面都发生了巨大的变化。迅速发展的社会，需要有统一的交际工具。因此，英语的规范化便成了十分迫切的问题。不像其他欧洲国家，英国没有任何官方机构负责规范本国语言，并为之制定标准。在英国，语言的标准化是通过多种途径实现的，这一过程始于全民对母语的前所未有的兴趣及随之而来的英语词典的出版，尤其是18世纪后半叶的规范语法（Grosser，2010）。这里我们有必要梳理一下规范语法产生的思想基础及社会基础。

我们首先看规范语法产生的思想基础。语言规范与标准化是一种语言意识形态，任何语言意识形态都不是凭空产生的，而是基于对深深植根于民族心底的历史传统的信仰，这样的信仰就是瓦特（Watts, 2011）描述的语言神话（language myths），神话虽然是虚构的，但有现实成分，衍生于群体共同的历史经验。瓦特列举了与规范语法有关的7个语言神话（Watts, 2011：33；亦见 Grosser, 2010：10）。

1）语言与种族神话（language and ethnicity myth）：种族身份与统一的语言有非常紧密的联系。

2）语言与民族神话（language and nationality myth）：统一的民族需要统一的语言。

3）语言多样化神话（language variety myth）：语言越丰富越好，丰富指在语言形式与方言上具有多样性。

4）语言优越性神话（myth of superiority）：一种欧洲语言比其他语言更好。

5）完美语言神话（myth of the perfect language）：语言应该达到或已经达到完美状态。

6）黄金时代神话（golden age myth）：语言一旦达到完美状态，就会有一个可以重复的时期。

7）不期望变化神话（myth of the undesirability of change）：完美语言不应有任何变化，因为变化势必会损害语言本身。

根据瓦特的描述，在17世纪末18世纪初的英国，语言与民族神话、语言优越性神话、完美语言神话成为语言意识形态的主流，为规范语法学派的产生奠定了基础。这可以从笛福（Defoe）与斯威夫特（Swift）两人关于英语净化与规范的主张和建议中反映出来。

被誉为"英国小说之父"的笛福，也是"英国报业之父"，曾与26家杂志有联系，其作品，包括大量政论册子，共达250种，它们无一不是投合资产阶级发展的需要，反映城市中产阶级感兴趣和关心的问题，所以又被称为中上层资产阶级的代言人。《论学会的作用》（On Academies）集中体现了笛福净化母语，提升母语竞争力的主张。该文以赞美法国法语学会及法语学会对法国语言与文化的影响开篇，提议在英国建立英语学会，就像法语学会净化法语那样，英语学会也将全面净化英语。他认为语言是文化霸权的强有力的工具，因此强烈建议将英语提升为国际语言，与法语平分秋色。如果英语比法语更易理解、更纯净，英语将会取代法语。他认为，英语语言，不管是书面语还是口语，都应该明白易懂，所以应该净化我们的母语，净化语言是规范语言、使语言变得完美的必不可少的准备阶段。笛福的主张与早期呼吁建立英语学会的诸多请求和建议如出一辙，也是诸多建议中的典型代表，为规范语法的产生起到了有力的推动作用。

另一个与规范语法密切相关的人物是斯威夫特，英国启蒙运动中激进民主派的创始人，作为英国18世纪杰出的政论家和讽刺小说家，他撰写了很多具有代表性的讽刺性论文，抨击地主豪绅和英国殖民主义政策，受到读者热烈追捧。

斯威夫特对于规范英语语言的影响表现在两个方面，第一个是他自己的散文风格的影响。斯威夫特的散文通俗易懂，典雅质朴。他反对华而不实，认为能将"恰当的词放在恰当的位置，就能称为好的风格"，他本人的作品正是这种风格的范例，对后来英国散文的发展影响很大。平易质朴的风格是英国散文的主流风格，也是英国散文的魅力所在。这种风格地位的奠定，正是在17世纪后半期和18世纪初，史称"散文的世纪"，与斯威夫特的影响是分不开的，他历来被公认为英国散文中最重要的大家之一，他倡导的典雅质朴的风格在文体层面上促进了英语的规范化。

斯威夫特对于规范英语语言的第二个影响则是他著文直接主张，按一定的标准和规范，使英语"稳定"下来。在致英国财政大臣罗伯特·哈利[①]（Robert Harley）题为"A Proposal for Correcting, Improving and Ascertaining the English Tongue"的信中，斯威夫特提议纠正英语中

---

① 牛津首位伯爵（1661—1724），安妮女王时代曾任首相。1688年起任下院议员。后历任下院议长（1701）、国务大臣（1704）、财政大臣（1711—1714）等职，托利党人。

不正确的表达形式，提高英语的表达能力，确定英语的地位，使英语成为完美的语言。在信中，他勾勒了拉丁语、法语和英语的相同命运，指出，拉丁语和法语已经达到了完美的状态，语言的完美与国家政治权力是联系在一起的。但是英语还没有达到这样的完美程度，人们都担心它的衰落。他写道：

But the *English* Tongue is not arrived to such a Degree of Perfection, as to make us apprehend

any Thoughts of its Decay; and if it were once refined to a certain Standard, perhaps there

might be Ways found out to fix it for ever; or at least till we are invaded and made a Conquest

by some other State; and even then our best Writings might probably be preserved with Care,

and grow into Esteem, and the Authors have a Chance of Immortality.

Swift（1711）

如果努力达到拉丁语和法语这样的完美程度，那么英语以及英国将会迎来稳定与强盛，所以规范英语，使其标准化是当务之急。

仔细考察笛福与斯威夫特的主张与建议，不难发现，在他们的语言意识形态中，语言神话打下了深深的烙印，语言优越性神话、完美语言神话和语言净化神话可以理解为他们迫切希望规范英语、提升英语地位的动因之一。

在探讨了规范语法产生的思想基础后，我们再来看规范语法产生的社会基础或社会背景。

18世纪初的英国社会有两件事与语言紧密相关，第一件事是时局的不稳，第二件事是中产阶级的崛起，其中中产阶级的崛起对英语的规范起了促推作用（见 Grosser, 2010）[①]。

　　18 世纪初的英国在政治上处于不稳定时期，1707 年的联合法案产生了新的政体，即大不列颠王国，将英格兰和苏格兰统一，西班牙王位继承战以及围绕英国王位继承的喧闹引起了政局的不稳，就国际国内而言，有必要建立新的民族身份，即英国身份。在寻找国家或社会身份的过程中，人们发现语言是最关键的要素之一，统一的语言应该是通向帝国之路的统一王国的特征，语言与民族的关系越来越紧密。大不列颠作为一个新的民族，是四个不同民族的不稳定的混合体，需要通过语言来稳定与加固。而统一语言首先就要规范语言，所以语言的规范首先是应时局需要而生的。

　　除了时局原因外，中产阶级的崛起对英语的规范化起了非常重要的作用。随着 18 世纪英国海外殖民的扩张，国内资本主义工业蓬勃发展，中产阶级迅速崛起。中产阶级家庭包括了小绅士、教士、教师、政府雇员、商人、店主、农场主、大农、工匠以及一些新兴工厂的工人，他们成为社会结构的主导阶级，构成了中产阶级的主要组成部分。有数据表明，到 18 世纪中期，在 150 万个（英国）家庭当中约有 100 万个属于中等阶层家庭。表明这时期的英国大约有 3/5 的民众是属于中产阶级的（见梁雪梅，2012：10）。新兴的中产阶级积累了大量财富，拥有了足够的经济实力，但缺乏明确的身份界定与文化认同。在社会的流动过程中，向上攀升、向上流社会看齐成为一种自觉行动。他们不满足所拥有的财富和社会地位，具有强烈的竞争意识和挑战意识，充满了实现自我、塑造美好形象的文化理想。他们模仿贵族乡绅的生活，学习绅士风度，利用工商业等手段追求贵族的生活方式。我们知道，绅士风度作为英国民族精神的外化，是以贵族精神为基础的，它掺杂了各个阶层的某些价值观念。在追求绅士化的过程中，中产阶级开始关注他们的语言状态，这也是英国历史上，商人或官吏首次如

---

　　① 以下根据格罗瑟（Grosser, 2010）中第二章写成。

此认真、如此强烈地意识到语言的作用（Grosser，2010）。中产阶级意识到，向上流社会攀升，一种可行的方式是模仿上流社会的言行举止、习俗，尤其是语言。

上流社会的言行举止和习俗有什么特征呢？上流社会所使用的语言又有什么特征呢？总括起来就是两个字：文雅。文雅成为上流社会的象征，这种特征由当时最具影响力的文学性期刊《旁观者》（*The Spectator*）广为传播。《旁观者》是英国 18 世纪早期最享誉盛名的文学期刊之一，1711 年 3 月创刊，1712 年 12 月停刊，每天一期，共计出版发行 555 期。由艾迪生（Addison）与斯梯尔（Steele）共同创办，两人也是主要撰稿人，各撰写 200 余篇，其他作者写作篇目较少。该刊停刊两年后，由艾迪生于 1714 年 6 月复刊，到 1714 年 12 月再度停刊，复刊期间，每周三期，分别在一、三、五出刊，共计出版发行 80 期，主要由艾迪生执笔撰稿，其他作家参与部分写作（见梁雪梅，2012：10）。《旁观者》主要发表以英国社会风俗和中上流社会生活为题材的散文，视每位读者为文雅的绅士。作为绅士，应该随时对自己的言行保持警觉，革除陋习，表现出良好的行为举止、良好的品位和文雅的语言。《旁观者》成功地塑造了"完美文雅读者"的形象，为处于上升阶段的中产阶级读者开拓了文学阅读领域，提供了道德行为准则和规范，成为当时咖啡馆和俱乐部中不可或缺的文学读物。艾迪生等人以这种温和的教育和启蒙方式警醒广大的市民阶层，试图建立一个理智贤明、优雅庄重的文明社会。文雅的观念在中产阶级中深入人心，这也与《旁观者》的影响有关，因为它总是与语言联系在一起。在语言方面，《旁观者》的影响也非常广泛，该刊的"旁观者先生"（实为艾迪生本人的化身）主张英语在英语学会[①]的监督下实现标

[①] 英语学会（English Academy）是比照法国的法语学会（French Academy）而产生的一个词，是希望英语走向标准化和规范化的一个诉求和理想。在中世纪的英国，很长一段时期，呼吁与建议建立英语学会的请求不断，这种请求和建议到 18 世纪初达到高峰，其目的是试图通过建立官方机构来规范英语语言。但尝试无果，因为英语学会终究未能如愿成立，但是这种理念和尝试已深深地植根于英语语言规范学派的心底并极大地影响了这个时期的语法学家。

准化，批评英语中存在的不完美和不统一现象。正确的语言被认为是文雅的一个重要组成部分，中产阶级急于寻找教育机构帮助他们用正确的语言得体地说话，语法及类似的教科书作为正确与得体的语言手册便应运而生。《旁观者》刊物另一个类似于"旁观者先生"的人物比克斯塔夫（Bickerstaff）（艾迪生本人的诙谐假名）积极为《英语语法》（Grammar of the English Tongue）作序，旗帜鲜明地支持英语的规范问题。《英语语法》为吉尔登和布莱兰德（Gildon & Brightland）所著，是18世纪早期具有重大影响的语法著作，拥有众多的读者。《旁观者》成为文雅的缩影，在18世纪的语法书中被广为引用（Grosser，2010）。

18世纪后半叶对语言的规范区分出了底层语言或不文雅语言，所谓不文雅语言是不准确、过时的和随意的语言，与此相反，标准现代英语是时尚的、正式的和准确的语言，亦即文雅语言。至此，文雅的语言（理想的语言）逐渐被认为是标准语言。根据瓦特（2002）的考察，他发现这个时期的很多文本中，文雅与标准是联系在一起的，人们认为，文雅的英语就是标准的英语。

18世纪的社会历史进程要求英语成为有声望的语言，文雅的语言尤其被推崇。迅速增长的中产阶级渴望攀升至上流社会，视文雅的语言为上流社会成员的标配之一。文雅的语言不仅仅是社会特权阶层的特点，它成了一种理想的标准。这个始于中产阶级向上攀升的社会现象最终成为推进英语规范化与标准化的推手。

在这种时代背景下，英语的规范化获得广泛的社会认同，但如何规范，需要确定一种标准。那么，以什么为标准呢？洛斯（Lowth）等认为应以高雅文体的语言为标准，于是语法学家们开始编写英语语法书。其实从文艺复兴开始，英国就有学者着手编写英语语法书，但直到17世纪末，总共才出版了34部语法书。而到了18世纪，在几十年之中就编写出英语语法书多达305部。这些语法书总的来说都是以1534年威廉·里利（William Lily）编写的《文法入门》（Rudimenta Grammatices）来制定英语语法规则的。《文法入门》曾被英国国王亨利八世规定为英国学校教材，在学校广为使用。多数语法书沿袭了里利的方法和体系，认为英语和拉丁语一样，受制于同一套语法规则，把一些本属拉丁语的规则当成英语的清规戒律，其目的是使英语的语音、语法、词汇、拼写得到统一。这样的语法称为"规范语法"（prescriptive grammar）。规范语法虽然曾遭到质疑和评判，但在使英语规范化方面还是功不可没的。针对英语的用法，制定了许多规则，对消除18世纪以前英语中的一些混乱现象起了积极作用。英语规范化不仅要求编出有价值的语法书，也需要有权威的词典，因此编写语法书和英语大词典就成了当时英国学者的一项历史使命，这个时期的主要代表性人物有约翰逊（Johnson）和洛斯。

约翰逊（1709—1784）是英国历史上最著名的文人之一，集文评家、诗人、散文家、传记家于一身。1746年他接受伦敦一些出版商的委托着手编写英语大词典，历经9年之工，终于完成了这项宏大的工程。1755年，约翰逊编纂的《英语词典》（A Dictionary of the English Language）问世，词典对50 000多个英语词作了精确明晰的释义，确定了有争议的用法和拼写，内容丰富、解释精确。其实英语史上，编纂词典的工作一直没有停止过，在此之前，英国一些学者曾经编辑过字典。1604年，罗伯特·考德雷（Robert Cawdrey）曾出版《英语单词字母顺序表》（A Table of Alphabetical English Words）一书，收词3000个，着重对常用的外来语词汇进行注释，但篇幅较小，全书仅120页。1721年，纳撒内尔·贝（Nathanial Bailey）出版了《通用词源字典》（Universal Etymological Dictionary）。该词典名为词源字典，其实是对一般性词语的释义，释义时很多词语并没有给出其词源，可能他本人也不知道这些词的词源。但该词典的发行量很大，至1763年，已经是第20次印刷。

尽管如此，就其规模、体例和实用价值来说，在约翰逊的《英语词典》问世之前的那些辞书还只能算作词典编辑的雏形。1755年，约翰逊出版第一部英语词典，词典的第一部分专门讨论英语语法。约翰逊将"语法"定义为"正确用词的艺术"（the art of using words properly），包括四个方面：拼写法（orthography）、词源（etymology）、句法（syntax）和韵律（prosody）。该部分于 1812 年以《英语语法》（*A Grammar of the English Tongue*）冠名出版。《英语词典》规范了英语拼写，被视作英国历史上第一部用英语解释的、收词广泛的、具有权威性的标准英语大词典。这部词典的诞生，极大地促进了英国语言的规范化和标准化，它标志着现代标准语的正式开始，自问世之日起，它就支配着英国文化界长达一百多年。后来经过多次修订，直到 1900 年还在广泛使用。

除了约翰逊的《英语词典》外，洛斯（1767）的规范语法，成为被当时英语社会广为接受的准则。规范语法，顾名思义，提出了语言使用过程中必须遵守的"共同规则"，就像交通规则一样，具有很强的"规定性"，即明确规定什么正确、什么不正确。

标准语言，特别是用于法庭、政府部门、官方文件等的官方语言需要一定的语法规则予以规范。当英语成为英国法庭使用的语言后，晚期中古英语时期的官庭英语（chancery English）就成为这样一种规范和标准。1476 年前后，威廉·凯克斯顿（William Caxton）在英格兰制造出一台印刷机，他在印刷时所使用的语法和拼写依据的大都是官廷英语。当然，英语语法的"正确性"如前所述，直到 18 世纪才引起高度关注，1762 年，洛斯出版《英语语法简介》（*A Short Introduction to English Grammar*），该书成为教科书中几乎所有语法教材的源头，洛斯也成为 18 世纪被广为推崇的语法学家。

洛斯是牛津主教，后来成为伦敦主教，本是研究希伯来诗歌的学者，出生于英国南部的汉普郡（Hampshire），其父威廉·洛斯博士是神职人员和圣经注释者。洛斯早年就读于温彻斯特公学（Winchester College）[1]，后

---

[1] 温彻斯特公学是英国第一所免费招收穷苦学生的大学预备学校，开创了英国公学教育的历史，由温彻斯特主教（Bishop of Winchester）威廉·威克姆（William of Wykeham）于 1382 年创建。威克姆在创办温彻斯特公学的同时也建立了牛津大学新学院，让公学毕业生能够进入大学深造。温彻斯特公学的创立是英国公共教育以及之后蓬勃发展的公学制度的开端，这个体系日后被亨利六世模仿，建立了伊顿公学（Eton College）和剑桥大学国王学院（King's College, Cambridge）。今天的温彻斯特公学虽然已经演变成为一所贵族寄宿制学校，但依然保持了自己悠久的传统与文化。

来入牛津大学新学院，1733年获文学学士学位，1737年获文学硕士学位，1741年成为牛津大学教授，专注诗歌研究。作为主教和希伯来诗歌研究者，洛斯曾经翻译了《圣经》。有评论认为，洛斯翻译的《以赛亚书》[①]从总体上来讲，毫无疑问是最好的关于以赛亚先知的英文翻译。

除了诗歌研究与圣经翻译，洛斯的另一兴趣是语法研究，《英语语法简介》在英语语法史上占有重要地位。洛斯撰写的初衷是填补当时语法教材的空白，在那个时代，语法学习缺乏简明的、用于教学的语法教材。虽然这是他唯一一部关于语法的论著，但其影响深远，特别是通过其学生林德利·穆雷（Lindley Murray）[②]和威廉·科贝特（William Cobbett）[③]的语法教材，洛斯的影响一直持续到19世纪，他也成为规范语法学家之中被描写语言学家批判的对象。

在洛斯的规范语法中提出了很多的禁例，典型的如下：

(20) a. 否定呼应（negative concord）

They don't want no support.

b. 介词悬空/介词后置（Preposition stranding）

Something I am delighted about.

c. 分列式不定式（Split infinitives）

He advised them to seriously consider the matter.

否定呼应、介词悬空/介词后置、分列式不定式都是不符合英语规范，在使用中应该禁用的。除了介词悬空/介词后置和分列式不定式在

[①] 《以赛亚书》（希伯来文：Isaiah），《圣经》的第23卷书，是上帝默示由以赛亚执笔，大约在公元前723年之后完成。记载关于犹太国和耶路撒冷的背景资料，以及当时犹太国的人民在耶和华前所犯的罪，并透露耶和华将要采取判决与拯救的行动。"以赛亚"的意思是耶和华拯救或耶和华是救恩，他当先知有五六十年之久，可能是犹太王族，父亲是亚摩斯。根据犹太人的传说，亚摩斯是乌西雅王的堂兄弟。

[②] 美国教友会信徒，后来移居英国，著名作家和语法学家。1795年出版《英语语法》（English Grammar），该书一出版就迅速畅销，先后印刷近50版，成为英美学校指定的唯一教科书。1816年，经过作者订正，该书以两卷八分册出版发行。两年以后，又以节本形式发行，先后重印高达120次之多，在英语发展史上，实属罕见。

[③] 英国散文作家，记者。英国政治活动家和政论家，小资产阶级激进派的著名代表人物。1819年出版《英语语法》（Grammar of the English Language）。

现代英语中偶尔有用例外，否定呼应从 19 世纪开始在标准英语中已经完全不存在了，现代英语中能够找到的用例，基本上都是非标准英语或英语的方言变体。

18 世纪以后，英语变得更具有逻辑性，否定连用被处理成数学上的相互抵消，负负得正，表肯定意义。而两个否定词连用仍表否定意义的否定呼应手段总是与受教育程度低或没有逻辑联系在一起。

除了规范语法外，拉丁语对否定连用的影响也不容忽视。拉丁语最初是意大利半岛中部西海岸拉丁部族的语言，从其渊源来看，属于印欧语系意大利语族拉丁－法利希语支，它原来是意大利中部拉提姆（Latium）地区的方言，后因发源于此地的罗马帝国势力扩张而将拉丁语广泛流传于帝国境内，并将其定为官方语言。公元 476 年罗马帝国崩溃以后，拉丁语与各地方言结合，衍变成多种不同的语言，通称为罗曼语系（Romance Langeous，又称罗马语系、拉丁语系），如意大利语、法语、西班牙语、葡萄牙语、普罗旺斯语以及罗马尼亚语，其中最主要的语言是法语、意大利语和西班牙语，如图 4-1。

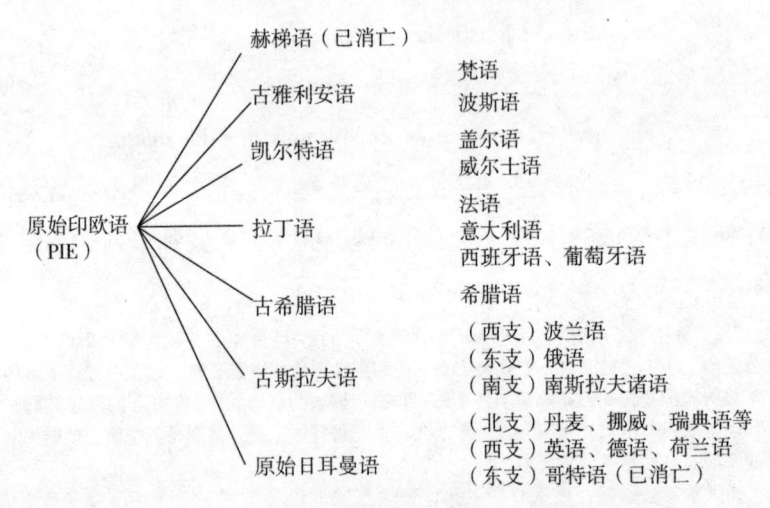

```
                    ┌── 赫梯语（已消亡）
                    │
                    ├── 古雅利安语 ── 梵语
                    │                 波斯语
                    │
                    ├── 凯尔特语 ── 盖尔语
                    │               威尔士语
原始印欧语 ─────────┤
（PIE）              ├── 拉丁语 ── 法语
                    │             意大利语
                    │             西班牙语、葡萄牙语
                    │
                    ├── 古希腊语 ── 希腊语
                    │
                    ├── 古斯拉夫语 ──（西支）波兰语
                    │                 （东支）俄语
                    │                 （南支）南斯拉夫诸语
                    │
                    └── 原始日耳曼语 ──（北支）丹麦、挪威、瑞典语等
                                      （西支）英语、德语、荷兰语
                                      （东支）哥特语（已消亡）
```

图 4-1　原始印欧语的分支（引自安森垚，2017）

图 4-1 中的原始印欧语是同源语的源始语（现已消亡），之所以称为印欧语，是因为它的派生语既出现在印度附近（梵语、伊朗语），

也出现在欧洲（希腊语、拉丁语、日耳曼语、凯尔特语、斯拉夫语、波罗的语）。根据对已有文献的考证，在原始印欧语派生语中，最古老的是梵语、伊朗语、希腊语和拉丁语，这些语言均可追溯到公元前。

从公元前1世纪到17世纪，西方文明的主要文献基本都是拉丁文撰写。直到18世纪，拉丁语在欧洲还是公认的学术和外交等方面的基本书面语言，如牛顿（Newton）《自然哲学的数学原理》（*Philosophiae Naturalis Principia Mathematica*）1726年的修订版依旧使用拉丁文，1729年才被翻译成英文。拉丁语在欧洲作为国际通用语言被广泛使用，它几乎成了西方语系的基础，科技英语中的动物名称、植物名称、生物名称，医学名称等仍广泛使用拉丁语，世界语也是以拉丁语为基础提出来的。

拉丁语作为一种非常发达的语言，确实有着日耳曼诸多语言所不具备的优势，所以古典拉丁语一直都是各个国家之间的通用语言。对于意大利、法国、西班牙这一带的国家来说，拉丁语是一种描述经典的书面语。英语与拉丁语同属于印欧语系，只是属于不同的语族，英语属于日耳曼语族，而拉丁语属于意大利语族。但是英语是从与拉丁语同源的盎格鲁-撒克逊语中派生出来的，拉丁语与英语一直是如影随形。自古英语形成之后，英语史上遭受了三次重大的文化入侵，分别为基督教入侵、维京人入侵和诺曼底征服，这三次入侵对英语产生了重大影响，其中基督教的入侵产生了大量拉丁词汇。公元前1世纪，罗马征服欧洲大陆的高卢，开始接触日耳曼民族。公元5世纪，日耳曼人入侵大不列颠，随着日耳曼人的入侵，英语吸收了不少拉丁词汇，构成了古英语词汇中拉丁语借字的大陆时期。在罗马帝国统治时期，罗马士兵与当地凯尔特居民共同生活并通婚，凯尔特人吸收了大约600个拉丁词汇。公元597年，罗马牧师奥古斯丁（Augustine）来到大不列颠传教。公元7世纪，罗马教廷派来了传教士，使基督教文化在此扎根。不到一百年的时间，基督教就在整个英国立足。学校教授拉丁文，法庭用语采用拉丁文，许多人甚至开始用拉丁文从事写作。

这就使当地居民能够更系统、全面地学习拉丁文。这一时期的拉丁文借字大约有 450 个，其中约有 100 个是学术语言和文学语言，而大部分已成为古英语基本词汇的一部分。公元 11 世纪英格兰被威廉征服后，诺曼法语成为上层社会使用的语言，盎格鲁-撒克逊语被视为战败者和农奴使用的底层语言。当诺曼人的后裔最终与当地英国人融合后，盎格鲁-撒克逊语又重新得到肯定，但是在文学、思想和文化上借用了很多含有拉丁词根的法语词。到了 13、14 世纪，这种借用不断增多，除了含有拉丁词根的法语词外，还直接从拉丁语借用，拉丁语词汇大量进入英语，这些词汇涉及法律、神学、文学、医学、科学等多个领域。至 16、17 世纪，随着文艺复兴运动的兴起，人们对古典作品产生浓厚兴趣，拉丁语的借用趋势更趋明显，此后，拉丁语一直是许多新词特别是科学语汇的来源①。从英语的词源分布我们可以清楚地看到拉丁语对英语的影响（见图 4-2）。

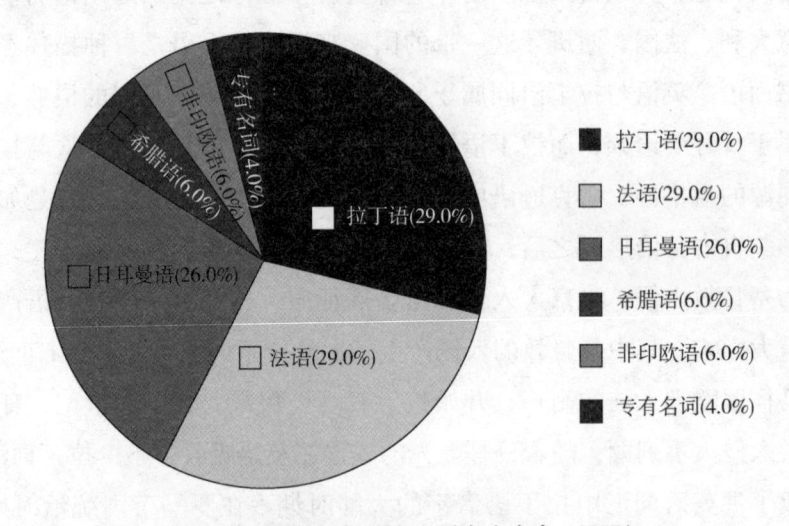

图 4-2　英语词源分布（引自安森垚，2017）

---

① 拉丁语的活力得益于两个因素：第一，天主教会的存在；第二，欧洲学界的学术普通话的存在。由于天主教会的存在，罗马帝国崩溃后拉丁语得以在教堂内使用一直到 20 世纪 50 年代；欧洲学界学术普通话的推行使拉丁语备受推崇，为了克服民族语言带来的学术交流的困难，拉丁语成为各国学者的学术语言广泛使用，德国的莱布尼茨（Leibniz）、英国的弥尔顿（Milton）都用拉丁语写作。

图4-2显示，在英语词汇中，29%的词汇直接来自拉丁语，29%的词汇来自法语，而法语中有很多词根来自拉丁语，可见英语中的拉丁语词汇超过了1/3，英语口语中50%—60%的单词有拉丁语词根，英语书面语中70%—80%的单词有拉丁语词根。在医学英语中拉丁语词汇的数量甚至高达75%。

拉丁语对英语的影响除了词汇以外，语法也是一个重要的方面。在英语语法史上，直到16世纪才产生第一部英语语法书，即1586年出版的《简明英语语法》（*Brief Grammar of English*），作者是威廉·布洛卡（William Bullokar）。此前，英国学校教授的是拉丁语语法，为了适应拉丁语语法教学的需要，里利编写了《文法入门》，该书于1534年出版，出版后引起很大反响，英国国王亨利八世规定将之列入教材，作为英国学校的语法教科书使用。受《文法入门》的影响，后来很多的英语语法也用拉丁语撰写，长达一个多世纪。1685年，克里斯托夫·库帕（Christopher Cooper）的《英语语法》（*Grammatica Linguæ Anglicanæ*）是最后一部用拉丁语撰写的英语语法书。即使英文撰写的语法也仍然有拉丁语法的影子，如布洛卡的《简明英语语法》沿袭了里利的方法和体系，将英语处理成拉丁语一样的语言，采用同一套语法规则。

拉丁语语法影响如此大的原因与英国中世纪开创的文法学校有关。从中世纪开始，为了传播基督教，培养新的传教士，英国教会创办了以教授拉丁文法为主的文法学校，早期的如大教堂学校（Cathedral School）、修道院学校（Monastic School）和教区学校（Parish School）。从15世纪起，由私人或慈善团体捐赠的一种不受教会控制的文法学校开始兴起，到16、17世纪，这种捐赠的文法学校（Endowed Grammar School）便如雨后春笋般发展起来。私人的大量捐赠，使英国文法学校的数量迅速增加。在16世纪，伦敦创办了3所大规模的文法学校，即圣·保罗文法学校（St. Paul's Grammar School）、威斯敏斯特文法学校（Westminster Grammar School）和泰罗文法学校（Taylor Grammar

School）。到 16 世纪末，几乎每一个城镇都有一所文法学校。至 17 世纪 70 年代，英格兰和威尔士的文法学校总数大约为 700 所（见喻冰峰，2012：127）。

圣·保罗文法学校由科利特（John Colet）捐资创办，科利特捐出了他父亲所有的财富，同时聘请其好友里利担任首任校长。在此期间，里利编写了《文法入门》，成为英语世界中流传最广、使用最久的拉丁文法书。那么作为拉丁语语法经典的《文法入门》是如何影响英语语言的？

《文法入门》1534 年首版发行，1540 年修订版出版。该书的出版呼应了当时英国发展的形势，体现了皇家意志。当时的英国，学校基本由教会管理，要想摆脱这种状况，必须削弱教会的权力，建立自己的学校，因此学校就成为一个国家主权的象征。想要获得权力，必须控制教育、控制学校。圣·保罗文法学校是当时许多文法学校的样板和典范，亨利八世遂委托该校编写一本统一的教授语法的课本。作为该校的校长，里利领衔与科利特一起编写了这部经典之作。亨利八世、爱德华六世和伊丽莎白都试图通过法令、宣言等相类似的方法管理语法书的出版。1540 年，亨利八世发表声明，他领地内所有的学校都必须使用《文法入门》。通过皇家法令，《文法入门》一书成为公立学校唯一的拉丁语法教材。从 1541 年到 1758 年，每一位校长都接到过皇家要求使用《文法入门》的法令。亨利八世以后，爱德华六世对拉丁语的关注持续升温。1549 年，爱德华六世为《文法入门》作序，通过法律授权，《文法入门》成为官方唯一指定的教材。到了伊丽莎白时代，这种传统继续发扬光大，1599 年，伊丽莎白女王宣布除了《文法入门》外，禁用其他语法书。经历了亨利八世、爱德华六世和伊丽莎白时代，通过法律授权，《文法入门》已成为文法学校唯一指定的官方教材。作为拉丁语文法学习的"标准版本"，该书为教育机构和学校所普遍接受，同时也为政府和学者使用语言提供了范本。英国文学巨匠莎士比亚、琼森（Jonson）、斯宾塞、弥尔顿、斯威夫特、约翰逊等上学期间的文法教科书就是《文法入门》（见朱倩凤，2015：4），可见拉丁语和拉丁文法在那个时代的影响确实是从上至下，全方位渗透的。

拉丁语是严谨、逻辑性强的语言，它不但表达符合逻辑，其语法结构亦很有规则。以否定为例，拉丁语中两个否定同现，即双重否定时，遵循逻辑上的双否律，两个否定相互抵消，产生肯定意义，不存在否定呼应解读。用德·斯沃特的否定类型学分类的话，拉丁语是双重否定语言，不是否定呼应语言。在中古英语后期拉丁语盛行的时代，英语语法以拉丁语为模板，英语否定呼应的消失不能说与拉丁语的影响没有关系。

4.2.2 语言内在的演化机制

关于否定呼应消失的原因，除了规范语法与拉丁语的影响外，从语言自身的演化来看，更多的是其内部动因，即其内在因素和自身发展规律所致。语言内在的因素有二：否定标记 ne 的脱落和极性手段的引入，下面分而述之。

4.2.2.1 否定标记 ne 的脱落

否定标记 ne 在中古英语时期开始脱落，这一现象称为 ne-脱落（ne-drop）。很多研究认为 ne 的脱落是语音侵蚀的结果，但是语音侵蚀无法解释盎格鲁-诺曼语（Anglo-Norman）的存亡模式，而盎格鲁-诺曼语的语音深受英语语音的影响。

盎格鲁-诺曼语指的是在诺曼征服英格兰之后，在英格兰等不列颠群岛地区使用的古诺曼语，所以又称古诺曼语或英格兰法语，由诺曼底公爵威廉及其部下带到英格兰，它实际上是当时征服者所讲的诺曼底方言、法国西部和北部的奥依语（langue d'oïl）、法国西部的皮卡尔语（Picard）等在英格兰的条件下混杂而成的一门语言。作为英格兰上层社会的文学语言和行政语言，从 12 世纪延续到 15 世纪，对古英语发展成中古英语起到了至关重要的作用。但是盎格鲁－诺曼语也深受英语的影响，特别是其否定范畴。盎格鲁－诺曼语在发展成为法语之前，早就出现了 ne-脱落。当然这与它的另一个广为人知的特征——弱元音 e 的损耗有关，如 fera 变成 fra，pelerin 变成 pelrin（见 Short，2007），其中非重读的元音 e 遭损耗。盎格鲁－诺曼语包含弱元音 e 的否定形式是元音损耗的主要形式之一，ne-脱落在英国较之于法国本土更加明显，一个重要原因是语言接触，即受英语的影响，因为中古英语中非重读音节元音损耗的情况非常普遍（Lass，2006）。当然晚期盎格鲁－诺曼语在句法上完全摆脱了英语的影响，拥有自己独立的句法体系，但是在音系层面，英语的影响是根深蒂固的。

ne-脱落现象在中古英语时期开始显现，根据伊耶里（Iyeiri，2001），大约 1220 年，ne 在句子中是强制性的，not 是否定的强化标记，出现频率占到 50% 左右，但是到 14 世纪晚期，情形正好相反，not 成为强制性的否定标记，ne 却很罕见。弗里施（Frisch，1997）考察了晚期中古英语时期散文诗歌混合语料库中的否定小品词，发现自 1150—1290 年期间，ne 的用法占到 95% 以上，1290—1360 年，ne 的用法占到 90%，但是，到了 1360—1430 年，ne 的用法降到了 20%，这个时期，如果没有出现否定性无定名词短语的话，句子否定只由 not 独自承担。但是从 1220 年到 14 世纪晚期，具体来说即 1230—1380 年，这中间 150 年，ne-脱落的特征和演变规律是什么，伊耶里（2001）与弗里施（1997）并没有涉及这些实质性问题。

对 ne-脱落作出深入研究的是英厄姆（Ingham，2011）。英厄姆发现，附着语素 ne 由非附着语素 not 取代，not 成为主要的否定标记，这一现象发生在 1230—1380 年间，但是这个时期缺乏强有力的语言证据支撑，特别是散文文本语料，如法律文本、个人书信等。这类文本的特点是记录了具体的时间，同时能反映地域方言。诗歌文本能找到一

第四章　英语中的否定呼应

些，但诗歌文本的局限是时间不详，且受韵律、节奏、风格等因素的制约。也就是说，这个时期缺少英语散文文本语料，很难直接从英语的语言证据追溯这段时期多重否定的演化过程，这个空白的形成与特定的社会语言学事实有关，即当时的散文多由拉丁语或盎格鲁－诺曼语写作（Ingham，2011），所以英厄姆另辟蹊径，从盎格鲁－诺曼语的法律文本入手，试图发掘处于变化中的中古英语对盎格鲁－诺曼语的影响。英厄姆采取的办法是考察盎格鲁－诺曼语的散文语料，他选取的盎格鲁－诺曼语语料反映了 ne-脱落的上升趋势，特别是当句子中的否定成分是否定性词汇时，ne-脱落更趋明显。

盎格鲁－诺曼语是法语，作为另外一种语言，它是不是解释中古英语的合适的语言证据？或在多大程度上能解释中古英语的一个侧面？英厄姆自己也承认，通过盎格鲁－诺曼语的语料试图发掘它与中古英语这两种语言系统的特征和共性，这无疑是不同寻常的方法，如果这一时期能够找到合适的中古英语的语言证据进行直接研究，这种方法一般是不会被接受与认可的（Ingham，2011：148）。但是英厄姆有自己的理据，在他看来，盎格鲁－诺曼语的很多句法变化在本土法语中没有体现是因为受到英伦岛上的主导语言中古英语的影响而致。如果盎格鲁－诺曼语中出现了否定附着语素的脱落，最有可能的解释是它反映了中古英语早期句法变化，因为盎格鲁－诺曼语与中古英语在语法结构上有类似的否定系统和否定呼应手段，且都有否定附着语素 ne，而盎格鲁－诺曼语正好也处于 ne-脱落时期。①

英厄姆选取的散文文本是中世纪英国议会公文（the Parliamentary Rolls of Medieval England）和盎格鲁－诺曼年鉴（the Anglo-Norman Year Books，1290s and 1340s）。盎格鲁－诺曼年鉴记录了很多连环案件，以律师的抗辩、法官针对案件的是非曲直展开的辩论以

---

① Hoeksema（2011）认为这个结论是令人信服的，因为在同一时期，本土法语并没有表现出类似的变化迹象。

及最后控辩双方的对话为线索，呈现了完整的语言形式和语法手段，考察重点是这些文本中含强化小品词的否定句和含无定名词的否定句。

ne-脱落与否定性无定名词短语有关，当否定性无定名词短语出现在限定动词之前或之后时，ne-脱落的情况十分明显。我们知道，法语与意大利语在否定手段上有类似的语法构式，即当否定性词汇居于动词之前时，句子否定词弃用，当否定性词汇居于动词之后时，句子否定词则需要保留，但是盎格鲁-诺曼语则表现出与意大利语不同的否定手段。从表4-9的统计来看，ne-脱落的情况在14世纪40年代非常普遍，但是13世纪末期这种情况相当少见。这与否定性无定名词短语的语义有关。当否定性无定名词短语可以独立表否定意义时，ne是可以脱落的。从13世纪末期开始，盎格鲁-诺曼语中的某些否定性无定名词短语可以自主引入否定意义而无须ne的协同作用了，否定性无定名词短语的语义越来越得以强化，到14世纪40年代达到高峰。在英厄姆考察到的这两种文本中，含否定性无定名词短语句子中的ne-脱落情况在14世纪40年代达到相当高的程度，特别是含有nul的句子，ne-脱落的比例接近50%，nul本身可以表示否定意义。

表4-9　盎格鲁-诺曼语否定句中ne-保留与ne-脱落频率统计[①]

	\multicolumn{10}{c}{ne-脱落（含否定小品词的否定句）}
	年鉴 1290s		议会公文 1290s		两项统计 1290s		年鉴 1340s		议会公文 1340s		两项统计 1340s
	+ne	-ne	+ne	-ne	+ne	-ne	+ne	-ne	+ne	-ne	+ne	-ne
pas	143	2	49	0	192	2	289	6	53	0	342	6
mie	16	0	62	0	78	0	60	3	8	0	68	3
nient	69	2	3	0	72	2	2	2	0	0	2	2
Total					342	4					412	11

---

① 本表引自Ingham (2011: 153)，表的题头由作者译成了汉语。

续表

ne-脱落（含否定小品词的否定句）										
	年鉴 1290s		议会公文 1290s		两项统计 1290s		年鉴 1340s		议会公文 1340s		两项统计 1340s	
	+ne	-ne	+ne	-ne	+ne	-ne	+ne	-ne	+ne	-ne
%					98.8	1.2			97.4	2.6

ne-脱落（含否定性无定名词短语的否定句）										
nul	93	11	149	19	242	30	30	25	87	73	117	98
rien	57	2	73	4	130	6	47	5	9	3	56	8
jamais	13	1	5	0	18	1	9	3	2	0	11	3
onques	57	1	46	0	103	1	9	0	9	0	18	0
Total					493	38			202	109
%					92.8	7.2			64.9	35.1

引自 Ingham（2011：153）。

表中的 +ne 为 ne-保留，-ne 为 ne-脱落，年鉴指"盎格鲁-诺曼年鉴"，议会公文指"中世纪英国议会公文"。表4-9显示，在13世纪90年代，含否定小品词的否定句中，ne-保留是主流，在346例中342例保留了ne的用法，占到98.8%，而ne-脱落只有4例，占1.2%。到14世纪40年代，情况大体相同，在423例中412例保留了ne的用法，占到97.4%，ne-脱落只有11例，占2.6%。而含否定性无定名词短语否定句的情况则不一样，13世纪90年代与14世纪40年代有明显区别。13世纪90年代ne-保留也是主流，在531例中493例保留了ne的用法，占到92.8%，ne-脱落只有38例，占7.2%。但到了14世纪40年代，情况发生了变化，在311例中202例保留了ne的用法，占64.9%，而ne-脱落有109例，占35.1%，其中含nul的否定句尤其明显，在215例中，ne-脱落有98例，占45.6%。与13世纪90年代相比，ne-脱落呈明显上升趋势，13世纪90年代，在272例中，ne-脱落只有30例，占11%。

ne-脱落出现在13世纪后期，其时，否定性无定名词短语 onc（never）、rien（nothing）与 nul（none）开始独立表示否定意义。盎格鲁-诺曼语中动词前否定词的脱落为英语否定的演化历史提供了间接的语言证据，同时也解释了为什么盎格鲁-诺曼语较之于本土法语演化更快，当然在13世纪60年代盎格鲁-诺曼语与本土法语在句法上实现了统一。

在12世纪与13世纪的散文中，句子否定标记 ne 是强制性的 (Frisch, 1997)，ne 本身足以否定一个句子。但在1300—1600年这段时间，英语的否定形式发生了变化，14世纪晚期，ne 的使用频率急剧下降，至15世纪，ne 彻底脱落了。费旭尔（Fischer, 1992：281-283）指出，ne 的脱落显然对否定呼应的弱化起了作用，它加速了多重否定的衰落。弗里施（1997：33）认为，ne 的脱落与否定呼应的消失在整体上是同时发生的，即 ne 的脱落拉开了否定呼应消失的序幕。

4.2.2.2 极性手段的引入

古英语的主要否定标记 ne 脱落后，英语否定形式由 not 与另外一个否定成分构成，形成新的否定呼应结构，即 not + N-words。至中古英语晚期及现代英语早期（1450—1600年），开始出现 not + N-words 与 not + any-words 交替使用的情况，产生了 N-words 与 any-words 的竞争，这个时期，英语中否定呼应与非否定呼应并存，卡莱尔（2007）称之为［+NC］与［-NC］并存。

卡莱尔（2007）通过晚期中古英语和早期现代英语数据库对这一时期的否定呼应进行了深入考察，数据库覆盖的时间段为1450—1599年，选取的体裁是私人信札，几乎所有的私人信札都收集在内，剔除翻译过来的信札和准公共信札，即写给皇室成员的信札或皇室成员写的信札。私人信札非常接近方言，比其他体裁更容易反映语言的变化情况。这一时期其他形式的书面文本过于正式，结构精致，有时高度文学化。这些私人信札根据时间分成六个阶段，分别是：阶段1（1450—1474）、阶段2（1475—1499）、阶段3（1500—1524）、阶段4（1525—1549）、阶段5（1550—1574）、阶段6（1575—1599），涉及的信札主要有统计如下。

帕斯顿信札（The Paston Letters）、普兰普顿信札（The Plumpton

Letters)、斯托纳信札（The Stonor Letters）、西利信札（The Cely Letters）、克莱斯特·彻奇信札（Christ Church Letters）、斯托纳信札（The Stonor Letters）、英国贵妇信札（Letters of Royal and Illustrious Ladies of GB）、克利福德信札（The Clifford Letters）、理查德·福克斯信札（Letters of Richard Fox）、托马斯·格林信札（The Letters of Thomas Greene）、威洛比信札（The Willoughby Letters）、托马斯·克伦威尔信札（Letters of Thomas Cromwell）、托马斯·边沁信札（The Letters of Thomas Bentham）、约翰·帕克赫斯特信札（The Letter-Book of John Parkhurst）、理查德·斯库达摩信札（The Letters of Richard Scudamore）、斯蒂夫基·纳撒尼尔·培根信札（The Papers of Nathaniel Bacon of Stiffkey）、两个伊丽莎白时代的女人（Two Elizabethan Women）、莱斯特通信（The Leycester Correspondence）、赫顿通信（The Hutton Correspondence）、多萝西·培根夫人信札（The Letters of Lady Dorothy Bacon）、约翰·霍尔斯信札（Letters of John Holles）、黑斯廷斯信札（Hastings Letters）。

对以上信札中的 N-words 和 any-words 在并列结构、非并列结构中出现的频率以及 N-words 和 any-words 在这两类结构中的句法位置进行统计，发现广泛存在 any-words 引入的新语法 [-NC] 与 N-words 代表的旧语法 [+NC] 的交替使用现象，以及 N-words 使用频率逐渐下降、any-words 使用频率逐渐上升，最后 any-words 基本取代 N-words 的趋势。any-words 引入的新语法 [-NC] 与 N-words 代表的旧语法 [+NC] 的交替使用的格式为：

(21) NEG + N-item/any-item

N-item + N-item/any-item

我们首先看 N-words 与 any-words 在并列结构中的使用情况，根据时间的划分，将语料分成六个阶段，二者的对比非常明显见表（4-10）。

表 4-10　　　　N-words 与 NPIs 在并列结构中的频率

阶段	NC	NPIs	总计
阶段 1	82（96.5%）	3（3.5%）	85

续表

阶段	NC	NPIs	总计
阶段2	54（90%）	6（10%）	60
阶段3	23（79.3%）	6（20.7%）	29
阶段4	64（58.7%）	45（41.3%）	109
阶段5	4（7.8%）	47（92.2%）	51
阶段6	3（7%）	40（93%）	43

引自 Kallel（2007：34）。

表4-10显示，在第一阶段，即中古英语早期，否定呼应（NC）仍处于并列结构的主导地位，85个用例中，82例为否定呼应，占比96.5%，负极词（any-words）只有3例，占比3.5%，这说明中古英语早期，并列结构中的负极词用例非常稀少。从第二阶段开始，否定呼应的使用频率开始下降，负极词的使用频率上升，至第五阶段，否定呼应与负极词的使用频率开始反转，在51个用例中，否定呼应只有4例，仅占7.8%，负极词的用例47例，达到92.2%。第六阶段，否定呼应几乎消失，由负极词取代，其比例分别为7%和93%。

我们再看 N-words 与 any-words 在非并列结构中的使用频率（见表4-11）。

表4-11　　　　N-words 与 NPIs 在非并列结构中的频率

阶段	NC	NPIs	总计
阶段1	105（83.3%）	21（16.7%）	126
阶段2	91（78.4%）	25（21.6%）	116
阶段3	13（48.1%）	14（51.9%）	27
阶段4	81（43.3%）	106（56.7%）	187
阶段5	5（3.1%）	155（96.9%）	160
阶段6	1（0.6%）	156（99.4%）	157

引自 Kallel（2007：33）。

N-words 与 any-words 在非并列结构中的情况也大致差不多，前者呈逐渐下降的趋势，后者呈逐渐上升的趋势。在第一阶段，否定呼应（NC）处于非并列结构的主导地位，126 例中，105 例为否定呼应，占比 83.3%，负极词（any-words）只有 21 例，占比 16.7%。从第二阶段开始，否定呼应的使用频率开始下降，负极词的使用频率上升，至第五阶段，否定呼应与负极词的出现频率开始反转，在 160 个用例中，否定呼应只有 5 例，仅占 3.1%，负极词的用例为 155，占比达到 96.9%。第六阶段，否定呼应几乎消失，由负极词取代，其比例分别为 0.6% 和 99.4%。

从 N-words 与 any-words 在并列结构与非并列结构的使用频率来看，二者在这两种结构中的趋势几乎是一致的，即第一阶段否定呼应居主导地位，从第二阶段开始否定呼应的使用频率开始下降，负极词的使用频率开始上升。至第五阶段，否定呼应与负极词的使用频率出现反转，第六阶段，负极词居主导地位，否定呼应几乎消失。

以上是 N-words 与 any-words 在并列结构与非并列结构中的总体分布情况，下面我们再看并列结构和非并列结构中处于不同句法位置的否定呼应与负极词的情况，首先是并列结构中处于宾语位置的否定呼应与负极词的情况（见表 4-12）。

表 4-12　　N-words 与 NPIs 在并列结构宾语位置的频率

阶段	NC	NPIs	总计
阶段 1	38（95%）	2（5%）	40
阶段 2	30（88.2%）	4（11.8%）	34
阶段 3	14（87.5%）	2（12.5%）	16
阶段 4	36（64.3%）	20（35.7%）	56
阶段 5	2（6.7%）	28（93.3%）	30
阶段 6	1（3.6%）	27（96.4%）	28

引自 Kallel（2007：35）。

再比较非并列结构中处于宾语位置的否定呼应与负极词的情况（见表 4-13）。

表 4-13　　N-words 与 NPIs 在非并列结构宾语位置的频率

阶段	NC	NPIs	总计
阶段 1	44（80%）	11（20%）	55
阶段 2	49（79%）	13（21%）	62
阶段 3	5（41.7%）	7（58.3%）	12
阶段 4	27（35.5%）	49（64.5%）	76
阶段 5	3（3.7%）	79（96.3%）	82
阶段 6	1（1.3%）	74（98.7%）	75

引自 Kallel（2007：35）。

在第一阶段，并列结构与非并列结构宾语位置上的否定呼应出现频率很高，分别为95%和80%，从第二阶段开始，否定呼应的出现频率逐渐递减，至第六阶段，否定呼应出现的频率分别降至3.6%和1.3%。而负极词的出现频率正好是相反的情况。在第一阶段，并列结构与非并列结构宾语位置上的负极词出现频率很低，分别为5%和20%，从第二阶段开始，负极词出现的频率逐渐增高，至第六阶段，负极词出现的频率分别增至96.4%和98.7%。

处于宾语位置的 N-words 与 any-words 在并列结构与非并列结构中的分布规律大致相同，那么处于修饰语位置的 N-words 与 any-words 在这两类结构中的分布是怎样的情形呢？下面我们看并列结构与非并列结构中处于修饰语位置的 N-words 与 any-words 的使用频率（见表4-13、4-15）。

表 4-14　　N-words 与 NPIs 在并列结构修饰语位置的频率

阶段	NC	NPIs	总计
阶段 1	30（96.8%）	1（3.2%）	31
阶段 2	17（89.5%）	2（10.5%）	19
阶段 3	8（87.5%）	4（12.5%）	12
阶段 4	25（54.4%）	21（45.6%）	46
阶段 5	2（12.5%）	14（87.5%）	16
阶段 6	1（7.2%）	13（92.8%）	14

引自 Kallel（2007：35）。

表4–15　　N-words 与 NPIs 在非并列结构修饰语位置的频率

阶段	NC	NPIs	总计
阶段1	59（86.8%）	9（13.2%）	68
阶段2	40（77%）	12（23%）	52
阶段3	7（50%）	7（50%）	14
阶段4	54（49.5%）	55（50.5%）	109
阶段5	1（1.3%）	76（98.7%）	77
阶段6	0（0%）	82（100%）	82

引自 Kallel（2007：35）。

否定呼应与负极词在修饰语位置的变化情况与在宾语位置的变化情况基本一致。在第一阶段，并列结构与非并列结构修饰语位置上的否定呼应出现频率很高，分别为96.8%和86.8%，从第二阶段开始，否定呼应的出现频率逐渐递减，至第六阶段，否定呼应出现的频率分别降至7.2%和0，即在非并列结构的第六阶段，已经没有否定呼应的用例了。而负极词的出现频率正好是相反的情况。在第一阶段，并列结构与非并列结构修饰语位置上的负极词出现频率很低，分别为3.2%和13.2%，从第二阶段开始，负极词出现的频率逐渐增高，至第六阶段，负极词出现的频率分别增至92.8%和100%，非并列结构的第六阶段负极词取代否定呼应占据修饰语位置。

从以上列表来看，从晚期中古英语开始，否定呼应与负极词开始交替使用，至早期现代英语时期，否定呼应基本消失，在并列结构中为7%，非并列结构中只占到0.6%，负极词占据绝对主导地位。

晚期中古英语和早期现代英语中存在两种否定形式或者称之为两种语法：[+NC] 语法与 [-NC] 语法，这两种语法交替使用或交替出现。两种语法并存，形成竞争趋势。

根据卡莱尔（2011）的语料，两种语法的竞争至16世纪末趋于平缓。如果说晚期中古英语中 [+NC] 语法几乎覆盖各种语言环境的话，那么到16世纪末，其使用不到10%的概率，受到青睐的是另外一种形式，即 [-NC] 语法。当 [-NC] 语法成为较之于旧语法更受欢迎的形式时，这种语法就取代［+NC］语法被保留下来。这样，any-系列词的使用更加频繁，负极词起主导作用。

从1450—1600年这段时期英语的否定演变来看，大致可以分成三个发展阶段。

第一个阶段：早期中古英语—1450年，这一时期，否定主要由 ne 表示，ne 的语音弱化后，not 作为否定意义的强化标记被引入。

主要否定形式：**ne**

ne...not

第二个阶段：1450—1550年，这一时期的否定形式是［±NC］，即否定呼应与非否定呼应并存，只是比重与使用频率有所不同，ne…not 的使用非常稀少，ne 脱落后，另一个否定呼应格式应运而生，即 not 与否定性词汇同现。

主要否定形式：**not + N-item**

N-item + N-item

第三个阶段：1550—1600年，这一时期，［+NC］语法与［-NC］语法的竞争日趋平缓，［-NC］语法取代［+NC］语法。

主要否定形式：**not + any**-item

N-item + any-item

［-NC］语法的保留与否定性词汇（N-items）的歧义有关，即一个结构对应多种意义。在否定性词汇演变的早期，一个否定意义（SM_1）对应于两个或两个以上不同的结构（S_1，S_2，S_n，…），这是否定意义的多元结构阶段，后来这种否定意义的多元解读演化成否定意义的歧义解读了，即一个结构（S_1）对应于几种不同的意义（SM_1，SM_2，SM_n，…），如图4-3所示。

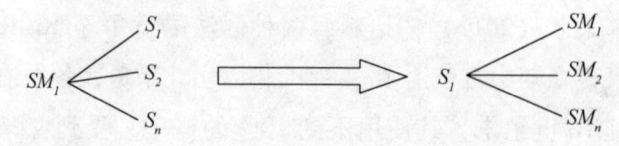

图4-3 否定的形义匹配（Kallel，2011：147）

图 4-3 左侧是否定性词汇演变的早期，即多元意义阶段，一个否定意义（SM_1）对应不同的否定结构，表达不同的否定意义，即：

(22) SM_1 = 单一语义否定

S_1 = Neg/N-item + N-item

S_2 = Neg/N-item + any-item

图 4-3 右侧是否定性词汇演变的后期，即歧义解读阶段，一个否定结构（S_1）对应不同的否定意义，即：

(23) S_1 = Neg/N-item + N-item

SM_1 = 单一语义否定

SM_2 = 双重否定

(Kallel, 2011: 148)

否定呼应中的否定性无定名词（N-words）与极性词（NPIs）也存在相互排斥的竞争。根据卡莱尔（2007），否定性无定名词出现在只有极性词才出现的句法位置，这是中古英语和早期现代英语否定系统经历的一个过渡时期。在这个过渡时期，否定性无定名词继双重否定结构 ne... not 消失后起强化否定意义的作用，产生了单一否定义和双重否定义的歧义。晚期中古英语中，否定词项呈现多种表现形式，有否定量词、否定无定名词以及表任意选择义的无定名词，后两者分别称为 none-系列无定名词和 any-系列无定名词。

经过词汇重新分析，none-系列无定名词获得否定量词的身份，能够独立表否定意义，无须从其他否定成分获得否定意义。当 none-系列无定名词的参数重新设定后，它们不再具有负极词和否定量词的歧义，词汇重新分析及新否定量词的地位使其无须由句中第二个否定成分 C-统制而表否定意义。也就是说，当 none-系列无定名词获得否定量词地位后，不再出现在负极词的句法位置。负极词的句法位置由 any-系列无定名词占据。至近代英语，any-系列无定名词的使用日渐频繁，逐步取代了 none-系列无定名词。any-系列无定名词的强化以及否定倒装的合法化使否定呼应成为多余的语言表达形式，在使用中逐渐被淘汰，只有非标准英语中仍然保留了 none-系列无定名词与否定同现表否定的形式。

表 4-16　　　　　　　　晚期中古英语否定词项系列

negative quantifiers	N-item in definites	any-series indefinites
none	none	any
nothing	nothing	anything
nowhere	nowhere	anywhere
etc.	etc.	etc.

any-系列词出现于否定语境的情形可以追溯到晚期中古英语时期，更准确地说是 15 世纪后半叶，文献（Burnley, 1983; Van Ostade, 1995）指出，在 14 世纪与 15 世纪的否定语境中基本没有发现 any-系列词。根据伊耶里（2002），15 世纪末期出现的 any-系列词只是其初始阶段。

竞争导致否定性词汇在否定语境的消失，这是否定性词汇经历的词汇重新分析的结果。否定性词汇早期的负极词意义与后来的否定量词意义的歧义身份使其作出重新解释。否定语境中，否定是单一否定还是双重否定，这种歧义的消歧处理只有当否定性词汇被重新分析成否定量词才能实现。词汇重新分析可以视作词汇参数的重新设定，首先，它涉及由否定性词汇构成的新的语法特征[+Neg]的习得。其次，它可以解释与此相关的一些表层现象，即否定性词汇的重新分析，从过去作为负极词依赖其他否定成分的允准到作为否定量词的纯粹的否定性句法成分的身份转换（Kallel, 2011: 160）。

4.3　非标准英语中的否定呼应

否定呼应在早期现代英语时期开始衰落，至晚期现代英语时期，基本消失殆尽，成为历史。但是，在当代英语中，我们仍然经常发现否定呼应的用例，这些用例似乎违背了英语语法规则，困扰着许多英语作为第二语言或外语的学习者，甚至很多本族语者。仔细观察可以发现，否定呼应的用例都是出自非标准英语。在非标准英语中，否定呼应其实是很常见的否定手段。我们先区分标准英语与非标准英语，继而考察非标准英语中的否定呼应现象。

4.3.1 标准英语与非标准英语

英语是一种多中心语言。由于英语的使用范围极为广泛，不可避免地出现了各种地区性变体。语言学家已经不再把伦敦或英国上层人士的英语作为唯一的标准英语。除英国英语外，有影响的还有北美英语和澳新英语。从17、18世纪开始，美国英语、加拿大英语、澳大利亚英语、新西兰英语开始成为独特的方言。它们也各有自己的地区性词汇、语法和语音。其他像印度英语、东南亚英语、加勒比地区英语和非洲某些新兴国家的英语，都各自受到了当地语言影响，具有语音和词汇上的特点。

标准英语有狭义和广义之分。狭义的标准英语指英国英语的一种变体，在19世纪通行，它始于由英国东南部发展而来的一种地域方言，作为正式的语言变体见于书面语、学校教育（如语法书、字典等）、法庭、教堂、报刊、媒体及官方用途。标准英语在语法、结构、词汇上有特定的规则，在语音上可以带有各种地方口音，也可以没有任何地方口音。没有任何地方口音的标准英语就其语音层面而言称为标准发音或标准英音（Received Pronunciation—RP）。① 标准英语的特点是，避免使用非规范语法以及俚语、脏话或粗话，它与良好的教育、

---

① 标准语音也是一个变化的概念，随着英语中心的转移，标准语音也不再局限于英音了。第一代英语为英国英语，其标准语音是 RP（Received Pronunciation），以 BBC 为标准，1601 年莎士比亚现代英语的奠基；第二代英语为美国英语，其标准语音是 GA（General American），以 CNN、VOA 为标准，1831 年韦伯斯特现代英语的规范；第三代英语为国际英语（World English），其标准语音是 WP（World Pronunciation），以新世界 WORLD 国际音标为标准，1995 年新世界国际现代英语的发展，这是世界现代英语发展史上第三个里程碑。

中产阶级的举止有关，判断标准英语的标准是词汇、语法、拼写、发音几个层面。

20世纪30年代，标准英语与社会阶层及受教育程度联系在一起，操标准英语的人一般被认为在英国社会地位高、有身份、有影响、接受过良好教育、家庭富庶，所以标准英语在英国社会受到推崇与膜拜，它总是与标准英音、UK标准英语语法与词汇联系在一起，称为"正确的"英语。标准英语严格遵循主谓一致的语法规则，体现动词时态变化和代词人称变化。在英国，有些人总是刻意使用标准英语，从最随意的场合到最正式的场合，从非正式语体到正式语体。当然，这只限于英国人口的少数，英国社会中属于上层或中上层阶层背景的比例并不高，不到9%—12%的人口讲标准英语，而且还带有地方口音。能说纯正的、不带任何地方口音的标准英语的人则只有总人口的3%—5%。这就不难理解为什么标准英音受到质疑和责难，因为操标准英音的是极少数社会顶层阶层。

广义的标准英语是指英语的一种变体，作为世界语言通行，也是英语国家的标准语言，尤其是大众使用和正式使用的语言，广泛应用于政府部门、媒体、学校和国际交流。英语经过10余个西方国家语言文化近千年的融合和发展，成为当今世界上语法最复杂、用法最繁多、结构最灵活、文字最抽象、词汇最广泛、发音最具差异的国际性语言之一，在全球范围内存在不同的变体，如北美英语、澳大利亚英语和新西兰英语，印—巴英语和非洲英语等，即使是英国英语也包括北部方言、中部方言和西部方言。标准英语即"英语普通话"，指的是居住在伦敦和英国东南部受过教育的人所讲的话，以及其他国家和地方的人按此方式讲的话。"英语普通话"中的"话"并不是人们在表达和交流思想时的用词，而是运载和描述那些词所用的语音和语调。在苏格兰，其标准方言称为苏格兰标准英语，在美国，任何不带有地域、种族、文化标记的北美英语称为标准美国英语或通用美国英语（General American，通用于除新英格兰、纽约和南方之外的美国大部分地区），这是新闻媒体和教育领域相对一致的标准。在澳大利亚，称为标准澳大利亚英语。

总的来说，广义的标准英语指在使用英语，而且将英语视为全国性标准语言的国家中，被认定为具标准语地位的英语，涵括文法、词汇、拼写及发音等基本要素。在英格兰，公认发音被认为是标准英语；在苏格兰，则是苏格兰标准英语。在美国，意指通用美式英语。在澳大利亚，则是通用澳大利亚语（General Australian）。跟其他标准语不同，标准英语没有一个统一的官方标准或是中央标准，只是约定俗成的产物。

然而，社会语言学家并不认可标准英语，他们认为标准英语的概念不存在，与其说标准英语是什么，不如说标准英语不是什么，从其反面进行描写与表述，这样可以减少其规范性质。如史蒂文斯（Strevens, 1981）提出了标准英语的四个否定性假释。

1）标准英语不可以定义或描述成"最好的英语""文学英语""牛津英语""BBC 英语"。

2）标准英语不是"上层社会英语"，它渗透到了所有的社会阶层。

3）标准英语从统计上说不是使用频率最高的英语形式。

4）标准英语在发展，它不是经过刻意设计的语言形式。

同样，特鲁吉尔（Trudgill, 1999）也对标准英语进行了否定性的描述，要获得对标准英语的清晰认识，最好的途径是描述标准英语不是什么。他认为，标准英语不是一种语言，它只是语言中多种变体的一种变体形式。标准英语不是口音，它与特定的口音没有联系，虽然操标准英音的人倾向于使用英语的标准形式，但大多数标准英语使用者带有地方口音，这些标准英语使用者来自英国以外的国家和地区。标准英语不是文体，它与文体无关，可以容纳各种文体形式，正式文体到非正式文体全覆盖。标准英语也不是语域，标准英语不依赖于任何与专业相关的专业术语，并不是与某个特定的语域相关，标准英语和非标准英语都可以同等地用于各种专业语域。

此外，特鲁吉尔（1999：125-126）还列举了标准英语的八个特征。

1）标准英语不区分助动词 do 和主要动词 do 的形式，不管是现在时还是过去时形式。

在非标准英语变体中，助动词 do 和主要动词 do 采用不同的形式，如 I done it（主要动词），but did he?（助动词），在标准英语中，两种情况都是 did，即 I did it，but did he?

2）标准英语有不规则一般现在时动词形态标记，用以标记第三人称单数。如 he goes，I go。非标准英语中，要么所有人称的动词没有形态标记，要么所有人称的动词后加 s。

3）标准英语没有否定呼应，如 I don't want none。大多数非标准英语方言都允许否定呼应。

4）标准英语有不规则的自反代词形式，有些是基于领有代词形式的，如 myself，有些是基于宾格代词形式的，如 himself，大多数非标准英语方言有以基于领有形式的规则的自反代词体系，如 hisself、theirselves。

5）标准英语不区分第二人称单数和第二人称复数代词，两种情况都是 you，许多非标准方言保留了古英语用法，区分 thou 与 you，发展成 you 与 youse。

6）标准英语中现在时和过去时动词都有不规则形式，如 be 动词现在时分别为 am/is/are，be 动词过去时分别为 was/were，许多非标准方言中，动词形态不随人称而变化，如 I be，you be，he be，we be，they be，以及 I were，you were，he were，we were，they were。

7）标准英语区分动词的过去时与过去分词如 I saw-I have seen，I did-I have done，非标准英语不作如此区分，只有过去分词，I seen-I have seen，I done-I have done。

8）标准英语中的指示词系统只有两个对比，即这（this，距离说话人近）和那（that，距离说话人远）。非标准英语中指示词系统涉及三个参照，即那（that，距离听话人近）和彼处（yon，距离说话人和听话人远)。

社会语言学家对标准英语的定义与描述反映了20世纪以来人们对待语法的态度的转变。规定语法带有刚性语法规则，使用了几个世纪，但已失去其影响力，在语法学界渐行渐远。现代语言学家喜欢的是能够呈现语言的本来面貌，而不是告知语言应该是什么面貌的语法。

教学语法作为一种妥协应运而生，其编写得以使用描写语法的规则，较之于规定语法，教学语法远没有那么多刚性的规则，可以反映历史长河中语言的变迁和变化，适应学习者知识的增长与进步。

史蒂文斯与特鲁吉尔对标准英语的描述符合教学语法家的要求，其支持者认为，标准英语只是许多方言中的一种方言形式，并不属于上层阶级所独有，它与特定的语音、特定的社会群体或地理区域没有关联，是一种在全球范围，特别是商务、科技领域广为使用的方言，更为重要的是，标准英语已经这样使用了。

非标准英语是一种非标准方言。所谓非标准方言指的是有自己独特的词汇系统以及语法、句法体系，但没有政府或制度支持与约束的方言。非标准方言与正确、完整及地位没有关系，这里的非标准只是指它不是社会认可与接受的规范语言，也不是公众演讲时使用的主流语言。在语言学家看来，所有的非标准方言是语法上完全合格的语言变体。反过来也可以说，即使某些有影响、有声望的方言也可以被认为是非标准方言。

非标准方言包括白话非裔美音（African American Vernacular English，AAVE）、阿巴拉契亚英语（Appalachian English，AppE）、奥扎克英语（Ozark English）、卡琼英语（Cajun English）、嘎勒英语（Gullah）。

阿巴拉契亚英语是美国东部阿巴拉契亚山脉地区的一种英语变体，"阿巴拉契亚方言"是阿巴拉契亚南部的本体英语变体，又称为美国的南部山区英语，受美国南部地区方言影响，同时又影响了美国南部地区方言，这种方言变体在阿巴拉契亚中部和南部仍然是主导方言

（wikipedia）。① 阿巴拉契亚英语的一个显著特征是 r 化，即带卷舌音，并有自己独特的语音、形态、句法、词汇体系。

奥扎克英语是位于阿肯色州北部和密苏里南部的奥扎克山脉地区方言，它是阿巴拉契亚山脉地区苏格兰爱尔兰方言的近亲，因为从 19 世纪 30 年代初开始，许多移民由阿巴拉契亚迁移至阿肯色州。由于地域原因及奥扎克山脉的阻断，奥扎克英语保留了阿巴拉契亚移民所说方言中的一些古体特征，它沿着自己的路径独立演变发展，与标准美国英语区别较大。奥扎克英语与中古英语存在一定的联系，早期研究发现，奥扎克英语中的一些词汇不仅与中世纪文学作品，而且与伊丽莎白和莎士比亚时期文学作品中的词汇有很多相似之处。现代学者也在奥扎克英语中发现了古英语的表现形式，但认为这种相似性不宜夸大（encyclopedia of Arkansas）。② 奥扎克英语的发展得益于其地域环境和与外界影响的疏离，今天已经发展成为一种新与旧的融合，一种根植于其文化历史的独特的方言。

卡琼英语又称卡琼白话英语，是生活在路易斯安那州南部操英法双语的卡琼人所说的英语方言，深受路易斯安那法语影响，特别是屈折变化和词汇，口音也与标准美国英语有很大差异。卡琼人是法国移民的后代，由于其不同的宗教信仰（天主教）、不同的语言（卡琼法语）、不同的文化而与世隔绝，也因此保留了自己独特的语言和文化特征。卡琼人大多为小农场主和渔民，在以英美文化为主导的社会中被认为低人一等，所以卡琼人被认为是弱势群体。卡琼法语被认为是弱势语言，并曾一度成为濒危语言。20 世纪的工业化和城镇化进程使这一切发生了变化，卡琼人开始被美国文化同化，卡琼法语衰落，人们开始学习英语。现在的卡琼人不再讲法语，英语是其主要语言。从双语到单语，这种变化使卡琼英语与标准美国英语的语音差异的源头也发生了变化，这就是法语的干扰越来越少，而作为卡琼人标志的干扰越来越多。

---

① 见 wikipedia（https：//en.wikipedia.org/wiki/Appalachian_ English）。
② 见 encyclopedia of Arkansas（https：//encyclopediaofarkansas.net/entries/ozark-english-5448/）。

嘎勒英语是居住在南卡罗来纳州沿海地区和乔治亚州及佛罗里达州最东北地区的嘎勒人（非裔）所说的英语，又称海岛克里奥尔语（Sea Island Creole English）或南方乡村黑人方言（Geechee）。嘎勒英语是以英语和西非、中非语言为基础的克里奥尔语，这种以英语为基础的克里奥尔语保留了很多非洲借词，在语法与句子结构上深受非洲语言影响，如语法结构上缺少复数形式和系动词、人称代词不区分性别、动词没有屈折变化等，被描述成不符合规范的、难懂的语言，它与巴巴多斯克里奥尔语、圭亚那克里奥尔语、伯利兹克里奥尔语、牙买加土语相似，特别是与西非塞拉利昂克里奥尔语非常接近。

非标准英语中最典型的是白话非裔美音，又称黑人白话英语（Black English Vernacular-BEV、Black Vernacular English，BVE），或简称黑人英语（Ebonics），当然黑人英语是带有歧视性质的，通用的名称还是白话非裔美音。

从20世纪60年代开始，白话非裔美音被定义成一种英语变体，这种变体有自己独有的特征，区别于标准英语，最显著的特征是否定呼应、第三人称单数标记s的脱落、系动词be的空缺。其中，否定呼应是最典型的特征。据统计，在白话非裔美音说话人中，80%的说话人会使用这些语法手段，使用人群多为城区生活在社会底层的年轻人，使用场合为非正式场合。

白话非裔美音的起源一直是个有争议的问题，主要可以概括为被迫选择与主动选择。美国内战前，非洲黑人被贩卖到北美殖民地，这些黑人最开始说着非洲各种不同的语言，他们相遇时无法交流，只好被迫选择用英语沟通，语言学习的对象主要是白人主子和与他们有合作关系的白人劳工，这样形成了所谓的南方口音。还有一种说法是，当时北美的契约工人和种植园监察员都是爱尔兰人和英国人，黑人在与他们的持续接触中不自觉地带上了爱尔兰和英国殖民地口音。这种被迫的选择形成了第一代奴隶所说的黑人英语：克里奥尔语，这都是被动选择的结果。主动选择的观点认为，在15—16世纪，即黑人被贩卖到北美不久，奴隶主担心黑人奴隶密谋叛乱，为了避免这样的情况发生，就想办法将他们分散开来。黑人奴隶为应对这一情况，建立起一种辅助语言，即洋泾浜语言，用于奴隶群体之间、奴隶与水手之间的交流和沟通。随着时间的推移，英语产生的影响日益加深。洋泾浜语言吸收了越来越多的英语特征，逐渐演化成了克里奥尔语言，即出生于非洲的黑人后裔语言，最终演变成今天的黑人英语。300多年前，奴隶在从西非运送到美洲和加勒比的过程中，经过了中间段，随着时间的推移，在加勒比、圭亚那和美国南部均发展了克里奥尔语，可以说，克里奥尔语是非裔美国人现代英语方言的主要来源。但是从300多年前第一个非洲人被贩卖到北美殖民地至今，白话非裔美音已经历了许多变化。标准美国英语对其产生了很大的影响。这种带着口音的克里奥尔语一代代传承下来得以保存，成为美国社会应用最广的少数族裔语言，其使用具有跨地域的口音均匀性，不仅在美国南方各州，连五大湖或加州遇到的黑人，其差别都不大，这主要源于非裔美国人在国内的大迁徙。1850年生活在南方的非裔美国人还有92%，到了1960年在南方的非裔美国人只剩下60%，南方的非裔美国人把他们的多重否定和无限吞音，播种到美国各个州。

白话非裔美音不是单纯的民族方言，它是一种社会方言，这种语言变体隐含了社会文化身份和社会价值观念，正因为如此，黑人不愿意放弃他们的语言模式。白话非裔美音在音系、形态、句法和词汇层面有着明显区别于标准英语的特征，但它总体上符合"语言是规则系统"的原则，是语言规则操作的产物，有自成一体的自律性和系统性。

本质上白话非裔美音是一种混合语。随着美国的种族歧视逐步减少，黑人的地位也相应提升，黑人文化不再是边缘文化，现今使用的美国黑人英语比起当时的克里奥尔语来，也已经发生了很大的变化，这种现象也符合语言的发展规律。白话非裔美音正被越来越多的人接受，给美国社会带来了广泛的影响，也影响了标准美国英语的发展。人们现在听到的、自带饶舌属性的黑人英语反而显得很酷炫。

非标准英语反映了语言使用中的地域差异与社会差异，也反映了语言的多样性与多元包容格局。尤其值得注意的是，非标准英语与大众文化的紧密联系，特别是以互联网为基础的网络文化，如微博、聊天室、社交网络平台等，这些大众文化形式中，非标准英语越来越多地受到使用者的青睐，其原因有以下几点。

首先，表现形式生动。很多文学作品中，人物的对话大多使用非标准英语，这样可以生动形象地刻画作品中人物的生活成长环境、社会背景、受教育程度、性格特征以及社会差异与地域差异。大众传媒中广为采用非标准英语，很容易构建种族身份、辨识种族身份，也有利于同一种族之间的交流。文学作品中使用非标准英语变体，语言更加形象、生动，更容易实现与读者的互动，与读者产生共鸣。非洲美国英语常常与底层阶级、贫苦大众或奴隶联系在一起。

其次，易于变化。标准英语从本质上讲是保守的，其守正的特质是抵制发展与变化。非标准英语则不同，它是引入新的语言现象的潜在手段。新的语言现象引入后通过大众文化的媒介可以很快成为人文景观或说话人集体无意识的一部分。

最后，英语作为外语的学习环境。在英语作为外语的国家，英语学习主要是被动学习，即主要通过看电视、听音乐、使用网络资源等形式，这些都是大众文化的途径，是语言学习者模仿的主要资源，但大众文化中的英语经常涉及非标准用法。

非标准英语在音系、形态、句法层面有一些共同的特征，这些特征保留了早期移民使用的古体英语或地域方言的痕迹。以句法为例，主要特征概括为表4-17。

表4-17　　　　　　　　非标准英语的句法特征[1]

序号	特征	例句
1	Non-standard verbal concord（动词呼应）	The boys wants to go home.

---

[1] 引自 https：//www.uni-due.de/SVE/VE_Nonstandard_Features.htm，有删略。

续表

序号	特征	例句
2	Narrative present with generalised-s：（叙事动词加 s）	I hops out of the car and finds him lying on the ground.
3	A-prefixing for the continuous（进行时态实义动词前加 a）	They were afixing the car.
4	Negative concord（否定呼应）	They don't do nothing for nobody.
5	Range of the continuous form（进行时动词范围扩大）	She's knowing lots of people from abroad.
6	Greater range of present tense（现在时范围扩大）	I know him since ten years at least.
7	Double modals（双重模态）	He might could come this evening.
8	Use of for with infinitives of purpose（表目的不定式前加 for）	He went out for to get some milk.
9	Deletion of copula and/or auxiliary（系词或助动词删略）	She a farmer's daughter, He gone home now.
10	Tag concord（附加语呼应）	They live in London now, aren't they?
11	Zero subject in relative clauses（关系从句零主语）	There's a man wants to see you.
12	Double marking with comparative and superlative（比较级与最高级双重标记）	It's the most worst pub in town.
13	Resumptive pronouns（复指代词）	The house where you are in it now.
14	Never as past tense negative（never 用于过去否定式）	I never done the work (=I didn't do...)
15	Lack of negative attraction（缺乏否定吸引手段）	Anyone wasn't interested in linguistics.
16	Clause structure (parataxis for hypotaxis)（并列结构无连词连接）	He stayed, he was tired.
17	Positive anymore（anymore 用于肯定句）	He might want to come here anymore.
18	Overuse of the definite article（定冠词的过度使用）	He asked the both of them, She likes the life in Dublin.

4.3.2 非标准英语中的否定呼应

非标准英语中的否定呼应分两种情况进行考察,第一种情况是英国本土英语中的地域方言,第二种情况是美国英语中的白话非裔美音。在这两种情况中,白话非裔美音中的否定呼应是我们关注的重点,因为否定呼应是白话非裔美音的突出特征。

4.3.2.1 英国地域方言中的否定呼应

否定呼应在晚期现代英语中已基本消失殆尽,但是,在当代英语中,我们仍然经常发现否定呼应的用例,这是什么情形呢?原来这些否定呼应的用例主要出自非标准英语,即地域方言中。英国的面积不大,但英语在英国本土的方言则多达三百种以上,按北部、中部、南部划分,英国总共有将近 20 个方言片,分别为:中南部方言片(South Midlands)、英格兰西南中部方言片(Central SW England)、东安格利亚方言片(East Anglia)、伦敦方言片(London)、英格兰东北方言片(North East England)、威尔士方言片(Wales)、中部东北方言片(North East Midlands)、英格兰中北部方言片(Central northern England)、英格兰西南下部方言片(Lower SW England、Scotland)、英格兰北部方言片(Northern England)、伦敦周围各郡方言片(Home Counties)、中部方言片(Central Midlands)、爱尔兰方言片(Ireland)、兰开夏郡方言片(Lancashire)、默西塞德郡方言片(Merseyside)、中部西北方言片(North West Midlands)、英格兰西南上部方言片(Upper SW England)、亨伯赛德郡方言片(Humberside)。这些方言在否定呼应方面,区别不是很大,其结构与格式大致相同,只是否定标记的数量与位置不同。以下是英国方言中的否定呼应举隅:

(24) a. He never said nawthen [nothing] t'nobody. (萨福克方言)

b. She never lost no furniture nor nothing. (爱尔兰英语)

c. I am not never going to do nowt [nothing] no more for three.

(法恩沃斯方言)

否定呼应在英国方言中的使用情况可以从英国国家语料库（the British National Corpus，BNC）及弗莱堡英语方言数据库（the Freiburg English Dialect Corpus，FEDC）获得基本信息。英国国家语料库是英国超大型数据库之一，建于 20 世纪 90 年代，包括标准英语书面语文本 9000 万字、口语 1000 万字，口语部分涉及 1281 说话人，代表 20 种方言。弗莱堡英语方言数据库是由德国弗莱堡大学建立的方言数据库，收集的方言语料覆盖英格兰、苏格兰、威尔士、赫布里底群岛、马恩岛的九大方言区，语料录制于 20 世纪 70 年代和 80 年代，所有录音磁带都有精确的文字转写并录入电脑，语料库约 240 万字，300 小时的有声录音（详见 Anderwald，2005）。

表 4–18　　　　　　否定呼应在英国方言区的使用频率[①]

BNC-code	Dialect area	Region	Total (= possible occurrences)	NC	% (of total)
XMS	South Midlands	SOUTH	142	47	33.1
XSS	Central SW England	SOUTH	424	116	27.4
XEA	East Anglia	SOUTH	362	87	24.0
XLO	London	SOUTH	842	180	21.4
XNE	North East England	NORTH	219	45	20.5
XWA	Wales	MID/C.	263	46	17.5
XME	North East Midlands	MID	248	31	12.5
XNC	Central northern England	NORTH	218	21	9.6
XSL	Lower SW England	SOUTH	138	13	9.4
XSD	Scotland	NORTH/C.	101	8	7.9
XNO	Northern England	NORTH	65	5	7.7
XHC	Home Counties	SOUTH	619	44	7.1
XMC	Central Midlands	MID	269	15	5.6
XMI	Midlands	MID	94	5	5.3

① 此表格的所有数据源自 BNC 数据库的口语部分，引自 Anderwald（2005：118），原文的表格题头为 BNC-SpS：Negative concord（NC）per dialect area（ordered by%），其中 BNC-Sps 全称为 Spontaneous-Speech subsample（SpS）。

续表

BNC-code	Dialect area	Region	Total (= possible occurrences)	NC	% (of total)
XIR	Ireland	NORTH/C.	76	4	5.3
XLC	Lancashire	NORTH	201	10	5.0
XMD	Merseyside	NORTH	50	2	4.0
XMW	North West Midlands	MID	377	12	3.2
xsu	Upper SW England	SOUTH	86	1	1.2
XHM	Humberside	NORTH	47	0	0
Total			4841	692	14.3

引自 Anderwald（2005：118）。

表 4-18 显示，否定呼应出现在英国国家语料库所定义的几乎所有的方言区，[①] 在 4841 条语料中，否定呼应的用例有 692 条，所占比例为 14.3%，最高的比例达到 33.1%，20% 以上的方言片有 5 个，这说明否定呼应仍是英国本土非标准英语口语中的比较稳定的否定手段（Anderwald，2005），只是这种手段在地域方言中的分布并不是完全均衡的，在中南部方言片，否定呼应的频率为 33.1%，而在英格兰西南上部方言片，其频率则只有 1.2%。

从弗莱堡英语方言数据库的语料来看，否定呼应在英国方言中的分布情况大体相似。按苏格兰方言区、威尔士方言区、北部方言区、中部方言区、西南方言区、东南方言区六个方言区划分，在 2431 个用例中，否定呼应在这些方言区的用例总共有 710 例，所占比例 29.2%，其中南部方言区（西南方言区、东南方言区）比例较高，分别为 329 例（39.6%）和 225 例（46.7%），这与 BNC 的统计基本吻合（见表 4-19）。

表 4-19　　　　　　英国方言区否定呼应使用频率

dialect region	Total	NC	% (of total)
Scotland	499	44	8.8

[①] 只有亨伯赛德郡方言区除外，在 BNC 语料库中，亨伯赛德郡方言区的说话人只有 4 人，且这 4 人讲的是标准英语，而不是方言。

续表

dialect region	Total	NC	% (of total)
Wales	71	8	11.3
North	371	51	13.7
Midlands	178	53	29.8
South West	830	329	39.6
South East	482	225	46.7
Total	2431	710	29.2

引自 Anderwald（2005：127）。

在 BNC 中，否定呼应使用频率排名前四的都在南部方言区，分别为中南部方言片（33.1%）、英格兰西南中部方言片（27.4%）、东安格利亚方言片（24.0%）、伦敦方言片（21.4%），而在北部方言区，否定呼应的频率则相对较低，除了东北方言片较高外（20.5%），其余均在10%以下，最低的默西塞德郡方言片在50个用例中只有2例是否定呼应。

北部方言区否定呼应为什么相对偏少？一个可能的解释是语言接触。北部方言区与古诺尔斯语（Old Norse）[①]说话人接触比较多，这种接触始于9世纪。公元8—9世纪，英国遭到来自斯堪的纳维亚海盗的侵袭，斯堪的纳维亚人大举入侵英国北部和东部。阿尔弗雷德大帝（Alfred the Great）和丹麦人签订协议后，英国东北部地区成为丹麦律法区。这些操古诺尔斯语的北欧人与英国人比邻而居，融合在一起，他们的语言也由此融合。由于都是日耳曼语，有很多共同的东西，所以很多来自北欧的词汇进入了英语，甚至影响到了英语的语法结构。中古英语和当代英语中的很多语法现象与语法结构都可以追溯到这一时期的融合，特别是否定结构。古诺尔斯语是印欧语系日耳曼语族的一个分支，发源于8世纪时更古老的原始诺尔斯语（Proto-Norse）。在

[①] 由于地理位置与历史因素，古诺尔斯语亦称作古北欧语、古斯堪的纳维亚语、古冰岛语、古挪威语。其现代后裔有西斯堪的纳维亚语的冰岛语、法罗语、挪威语、奥克尼群岛和设德兰群岛已灭亡的诺恩语（Norn language），以及东斯堪的纳维亚语的丹麦语和瑞典语。

古诺尔斯语否定结构中，否定手段是否定标记与 any-系列的无定名词连用，否定标记连用的否定呼应形式并不存在。古诺尔斯语的这种否定手段通过语言接触进入北部方言区，影响了北部方言。在北部方言中，否定呼应的频率明显低于南部方言区，这也许是因为否定呼应在英语中的衰落首先始于英国北部。同时也意味着当代英国方言的地域差异可以追溯到中古英语晚期，这个时期在否定呼应的衰落方面英国北部早于英国南部（见 Anderwald，2005）。

古诺尔斯语的否定结构符合叶氏周期的描述，"最初的否定副词弱化，随后否定词不足以表达否定意义，所以通过添加额外的词语来强化否定意义，而这个额外添加的词语在发展过程中渐渐被视为否定词本身"（Jespersen，1917：4）。但是，在古诺尔斯语中，这个额外添加的词语是无定名词 eigi，其中 ei 相当于 One，gi 相当于拉丁语中的 quisque（anyone），gi 是类似于英语 any/ever 的后缀，eigi 是隐性否定词通过动词前的 ne 获得显性否定意义，类似英语的 any-系列，其否定结构类似英语的 Neg...any-items，而不是否定呼应，时至今日，在所有斯堪的纳维亚语言中都没有否定呼应结构，不管是标准语还是方言。

当北部方言与古诺尔斯语发生语言接触与融合时，英语正处于古英语晚期与中古英语早期，此时否定标记 ne 的语义逐渐弱化，在古诺尔斯语的影响下，否定标记 ne 加快了弱化的速度直至衰落，取而代之的是否定标记 not 与 any-items 的引入，形成 not...any-items 的否定格式，加上当时作为语言样板的拉丁语的影响（拉丁语是-NC 语言），否定呼应逐步衰落（见 Anderwald，2005），在北部方言中比较稀少也是很自然的事。

英国方言中否定呼应的结构是否定性词汇与否定标记的连用，有三种连用形式，其格式为：

(25) Neg...N-words

　　　N-words...Neg

　　　N-words...N-words

(25) 中的 Neg 为 not/n't，第一种形式，not/n't 为第一个否定成分，与 N-words 呼应；第二种形式，N-words 为第一个否定成分，与 not/n't 呼应；第三种形式，N-words 与 N-words 呼应。从 BNC 的语料统计来看，第一种否定呼应形式是主流，在 637 个用例中，561 例的格式是 not/n't…N-words，所占比例为 88%，第二种否定呼应形式的用例只有 5 例，第三种否定呼应形式的用例有 71 例，占比 11%。由此看来，英国方言中否定呼应的主要格式是 Neg…N-words，这些 N-words 包括 nothing/nowt, no, none, no more, never, nobody/no one, nowhere，其中最常用的是 nothing/nowt, no, none，其用例分别为 221、253、29，在该格式中所占比例分别为 39.4%、45%、5.2%。

值得注意的是，否定呼应的第二种形式虽然在方言中属于边缘现象，但其结构与白话非裔美音非常相似，如：

(26) a. Whatever it is, no one don't seem to want it. （东安格利亚方言）
b. I hope nobody ain't been swearing. （伦敦方言）
c. Nobody's not doing cabaret spots with trumpets. （中部东北方言）
d. No one didn't recognised her. （中部西北方言）
e. Nobody don't bother with them do they? （英格兰东北方言）

（转引自 Anderwald, 2005：121）

这种结构并不是某一个方言区的特征，它出现在不同的方言区，而且是否定呼应频率比较高的方言区，其动因也许与格式变换有关，由于否定呼应频率比较高，其语言的表达形式和手段更加多样化。

4.3.2.2　白话非裔美音中的否定呼应

白话非裔美音并不是均质的，它是好几种变体的集大成者，有些变体已经标准化了。而且白话非裔美音还表现出不少语言内的差异，这些差异影响到否定句的结构，但是对于否定呼应结构而言，语言内的差异并不是很大。否定呼应被认为是白话非裔美音的标签，在白话非裔美音中，否定呼应不是选择性的，而是强制性的（Labov, 1972）。对于这种强制性结构，我们关注两个问题，其一，否定呼应的主要形式是什么，与古英语和中古英语的否定呼应是否相类似？其二，否定呼应是源自克里奥尔语还是古英语或中古英语？

白话非裔美音中的否定呼应有两种类型，第一种类型是否定标记与否定性无定名词的呼应，第二种类型是否定性无定名词与 Neg V 的呼应，这种类型的否定呼应可以是同句呼应，也可以是跨句呼应。我们分别对这几种情况进行具体的描写和梳理。

否定标记与否定性无定名词的呼应

否定呼应在白话非裔美音中最常见的格式是否定标记与否定性无定名词连用，其格式可以简单地表述为：Neg…N-words，如：

(27) a. She won't change for nobody.

(She won't change for anybody.)

b. I don't believe that no prophet is no God.

[I don't believe that a (ny) prophet is a God.]

c. Nobody don't want to have nothing to do with nobody that ain't hot right now.

(Nobody wants to have anything to do with anybody that isn't hot right now)

d. She shouldn't be wastin' the next 25 years of her life takin' care o' no old man.

(She shouldn't be wasting the next 25 years of her life taking care of an old man.) （转引自 Howe，2005）

从（27）来看，在 Neg…N-words 格式中，与否定标记连用的否定性无定名词可以是一个，也可以是两个，甚至三个，这就是说，句子的否定义可以传递到多个无定名词短语，多个无定名词与否定标记形成句子的否定呼应链。如：

(28) I don't drink no sugar in no coffee or nothing.

在实际使用中，否定标记与否定性无定名词连用的现象是不是常见的语言现象呢？20 世纪 60 年代末至 70 年代，美国一批社会语言学家和语言人类学家对非标准英语的语言使用情况进行了充分的调查,获得很多珍贵的语言使用数据,如对纽约哈莱姆黑人区的语言调查(Labov et al., 1968)、对宾夕法尼亚州费城西区的语言调查(Goodwin, 见 Labov, 1972)、对密歇根州底特律地区底层工人阶级的语言情况调查(Wolfram, 1969)、对马里兰底层工人阶级的书面语调查(Whiteman, 1976)以及对华盛顿特区非标准英语的使用情况调查(Light, 1969),这些调查的结果显示,否定标记与否定性无定名词呼应现象十分普遍,其使用率最高达到97%—100%,最低为79%—85%,具体见表4-20。

表4-20　　　　否定呼应使用比例(20世纪60—70年代语料)

Harlem NYC	Philly PA	Detroit MI	Maryland WA	Washington D. C.
97%—100%	97%	79%—85%	91%—97%	83%

引自 Howe(2005:187)。

否定标记与否定性无定名词呼应在白话非裔美音中的这种高频率使用率还有来自早期语料的支持。收录了早期语料的语料库包括非洲新斯科舍英语(African Nova Scotian English, ANSE)、萨马纳英语(Samaná English, SE)、黑奴录音(the Ex-slave Recordings, ESR)、弗吉尼亚人叙事(the Virginian Narratives, VN,)、黑奴叙事(the Ex-slave Narratives, ESN)等语料库。非洲新斯科舍英语语料库的受访者是18世纪晚期、19世纪初新斯科舍(加拿大)美国黑奴移民的后代。该语料库的受访者主要集中在北普雷斯顿,这是新斯科舍最大的黑人社区。该社区从早期移民开始,从地域到社会环境都与周围族群保持距离,不发生往来。可以说,就像萨马纳一样,北普雷斯顿也是语言学上的一块净土。新斯科舍英语可以反映19世纪初期正宗非洲美国英语的全貌。萨马纳英语语料库的受访者出生于1895—1910年之间,晚于黑奴录音语料库中的受访者,但是由于其历史渊源、社会和地理环境独特,受访者的英语也是19世纪非洲美国英语的代表。萨马纳英语语料库中的受访者是居住在多米尼加共和国(The Dominican Republic)

萨马纳地区的黑奴的后代，尽管生活在单一的西班牙语语言环境，他们却继承了祖辈的语言。黑奴录音语料库取自美国国会图书馆，录音受访者是出生于1844—1861年之间的美国黑奴，所有的录音都是自然语言，是19世纪非洲美国英语的直接反映。奴隶叙事是以黑奴口述为主的大型故事集，在美国大萧条时期由公共事业振兴署（Works Progress Administration，WPA）通过联邦作家计划聘请作家和研究人员采访、记录而成的非洲黑奴故事。据不完全统计，公共事业振兴署资助出版了2300多种黑奴口述史，其中录音采访26种，大部分都收藏在国会图书馆。这些受访人在当年美国宪法第十三条修正案（废除奴隶制和强制劳役）通过时都还只是孩童。故事集总共有10000多页，涉及2000多个访谈。虽然大部分访谈都有文字转写，但也有图片和录音。这些材料是考察非洲美国英语演化的珍贵的资源。黑奴叙事语料库是奴隶叙事集的一部分，主要是对黑奴的访谈记录，包括语音录音。受访者为年纪较大的黑奴，叙述他们过去的历史、经历，包括日常生活。弗吉尼亚人叙事语料库也是奴隶叙事集的一部分，主要是对弗吉尼亚黑奴的访谈记录。

根据豪（2005）对以上语料库的统计，否定标记与否定性无定名词呼应的频率高达94%，最低的也有66%，如表4-21所示。

表4-21　　　　　否定呼应使用比例（19世纪语料）

	ANSE	SE	ESR	VN	ESN
N	492	222	153	138	847
%	89%	66%	80%	94%	94%

引自 Howe（2005：188）。

可见，非标准英语中 Neg…N-words 格式是占主导地位的否定呼应形式，在日常语言与语料库中用例都非常多，出现频率高。

否定性无定名词/否定标记与 Neg V 的呼应

否定呼应在白话非裔美音中的另一种形式是否定性无定名词/否定标记与 Neg V 连用，其格式为：N-words/Neg…Neg V，可以是同句呼应，也可以是跨句呼应。同句呼应的如：

(29) a. None of em didn't hit the house

（None of them hit the house）

b. And neither of the boys can't play a lick of it.

（And neither of the boys can play a lick of it.）

c. Nobody down in Cherry Brook didn't like her.

（Nobody down in Cherry Brook liked her.）

这种形式的否定呼应相对于否定标记与否定性无定名词连用来说，其出现频率低很多，且在各种变体中的分布也没有那么均衡。根据拉波夫（1972）对哈莱姆黑人区的语言调查，否定性无定名词与 Neg V 的使用频率在28%—39%之间波动。非洲新斯科舍英语等语料库的语料也表明，其分布与用例在各种变体中呈现一定的差异，如表4－22所示。

表4－22　否定呼应使用比例（非洲新斯科舍英语等语料库语料）

	ANSE	SE	ESR	VN	ESN
N	22	25	5	20	34
%	55%	60%	0%	5%	21%

引自 Howe（2005：193）。

表4－22表明，否定性无定名词/否定标记与 Neg V 连用的现象在新斯科舍英语和萨马纳英语语料库中的用例比较多，且比较接近，分别为55%和60%，在弗吉尼亚人叙事和黑奴叙事语料库中用例比较少，只有5%和21%，而黑奴录音语料库中则没有发现任何用例。

这种分布的不均匀现象可能与两个原因有关。首先是白话非裔美音中的另一个格式——否定倒装的影响，否定倒装与否定呼应形成语法竞争关系，否定倒装在南欧美国英语中能产性很高，否定性的助动词或模态词处于无定名词主语之前，所以否定性无定名词与否定标记的连用受到限制。其次是克里奥尔语假说。根据这一假说，非洲美国英语起源于克里奥尔语，而在克里奥尔语中，否定性无定名词与 Neg V 的呼应是选择性的，并非强制性的，这是克里奥尔语的原型特征。如：

(30) nonbadi na sii am.

（Nobody saw him） （圭亚那克里奥尔语 Bickerton，1984）

跨句呼应指的是否定的呼应出现在主从复合句，其否定意义的传递有两种情况，第一种情况是主句的否定意义传递到从句，第二种情况是从句的否定意义往上传递。

先看第一种情况，主句的否定意义传递到从句：

(31) a. But don't you think that I'm *not gon'* take it. Not me, no.

（But don't you think that I'm gon' take it. Not me, no.）

b. Well isn't nobody *wouldn't* go out.

（there isn't [past reference] anybody who would go out.）

c. I didn't come *no scare* you to death.

（I didn't come to scare you to death.）

d. they ain't going to *don't take* out the Mayfish.

（they aren't going to take out the Mayfish.）

(Howe, 1995: 96)

主句的否定意义传递到从句又可以分为几种情形，即传递到关系从句的动词上，如（31a）、传递到名词性补足语短语的动词上，如（31b）、传递到非限定性从句的动词上，如（31c）与（31d），也就是说，主句的否定意义既可以传递到限定性从句的动词，也可以传递到非限定性从句的动词，还可以传递到补足语短语的动词，其否定标记主要为 n't/not，no，don't，多为冗余性的虚否定，不是逻辑否定。这种跨句呼应不是非常普遍，且是非均质的，没有统一的形式。

白话非裔美音具有自己独有的特征，它的源头在哪里？这是值得关注的问题。关于白话非裔美音的起源，学界有不同的解释，非洲语言、克里奥尔语、英语这几种语言究竟哪一种语言占主导地位，看法不一，主要有以下几种假设（见 Green，2002）。

基底语言说：白话非裔美音在结构上类似于由黑奴带到殖民地的

西非语言,只是表面上像英语。这些西非语言被称为底层语言,因为相对于操英语的白人主子,操西非语言的黑奴社会地位低下。即使早期的非洲美国英语融入了其他英语变体的许多特征,其恒定的基底效应使其区别于其他的英语变体(Wolfram, 2003),这种基底效应产生于最初的语言接触。

克里奥尔语说:白话非裔美音与牙买加克里奥尔语及嘎勒语相关且具有这些克里奥尔语的特征,白话非裔美音从一开始可能就是克里奥尔语,由黑奴从非洲或西印度带入殖民地,是非洲人与欧洲人语言接触的结果。克里奥尔语在内战前的美国南部非常流行,同时与非洲流散区①以英语为基础的克里奥尔语有许多相似之处,这些克里奥尔语包括塞拉利昂及非洲西海岸其他地方的克里奥尔语、巴巴多斯与牙买加克里奥尔语。②

英语/方言说:白话非裔美音由英语发展而来,与各种英语变体中的很多特征相似,只能说明较之于克里奥尔语和西非语言,它与英语更接近,是英语的一种方言。或者说,白话非裔美音最开始是早期殖民者说的英语方言,它的许多独有的特征是最初殖民者各种地域方言的残存,只不过这些特征在其他地域方言中消失了。它与美国英语其他变体在语法结构上的差异是其语言发展的结果,白话非裔美音在语

---

① 非洲大流散(The African diaspora)是一个仿词,仿自犹太民族大流散(Jewish disapora),指大规模迁徙,包括早期迁徙和近代迁徙。早期迁徙指 16 世纪至 19 世纪西非、中非黑奴通过大西洋奴隶贸易被贩运到美国的事件,据统计,从非洲运往美洲的黑奴累计接近 1000 余万人,其中 16 世纪被贩运的奴隶有 90 万人,17 世纪有 300 万—400 万人,18 世纪则剧增到了 700 万人。在这 300 年间,平均每年约有 8 万多黑奴经过死亡航线来到美洲。近代迁徙指撒哈拉以南非洲地区向非洲其他地区及加勒比海地区和北美移民的现象。非盟(the African Union)是这样定义近代非洲大流散的:非洲大流散是指生活在非洲大陆以外的本土非洲人,无关公民身份与国际,也无关其是否乐意为非洲大陆和非盟的发展做贡献。

② 巴巴多斯和牙买加都是英联邦成员。1625 年第一批英国移民来到巴巴多斯,种植烟草、棉花、蓝靛等作物。1641 年首次引种甘蔗,巴巴多斯因而被称为"西印度糖岛之母",这里运进的黑奴数量便由此成倍增长。此后,甘蔗种植迅速推广到背风群岛及牙买加、安提瓜等岛屿。在甘蔗引进英属西印度殖民地后的二十多年,蔗糖占到伦敦从殖民地种植园进口总值的将近一半,超过了烟草。17 世纪末 18 世纪初,牙买加种植园的发展逐渐取代巴巴多斯的地位,其黑奴的数量也超过巴巴多斯,奴隶与白人的比例高达 10∶1。

言发展过程中保留了早期英语方言特征，而这些特征在英美其他英语变体中已不复存在。应该说，白话非裔美音与早期欧洲美国方言同源，都可以追溯到英伦岛上的英语方言。也就是说，美国非洲后裔的语言接触情况与其他移民的语言接触情况大体一致。当年黑奴被贩运到美国时随之带来了很多不同的非洲语言，经过几个世纪后其祖先语言的痕迹所剩无几，非洲人在向周围的白人学习英语时学到了英语地域变体和社会变体（Wolfram & Schilling，2015）。

新英语/方言说：早期的白话非裔美音是基于随移民带往美国的英国方言而产生的，但是现代白话非裔美音的特点与英国方言没有必然的联系，他们表现出与其他方言较大的差异而显得越来越与众不同，这种差异由于非裔美国人的团结与凝聚力而得到强化，非裔美国人对自己文化的坚守催生了很多属于白话非裔美音和非裔美国人群体所独有的特征，他们并没有抓住英国方言不放而沉浸在其历史中。这就是说，白话非裔美音中最显著的特征并不是源于外部影响，而是非裔美国人自己在近代的语言创新。新英语/方言说是对英语/方言说的修正与补充，与英语/方言说相同的是，认为白话非裔美音起源于英语，其初始阶段与带到北美的英国方言相似。但后来与英美各种英语变体渐行渐远，直到今天与白人美国英语变体完全不同，这是语言变化的结果，白话非裔美音最显著的特征是 20 世纪发展起来的（Wolfram & Thomas，2002）。

先驱者原则说：殖民地美国先驱者的语言影响了来到美国的非洲人及其后裔的语言。这些非洲人和其后裔的目标是适应殖民地的文化和语言规范。

移民原则说：非洲美国英语为非洲黑奴所创造，但是开始时并不是克里奥尔语，相反，在 17 世纪与欧洲人的语言接触中发展而成克里奥尔语。

其实，将以上几种观点整合起来，我们可以看到，其焦点集中在白话非裔美音是由克里奥尔语演化而来还是由英语演化而来。

围绕白话非裔美音的起源，研究者们通过两个途径对其进行了历时考察，一个途径是语料库，主要是早期黑奴的录音以及美国南部黑奴的访谈记录，这些语料库是很重要的历史证据，也反映了当时非洲美国英语的实际情况。另一种途径是对非裔美国人流散情况的考察。18世纪中叶至19世纪初，成千上万的非裔美国人流散到不同的地方，包括加拿大的新斯科舍、多米尼加共和国的萨马纳以及西非的利比里亚。由于社会的隔阂以及地域原因，这些非裔美国人所生活的社区成为语言净土，自己的语言得以完整保留下来。所以研究者们认为这种语言是19世纪初期正宗的非洲美国英语的代表（Howe，2005）。

从这些语料来看，早期非裔美国人讲的这种英语变体与当代非标准南欧美国英语极其相似。今天的白话非裔美音与标准英语大不相同，这是因为非裔美国人保留了他们祖先的语言结构，同时与周围环境隔绝，使语言没有发生任何变化。

我们支持新英语/方言说，认为，白话非裔美音中的否定呼应保留了古英语和中古英语的否定呼应传统，同时吸收了克里奥尔语的语言风格。

早期非洲美国英语中不同的否定格式可以直接追溯到殖民地英语时期，特别是否定呼应结构，可以追溯到英语的源头。否定标记与否定性无定名词的呼应在英语中有很长的历史，这种呼应形式在古英语中非常普遍，是一种规范（Traugott，1992）。在中古英语中，any与ever是不出现在否定句中的，否定句常见的形式是与其对应的no与never（Jack，1978）。其实，在英语中，否定呼应从来没有真正消失，这种语法现象虽然在正规的语法书上没有阐述，在方言和口语中，否定连用表否定的现象仍然很多，且有上升趋势。

为什么说白话非裔美音吸收了克里奥尔语的语言风格呢？在欧洲殖民主义扩张时期，西非产生了以英语为基础的克里奥尔语。被贩卖到北美的非洲奴隶，在北美庄园学会了以英语为基础的克里奥尔语，这种语言成为庄园克里奥尔语，白话非裔美音就是在庄园克里奥尔语的基础上发展起来的，如现在美国南卡罗来纳海岸海岛上的嘎勒英语。

嘎勒英语植根于庄园奴隶语言，白话非裔美音可能产生于嘎勒英语，在其发展过程中通过去克里奥尔语化，对嘎勒英语的语言结构进行了改良，所以有理由认为嘎勒英语是白话非裔美音的早期阶段。白话非裔美音作为一种英语方言，或以英语为基础的克里奥尔语言，在去克里奥尔语化的过程中与美国英语高度同化，但是在语法结构上仍然保留了典型的克里奥尔语特征。根据比克顿（Bickerton，1981：65），否定呼应是克里奥尔语的原型特征，如：

（32）a. Non dag na bait non kyat.

"No dog bit any cat." （Guyanese Creole；Bickerton，1981：66）

b. Nonbadi na sii am.

"Nobody saw him." （Guyanese Creole；Bickerton，1984：185）

在克里奥尔语中，否定标记是强制性的，即使句中的动词短语有另一个否定词，否定标记仍然必不可少。如（33），这是句内否定标记与否定性无定名词的呼应，虽然句中有否定性无定名词，但否定标记仍需保留。

（33）He ain' answer nothin'.

"He didn't answer anything." （Bahamian Creole English；Holm，1988：172）

值得注意的是，白话非裔美音中的否定呼应在近一个世纪以来发生了几次变化。同句否定呼应与跨句否定呼应（包括否定倒装）起源于英国地域方言，Neg... N-words 形式的否定呼应格式由选择性格式变为强制性格式，N-words/Neg... Neg V 形式的否定呼应格式在早期非洲美国英语中常用，到了现代白话非裔美音中格式则已经大幅减少了。

同句否定呼应在19世纪是非常普遍的现象，但是在1833—1894年这个时间段，否定呼应的使用稳步下降，从90%（1833—1854年）降到80%（1855—1874年），再降到70%（1875—1894年）（Kautzsch，2002：

62-63)。而在当代白话非裔英语中，同句否定呼应又成了一种普遍现象。

表4-23　　　　　　19世纪至20世纪初否定呼应使用情况

PERIOD	OCCURRENCE	BASIS
First half 19th century	Predominant	Non-standard
Second half 19th century	Decline	Movement towards Standard English
Early 20th century	Near-categorical	Non-standard

引自 Veenendaal et al. (2014)。

表4-23表明，19世纪晚期至20世纪初期，否定的使用发生了三次大的变化，首先是非标准形式，然后转变成标准形式，最后又回到非标准形式。也就是说，作为非标准形式的否定呼应在19世纪上半叶非常盛行，到19世纪下半叶，否定呼应的使用下降，否定手段采用标准英语形式，至20世纪初，否定呼应的使用频率又急剧上升，成为否定的主要手段。

白话非裔美音中否定呼应的这种反复，与标准英语不同，更多地来自语言外部的因素，而不是语言内部语法竞争以及词汇的重新分析，可能的外部因素涉及语言接触与非裔美国人的大迁徙。

19世纪下半叶否定呼应使用下降的原因可能与语言接触相关，根据考茨施（Kautzsch, 2002），美国南北战争（1861—1865）以及战后重建使美国人的生活发生了很大的变化，各种背景和各种种族的人有了很多相互接触与交流的机会，伴随这种接触而来的是非洲美国人与白人社群的语言接触。白人社群使用的是标准英语格式，如否定结构中的双重否定，受其影响，非洲美国人也不自觉地采用这种标准格式。在他们的言语中非标准的否定呼应形式自然会下降，取而代之的是标准的双重否定形式。当然也有来自其他的英国地域方言的影响，这些地域方言使用否定呼应的情况也比较少，因为从中古英语晚期开始，否定呼应在标准英语及英语的一些地域方言中就开始衰落了。

20世纪初开始，否定呼应使用频率回升，成为主要的否定手段的原因可能与非裔美国人的大迁徙（the Great Migration）有关。[①] 随着大迁徙，大批非裔美国人逃离相对贫穷的美国南部乡村，来到相对发达的北部或西部城市，但也出现了新的问题。非裔美国人生活在城市贫民区，其种族隔离更加凸显（Kautzsch, 2002）。这种隔离反而促进了种族凝聚力，催生了黑人的语言身份认同。非裔美国人想与白人社群区别开来，标志其身份的独特的言语方式可以提高他们的显示度。另外，20世纪非裔美国人的社会流动，增加了语言接触的机会，标志黑人身份的非标准格式更容易在非裔美国人中传播（见Veenendaal et al., 2014）。

4.4 小结

在英语的否定结构中，否定呼应既是一种历史现象，也是一种现实。否定呼应形成于古英语时期，经历形式上和句法上的变化，一直延续到中古英语，早期中古英语时期达到鼎盛，随后逐渐衰退，至晚期中古英语时期其用例急剧减少。进入早期现代英语后，否定呼应转化为单一否定，这就是多重否定演变的轨迹，亦即英语否定发展过程中的一个显著特征。

中古英语否定结构中的否定标记主要有三种形式，分别为1）否定副词，如ne, not, never, no；2）否定连词，如neither, ne/nor；3）上述否定词的不同组合形式。对应于以上三种否定标记，多重否

[①] 非裔美国人大迁徙（The Great Migration），有时又称为非裔美国人北迁（the Great Northward Migration）或黑人大迁徙（the Black Migration），是指1916—1970年间，600万非裔美国人从美国南部乡村向美国东北部、中西部、西部城市大举迁徙的运动，其起因主要是南部各州相对贫穷的经济条件以及种族隔离与歧视所致。

1910年以前，美国每年的人口普查都表明，90%的非裔美国人生活在美国南部，在1900年，这些生活在南部的非裔美国人只有1/5生活在城市。大迁徙快结束时，留在美国南部的非裔美国人为50%多一点，其他的非裔美国人已迁徙至北部与西部。至1970年，全美国80%以上的非裔美国人都生活在城市［见https://en.wikipedia.org/wiki/Great_Migration_（African_American）］。

定也可以分成三类（Iyeiri, 1998）。

第一类：否定副词同现，最常见的为 ne 与 not 同现，构成 ne...not 结构。

第二类：否定与否定连词同现。

第三类：否定词 not, neither, ever, no 的组合。

否定呼应在早期现代英语时期开始衰落，至晚期现代英语时期，基本消失殆尽，成为历史。否定呼应的消失不外乎两种因素：其一是来自语言规则的干预，其二是来自语言内在的演化机制。

语言规则的干预包括规范语法和拉丁语的影响，规范语法的兴起与英语史上英语的标准化和规范化分不开，英语的标准化和规范化又是英国特定历史时期的必然结果。拉丁语则是欧洲公认的学术和外交等方面的基本书面语言，从公元前 1 世纪到 17 世纪，西方文明的主要文献基本都是拉丁文撰写的。拉丁语在欧洲作为国际通用语言被广泛使用，几乎成为西方语系的基础。拉丁语是严谨、逻辑性强的语言，在中古英语后期拉丁语盛行的时代，英语语法以拉丁语为模板，英语否定呼应的消失不能说与拉丁语的影响没有关系。

语言内在的演化机制主要包括否定标记 ne 的脱落和极性手段的引入。ne 的脱落与否定呼应的消失在整体上是同时发生的，ne 的脱落对否定呼应的弱化起了作用，拉开了否定呼应消失的序幕。ne 脱落后，英语否定形式由 not 与另外一个否定成分构成，形成新的否定呼应结构，即 not + N-words。至中古英语晚期及现代英语早期，开始出现 not + N-words 与 not + any-words 交替使用的情况，产生了 N-words 与 any-words 的竞争。这个时期，英语中否定呼应与非否定呼应并存，从晚期中古英语开始，否定呼应与负极词开始交替使用。至早期现代英语时期，否定呼应基本消失，负极词占据主导地位。

当代英语中仍然存在否定呼应现象，不过被认为是英语的非标准变体。非标准英语中的否定呼应分两种情况，第一种情况是英国本土英语中的地域方言，第二种情况是美国英语中的白话非裔美音。

从 BNC 的数据来看，否定呼应仍是英国本土非标准英语口语中比较稳定的否定手段，其在地域方言中的分布并不均衡，在中南部方言片，否定呼应的使用频率为 33.1%，而在英格兰西南上部方言片，其频率则只有 1.2%。北部方言区中的否定呼应的频率整体相对较低，除了东北方言片较高外（20.5%），其余均在 10% 以下，最低的默西塞德郡方言片在 50 个用例中只有 2 例，其原因可能与民族融合和语言接触有关。在古诺尔斯语否定结构中，否定手段是否定标记与 any- 系列的无定名词连用，否定标记连用的否定呼应形式并不存在。古诺尔斯语的这种否定手段通过语言接触进入北部方言区，影响了北部方言。

否定呼应是白话非裔美音的标签，在白话非裔美音中，否定呼应不是选择性的，而是强制性的，主要有两种类型，第一种类型是否定标记与否定性无定名词的呼应，表现为：Neg... N-words；第二种类型是否定性无定名词与 Neg V 的呼应，表现为：N-words/Neg... Neg V，可以是同句呼应，也可以是跨句呼应。

白话非裔美音具有自己独有的特征，它的源头是学界关注的焦点，围绕其起源问题产生了不同的解释，主要的理论假设有基底语言说、克里奥尔语说、英语/方言说、新英语/方言说、先驱者原则说、移民原则说。我们认为，白话非裔美音中的否定呼应来自英语，保留了古英语和中古英语的否定呼应传统，同时在语言的发展过程中，吸收了克里奥尔语的语言风格，形成了有别于标准英语的独特的语言结构。

第五章　汉语中的另类否定连用

严格地讲，汉语中没有与印欧语对等的否定呼应，汉语不是否定呼应语言，但是汉语中存在否定连用仍然表否定义的语言现象，这就是冗余否定。另外，在汉语的很多方言中，也存在否定连用的否定结构。本章聚焦冗余否定及汉语方言中的否定连用结构，重新审视这些否定手段的语义，试图在语义层面建立与印欧语可能的联系。

5.1　汉语冗余否定

冗余否定是人类语言常见的否定形式，这种否定形式在汉语中也是屡见不鲜。语言中之所以普遍存在冗余否定现象，是由语言的自然本质决定的，这个自然本质就是冗余性。我们首先考察语言的冗余性，在此基础上，重新审视汉语的冗余否定现象，探索汉语冗余否定与否定呼应的逻辑关联。

5.1.1　语言的冗余性

语言中冗余信息与有效信息并存的现象称为语言冗余性，这种冗余性使语言的冗余度超过 50%，而英语等一些语言的冗余度则达到 67%—80%。20 世纪随着学科交叉与学科渗透的深入，人们对自然语言的本质有了更进一步的认识，开始从信息论的视角来考察与解释自然语言的冗余性。语言是传递信息的媒介和工具，语言所传递的信息包括主体信息、冗余信息、缺省信息等，其中冗余信息指多余的信息成分，是信息传递过程中不可或缺的一部分。

作为语言的本质属性之一，语言中的冗余是指语言形式和信息内容的赘余，这种冗余现象几乎在世界上所有的语言中都能发现，冗余现象比较典型的语言有英语、西班牙语、土耳其语等。如：

（1）a. It may be possible or maybe it's possible.（英语）

（2）a. Voy a subir arriba.（西班牙语）

　　　I am going to go up upstairs.

　　b. Entra para adentro

　　　Go in inside.

（3）a. yemek yemek（土耳其语）

　　　to eat food

　　b. yazı yazmak

　　　to write writing

在（2）中，"arriba"与"para adentro"都是冗余成分，前者的语义已经由"subir"表示，后者的语义则与"entra"重叠；(3)中的"yemek"与"yazmak"也分别与句中的"yemek"与"yazı"语义重叠，属于冗余信息。

从语言和言语的角度看，语言冗余可以划分为语法冗余、结构冗余、语义冗余、词汇冗余等形式，我们分别予以讨论。

语法冗余

语法冗余主要是指在语法上出现多余的成分或多余的表现形式，但并不影响句子的合格性与信息的完整性。常见的语法冗余形式有非强制性功能词或主语的保留、多重屈折、多重否定、多重肯定、多重比较以及结构冗余等，我们分而叙之。

第一，非强制性功能词或主语的保留。 某些功能词在语法上并不是强制性的,可以保留,也可以省略。当功能词保留时,就出现了结构上的冗余。如英语中由"that"引导的宾语从句,其中的功能词"that"是可以省略的:

(4) a. He realized there would be no electricity that night.

b. He realized that there would be no electricity that night.

(4a) 与 (4b) 在语法上都是合格的,不同之处是 (4b) 出现了冗余信息,即功能词 that 的使用,法语中的功能词 que 也属于这种情况。

在有些语言中,主语位置的代词是可以脱落的,这样的语言称为主语可脱落语言(pro-drop language),又称空主语语言(null-subject language),如意大利语、西班牙语、葡萄牙语等,主语可脱落的原因是语言中动词有丰富的屈折变化,通过动词的屈折变化,可以推断出主语是我/我们、你/你们、他/她或他们。在这种情况下,保留主语就是一种冗余。如:

(5)　　　　　Italian　　　　　English
　　1SG　　　parlo　　　　　speak
　　2SG　　　parli　　　　　speak
　　3SG　　　parla　　　　　speaks
　　1PL　　　parliamo　　　 speak
　　2PL　　　parlate　　　　speak
　　3PL　　　parlano　　　　speak

(5) 是意大利语"说"与英语"说"的比较,意大利语不同的人称使用不同的"说",通过动词的变化来体现,即动词词尾必须根据主语的人称和数做相应的变化,其主语一目了然,完全可以省略。英语虽然也是屈折语,但一般现在时的屈折变化只体现在第三人称单数,主语不能省略,否则无法捕捉到准确的主语。

(6) a. Gianni ha detto che _ ha parlato.
　　　John has said that pro has spoken.
　　　John said he has spoken.

b. Gianni　ha　detto　che　lui　ha　parlato.

　　John　　has　said　that　he　has　spoken.

　　John said he has spoken.

（6a）与（6b）都是合格的句子，在（6a）的从句"che_ ha parlato"中，主语省略，但根据动词 parla，我们知道主语是第三人称"他"。（6b）从句"che lui ha parlato"中，主语被保留，lui 作为主语是一种冗余成分与冗余信息。西班牙语也是同样的情况，由于西班牙语是空主语语言，作主语的代词可以省略而不影响语义，如：

（7）a. Yo te amo.

　　　I you love

　　　I love you.

　　b. Te amo.

　　　you love

　　　I love you.

（7a）与（7b）是同义的，代词主语 yo 可以脱落，如（7b），仍然体现 I love you 的完整意义，也可作为冗余成分保留，如（7a），当然主语作为冗余成分保留时，其语用意义是不一样的，也就是说，冗余成分与语境或语域有关。

第二，多重屈折。 在很多屈折语中，单一的语法特征通过叠加的屈折手段或形式来表示，这种叠加的屈折手段也是一种语法冗余。如在德语中，名词短语中的复数名词虽然已经由名词本身的复数形式体现其语法特征，但该短语中的定冠词、形容词修饰语及相关动词都必须是复数形式，如：

（8）Die　alten　Frauen　sprechen.

　　　the　old　ladies　speak

　　　The old ladies are speaking（老妇人们说话了）

在德语中，名词有阳性、中性和阴性，分别用定冠词 der/das/die 表示，复数的冠词一律为 die。Alten（old）是形容词 alt 的复数形式，其屈折变化是形容词原型 alt 加上复数词尾 en。Frauen（ladies）是名词 Frau 的复数形式，动词 sprechen（speak）是 spreche 的复数形式。在这里，由于名词"frauen"是复数形式，其修饰语 die, alten 及后面的动词 sprechen 都必须是复数，叠加了四层屈折变化手段。

第三，多重否定。 否定标记或否定词连用并不彼此抵消而形成肯定意义，相反仍然表示否定意义，这种多重否定手段就是我们在前面讨论过的否定呼应，即否定的冗余表现形式。除了前述论及的古英语/中古英语及非标准英语外，法语、西班牙语等罗曼语以及俄语等斯拉夫语是典型的多重否定语言。如：

(9) Nikto ni čego ne skazal.（俄语）
    Nobody nothing not said
    Nobody said anything.

(10) EL amor no es nada.（西班牙语）
     the love no is nothing
     Love is not everything.

(11) Je n'aime pas faire du sport.（法语）
     I not like Neg do sport
     I don't like sport

显而易见，(9) 中的 nikto ni čego ne，(10) 中的 no...nada，(11) 中的 n...pas 都是典型的否定连用，但是这些否定标记从语法上讲只是一种冗余成分，并不改变句子的语义，整个句子仍然表示否定意义。

第四，多重肯定。 在肯定式陈述句，通过助动词或副词重复肯定断言以强化肯定效果或肯定意义，也称为同义叠用，即重复一些词或词组，以表达同一个意义，这种手段也是语法冗余的一种形式。如英语 do + Verb 结构，其中 do 在语法上是冗余成分，与其后面的动词一起强化肯定意义，如 I do like figure-skating/He did attend the meeting/We do agree with you。又如在法语中，同义叠用是其常见的修辞手段，如：

（12）a. En fin, il arriva, le jour solennel, le grand jour.
finally it arrive this day solemn this great day
Finally it comes the great day.

这个庄严伟大的日子终于到来了。

b. Mais en fin, on y entre, a l'accademie, on y arrive.
but finally one there enter in academy one there arrive
Finally we have entered the academy, we have arrived at the academy.

我们终于进入了科学院，终于到了科学院。

（12a）中，il 与 le jour solennel 和 le grand jour 重复，表达说话人梦寐以求、热切盼望的事实现后的心情。（12b）中，y 与 a l'accademie，on y entre 与 on y arrive 重复，肯定终于到达科学院这个来之不易的事实。

第五，多重比较。 差比是语言的语法属性，英语表差比的手段有两种形式，其一是通过形容词或副词的形态变化，即比较级为 Adj/Adv + er，最高级为 Adj/Adv + est；其二是通过句法结构实现，即比较级为 more + Adj/Adv，最高级为 most + Adj/Adv。有时候，将这两种手段叠加，形成多重比较，以加强语气，如 more happier, bestest。莎士比亚在《凯撒大帝》中有一句多重比较的经典台词，"The most unkindest cut of all"。这种冗余形式多出现在非正式文体和口语中，书面语和正式文体并不多见。又如在乐谱中，经常看到 f 与 p 的符号，它们实则为意大利语，分别表示强、弱。其中 f 是 forte（强）的缩写，ff（fortissimo）表示很强，fff（fortississimo）表示极强。P 是 piano（弱）的缩写，pp（pianissimo）表示很弱，ppp（pianississimo）表示极弱。显然，ssimo 是一个冗余成分，与差比叠加强化语义。

结构冗余。 汉语在句法层面的冗余主要体现在语法结构上的冗余，包括同位语冗余、状语冗余、定语冗余、虚词功能冗余等。

第一，同位语冗余。 其结构形式由前后两部分组合而成，在句法上起名词作用，内部结构有三种形式：名词 + 名词；代词 + 名词/数量词；其他+名词，如：湖南省、奥巴马总统、史密斯先生、蕾蕾小朋友（专有名词+泛指名词）；省会长沙、九省通衢武汉、教练郎平、科学家袁隆平（泛指名词+专有名词）；他们海南人、我们学校、你们仨（代词+名词/数量词）；网络开发任务、新来的班主任、出席会议的代表（其他+名词）。

第二，状语冗余。 指现代汉语状中组合状之于动的冗余现象（杨明义，1999），如"用锤子锤"这样的状中组合中，状语重复中心语动词的一部分固有词义，这种现象称为状语相对于中心语动词的冗余。根据杨明义（1999），状语与中心语动词的冗余有以下七种类型。

1) 表示工具、凭借意义类型的状语，如：
   用刀子刻、用眼睛瞪、用染料染、用武力占领、用飞机空运、拿话挖苦。
2) 表示方向、处所意义类型的状语，如：
   往前行进、往远方眺望、在后面尾随、在外地出差、在观众面前表演。
3) 表示时间、速度意义类型的状语，如：
   永远铭记、预先约定、首次发明、突然爆发、快速扫描、逐步演化。
4) 表示程度、范围意义类型的状语，如：
   非常渴望、全部囊括、过于溺爱、彻底粉碎、大量倾销。
5) 表示情貌、状态意义类型的状语，如：
   目不转睛地盯着、竭力挣扎、客气地谢绝、高高地耸立、零散地分布。
6) 表示根由、方式意义类型的状语，如：
   凭空捏造、因公出差、非法走私、有偿租用、公开宣判、逐项罗列。
7) 表示对象、比较意义类型的状语，如：
   向上级报告、比以前进步、跟对手较量、自我标榜、在原来的基础上提高。

第三，定语冗余。 定语相对中心语而言是一种语义叠加或剩余的句法成分，多表现为名词/形容词（定语）+名词（中心语）的定中结构。定语冗余有两种形式，语义信息复现冗余和语义信息隐含冗余（张霞晖，2007）。

语义信息复现冗余指中心语所表达的语义信息在定语中以异形同义的方式出现，定语与中心语的修饰性语素义重叠。定语由表示时间、处所、程度、性质、评价、情貌所属的名词或形容词充当，中心语由表时间、处所、程度、性质、评价、情貌、所属的语素和异义的名词性语素组成。如过去的往事、现在的时局、未来的前景、最终的结果、周围的邻居、人世的喧嚣、关键的要害、重大的盛事、无声的潜台词、经典的代表作、可怕的噩梦、错误的讹传、美丽的倩影、多余的废话、个人的隐私等。

语义信息隐含冗余指定语的语义信息隐含在中心语的信息中，定语所表示的意义是中心语的缺省属性。这种信息隐含冗余也有几种情况：定语表时间序列，中心语的所指本身也包含了相应的时间义，如遥远的祖先、古老的传说、远期的规划；定语强调中心语的处所义，如内心的想法、表面现象、心中的牵挂；定语表示中心语的程度或变化状况，如最高纪录、沉重的包袱、适当的分寸；定语强调中心语的本质属性，如抽象的概念、主观情绪、客观规律；定语是中心语固有的属性，如雪白的棉絮、金黄金黄的金币、坚固的冻土；定语的所指是中心语的拥有者，如国家的公民、电影的字幕、人们的领袖。

第四，虚词功能冗余。 汉语虚词的功能主要是标记功能，分为语用标记和语义标记。语用标记主要涉及话题标记、焦点标记、关联标记、语气标记等，由语气助词、语气副词、关联副词、连词等充当，不影响句中的基本语义，在句中可以自由隐现。语义标记则影响到句子的基本语义，主要是介词、方位词、时间副词、否定副词、时体助词、表数助词等（邵洪亮，2011）。虚词的语义标记功能在句中通常情况下不可缺失，但有时这种标记功能可以由句中其他成分或手段体现，在这种情况下，该虚词的语义标记功能成为冗余，其隐现不影响句子的基本语义，虚词功能冗余主要指虚词的语义功能冗余。根据邵洪亮（2011），虚词功能冗余可以分为以下四种类型。

第一种类型：两个虚词同现，同现的虚词之间语义标记功能相同或具有蕴含关系，虚词的交迭形成冗余。如：

(13) a. 女孩来自于美丽的海南岛。
　　　b. 老师一直不停地强调预习的重要性。
　　　c. 衣服让爸爸给晾干了。
　　　d. 你可以把书包放在桌上。

第二种类型：虚词与已经表达了该虚词语义标记功能的实词同现，虚词与实词形成冗余。如：

(14) a. 你假期里去哪儿旅游？
　　　b. 只见高敏一头跳入水池中。
　　　c. 我们团队在明天动身。

第三种类型：虚词与已经实现了该虚词语义标记功能的 NP 同现，虚词与 NP 形成冗余。如：

(15) a. 他小时候曾经上过三年小学。
　　　b. 那些孩子们真可爱啊！

第四种类型：习语性构式，习惯用法的语法化，虚词成为冗余。如：

(16) a. 没来之前我不知道这件事。
　　　b. 这儿好不热闹。

语义冗余

语义冗余指意义相近的词语或结构叠加使用的现象，主要有叠用（overlap）和重复（prolixity）两种形式。与语法冗余不同的是，语义冗余不涉及语言结构，主要指语言信息的冗余，多与文体或惯用法关联。

第一，叠用。 意义相同或相近的词连用，或者修饰词的意义已经包含在被修饰词中，如 early beginnings, merge together。常见的叠用

第五章 汉语中的另类否定连用

短语如下。

Added bonus：A bonus is by definition something added（额外的奖励）

Close proximity：To be in proximity to something is to be close to it（邻近）

Historic milestone：A milestone is by definition historic（历史性里程碑）

Past experience：All experience is in the past（过去的经历）

Software programs：All computer programs are software（软件程序）

ABM missile：**A**nti **B**allistic **M**issile missile（反弹道导弹）

ABS system：**A**nti-lock **B**raking **S**ystem system（防抱死系统）

CAD design：**C**omputer-**A**ided **D**esign design（计算机辅助设计）

CD disks：**C**ompact **D**isk disks（光盘）

CNN news network：**C**able **N**ews **N**etwork news network（美国有线电视新闻网）

GMT time：**G**reenwich **M**ean **T**ime time（格林威治标准时间）

ISBN number：**I**nternational **S**tandard **B**ook **N**umber number（国际标准书号）

NATO organization：**N**orth **A**tlantic **T**reaty **O**rganization organization（北约组织）

第二，重复。 重复指的是短语中有一些复用成分，这些复用成分与语义没有逻辑关联，也不增加任何意义。如："I'm going **down** south"。北方与南方并没有上下之分，只是地图上约定俗成这么标识而已，故此处 down 是一个赘词。又如 the salty sea, postpone till later 等短语。大海的海水本来就是咸的，推迟本来就是时间往后移，所以"salty""till later"都是复用成分。英语中还有另外一种重复形式，即短语或句子中重复外语中某个词或词组，如：

(17) a. We went to the El Restaurante restaurant. （El 餐厅）

b. The La Brea tar pits are fascinating. （拉布雷塔）

c. Roast beef served with au jus sauce. （酱汁）

　　d. Please R. S. V. P. （请）

　　e. The Schwarzwald Forest is deep and dark. （黑森林）

　　f. The Drakensberg Mountains are in South Africa. （德拉肯斯山脉）

　　g. LibreOffice office suite. （办公套件）

　　h. I'd like to have a *chai tea* （印度茶）

　　(17) 各句中的画线部分都是重复，即英语单词对外文词的重复，其格式分别为"the the restaurant restaurant"，"the the tar tar"，"with in juice sauce"，"please please"，"forest forest"，"mountains mountains"，"office office"，"tea tea"。这些冗余的重复都是必要的，虽然他们并不增加任何逻辑意义，但是有助于对专有名词的理解，容易识别与记忆。

　　这种形式的重复在汉语中称为音译式重复，即外来语音译时采用了音译成分加类标的方式，增加的表义类的汉语语素是冗余成分。如：啤酒（beer）、卡片（card）、三文鱼（salmon）、吉普车（jeep）、高尔夫球（golf）、保龄球（bowling）、英特网（internet）、芭蕾舞（ballet）、汉堡包（hamburgers）等。其中，"酒"是"beer"的类别，"车"是"jeep"的类别，"鱼"是"salmon"的类别，"舞"是"ballet"的类别，英语中的"beer""jeep""salmon""ballet"本来就含有自己所属类别的意义，音译时，为了在汉语使用中给人以明确的定义，则采用这种重复方式（见柯敏，2013）。

　　汉语中的重复还有其他形式，主要的重复形式是同义重复，即两个或两个以上同义词的连用。连用的同义词可以是实词，也可以是虚词。这种语法现象从古汉语时期起就十分常见，古代学者称之为"复语"或"重言"，复用成分即使删去，其意义不受影响。

　　同义重复可以是复合词语，如寒冷（同一关系），学习（同位关系），园圃（同义关系），国家（类义关系），哥哥、弟弟（等量关系），目睹、熄火（包含关系），鲤鱼、啤酒（补充），雪白、白银（偏正）。同义重复也可以是短语结构，如去外地出差、睁开眼睛看、停滞不前、拒不接受、长大成人、往下沉、在后面尾随、永远铭记、急速奔驰、仔细端详、团团围坐、凭空捏造、共同讨论、对听众演讲、比以前进步等，都是复用结构，前后含义基本一致或者前后内容基本相关。同义重复还可以体现在句子层面，如：

(18) a. 中国领土<u>一定要统一</u>，<u>非统一不可</u>。
　　　b. <u>控制环境污染</u>，<u>保护环境</u>，这是至关重要的。

(18a) 中的"一定要统一"/"非统一不可"与（18b）中的"控制环境污染"/"保护环境"，字面虽然不同，但意思却完全一样，构成同义反复。

除了同义重复外，汉语重复的手段还有对比重复。对比重复指两个或两个以上语义上构成对比的词或短语被重复或者以其他方式被冗余地编码。如：

(19) 我们需要的是<u>迅速进步</u>，而不是<u>慢慢进步</u>。

"迅速进步"与"慢慢进步"构成语义对比，通过否定"慢慢进步"，重复"迅速进步"的重要性。

词汇冗余

词汇冗余指词形或词素相对于语义有所盈余或剩余的语言现象，主要的形式是词素冗余。如英语中的词素-s 加在名词后表示复数，加在动词后表现在时第三人称单数。在类似 many books/many hotels/many students 这样的表述中，"许多/很多"的语义已经由 many 表述了，词素-s 完全是冗余的形态标志，它所提供的信息已包含在名词修饰语 many 里面，但根据英语语法规则，-s 词素是强制性使用的。同样，在 He enjoys reading science fiction/She loves dance, drama and music 这一类句子中，词素-s 与主语提供的信息是一致的，即主语为第三人称单数，主语的出现使得词素-s 成为冗余信息，但在英语语法规则中，这也是强制性的词素。另外，在美国英语中，某些副词中的词素-al 并不是强制性的，最常见的单词如"publically"与"publicly"，两者都是正确的拼写，且读音没有区别，故"publically"在美国英语中就是一种拼写冗余。类似的拼写冗余还有"heroically"和"heroicly"、"electrically"和"electricly"。

汉语中的词汇冗余指词汇系统在表达语义内容的最小需要量上增加使用构成成分的现象，这种现象其实是语言自我调节的结果。词汇冗余通常表现为构词法中的"构形词缀"，主要有两种形式，即前加式和后加式。

前加式的格式为：前缀+词根，主要的缀词有老、阿、小。如：

老+词根：老师、老婆、老外、老板、老乡

阿+词根：阿姨、阿哥、阿姐、阿婆

小+词根：小妹、小蜜、小辫、小菜

后加式的格式为：词根+后缀，主要缀词有头、儿、者、其。如：

词根+头：砖头、骨头、想头、赚头

词根+儿：信儿、头儿、画儿、破烂儿

词根+者：记者、作者、读者、唯心主义者

词根+其：何其、极其、尤其、与其、唯其

后加式的格式中还有一种三音节后加式，其格式为：词根+叠音后缀，主要叠音后缀有冲冲、乎乎、溜溜、蒙蒙、沉沉等。如：

词根+冲冲：兴冲冲、急冲冲、气冲冲、怒冲冲

词根+乎乎：黏乎乎、辣乎乎、稠乎乎、胖乎乎

词根+溜溜：灰溜溜、酸溜溜、光溜溜、圆溜溜

词根+蒙蒙：灰蒙蒙、雾蒙蒙、雨蒙蒙

词根+沉沉：阴沉沉、灰沉沉、黑沉沉

除了"构形词缀"外，合成词也是汉语的词汇冗余形式，包括叠音词、叠韵词、同义合成词或近义合成词。汉语中的叠音词、双声叠韵词在构词类型上，是合成词的一种重叠式，由两个词根相叠而成，重叠的两个词根互为冗余。

叠音词是重复同一个音节所构造的词，有三种类型，AAB 类、AABB 类、AABC 类。如：

AAB 类：面面观、呱呱叫、麻麻亮、娘娘腔、红彤彤、绿油油、飘飘然、泡泡糖

AABB 类：平平安安、明明白白、清清白白、祖祖辈辈、原原本本、随随便便、缝缝补补、潦潦草草、平平常常、拉拉扯扯、昏昏沉沉、清清楚楚

AABC 类：苦苦哀求、牢牢把握、咄咄逼人、喋喋不休、格格不入、恋恋不舍、闷闷不乐、念念不忘、滔滔不绝、孜孜不倦、鼎鼎大名

双声叠韵词指两个音节的声母或韵母都相同的联绵词，它们除了在语音上互为双声、叠韵外，在语义上具有相关性，而且词形上也互有重叠。如：淋漓、匍匐、踌躇、犹豫、流利、吩咐、慷慨、崎岖、徘徊、彷徨等。双声叠韵词多为名词、动词、形容词等实词，或名动、形动等兼类词（张庆文，1999）。

双声联绵词主要指声母相同的联绵词，包括名词、形容词、动词等实词。

名词：渊源、买卖、珍珠、鸳鸯、蜘蛛、肺腑、叮当

动词：呢喃、驰骋、游泳、流浪、流落、淘汰、咀嚼、吩咐

形容词：澎湃、琳琅、踌躇、芬芳、慷慨、玲珑、忐忑、凛冽

叠韵联绵词主要指韵母相同的联绵词，多为名动、形动等兼类词。

名词：玫瑰、葫芦、霹雳、橄榄、咔嚓

动词：辗转、哆嗦、徘徊、荡漾、彷徨、懊恼、泣涕、呼噜

形容词：蜿蜒、窈窕、苍茫、蹉跎、踉跄、活泼、灿烂、缠绵

同义合成词或近义合成词包括（不限于）两种形式：双音复合词和四音节成语。

双音复合词是由两个或两个以上意义相同或基本相同的不同语素构成的双音复合词，语素与语素之间可以互相说明注释，其中任何一个语素的意义基本能够表示所组成词的意义。如：智慧、进入、掩饰、死亡、声音、明朗、美丽、选择、道路、坚硬等。显然，两个语素组

— 221 —

合后生成的新词表达完整的意义，与其原义基本相同。如果将两个结构项分开来，则各自的意义仍然相同，它们在语义上完全并列，呈现互相补充注释的关系，互为冗余。

四音节成语，即四个语素有着两两同义或近义关系，如：无穷无尽、咬文嚼字、谨小慎微、街谈巷议、丰功伟绩、流言蜚语、油头粉面、奇形怪状、繁荣昌盛、粗心大意、彷徨犹豫、摇头晃脑、取之不尽、用之不竭、攻无不克、战无不胜、骨肉同胞、手足兄弟等。

在冗余词语中，甲词素本来可以表示其意义了，乙词素重复甲词素的意义，或者在形式上作为陪衬凸显甲词素的意义。

从以上描写来看，无论是语法冗余、语义冗余还是词汇冗余，都是语言形式超过语言意义本身的表现，即语言包含的信息量超出实际的需要，语形相对于语义有所盈余，本质上反映的是语形与语义的不匹配，但是这种形与义的不匹配又是语言的常态，语言形式与语义内容的不对称反映的是语言的内在属性和语言的自身规律。

5.1.2 汉语冗余否定的重新审视

现代汉语是冗余度比较高的语言，在现代汉语的冗余成分中，冗余否定最为明显。冗余否定在汉语研究中多称为羡余否定，石毓智（1993）首次使用"羡余否定"的名称，将"好（不）、差点儿/几乎/险些（没）、小心（别）、难免（不）、（没）——以前、（不）一会儿"等格式列入冗余否定的范畴。现代汉语中的冗余否定指肯定与否定形式并用且同义的现象，句中含有"不""没""别"等否定标记，但实际上并不表示否定。常见的格式有"VP之前"与"没（有）VP之前"、"差（一）点VP/差（一）点没VP"、"难免+XP"与"难免+不+XP"、"除非……才"与"除非……不"等。

最早关注冗余否定现象的是朱德熙先生，其关注重点是"差（一）点VP"格式。朱先生（1959）观察到，在"差（一）点VP"

格式中，肯定形式与否定形式有时表达相反的语义内容，有时又表达相同的语义内容。他认为这一格式与说话人的企望有关，描写说话人企望发生的事情时，肯定形式表示否定意义，否定形式表示肯定意义；描写说话人不企望发生的事情时，肯定形式和否定形式都表示否定意义，这就是"企望说"。"企望说"获得许多学者的认同（周家庭，1981；沈家煊，1987、1999；陆俭明，2008），在汉语冗余否定研究中产生了广泛的影响，但也有一些不同的看法与解释，因而分别产生了"积极成分说""趋向说""合意说""常态说"（详见鲁承发，2014）。

"积极成分说"用"积极成分"和"消极成分"分别替代"企望事件"与"不企望事件"（毛修敬，1985；石毓智，1993；袁毓林，2013），因为企望与否过于强调主观性，不如"积极与否"容易产生社会共识，形成客观评价。

"趋向说"结合主客观因素，将事态VP分为"成果趋向"事态和"偶发趋向"事态，将事态中的成员分为典型成员和非典型成员，典型成员只能进入一种句式，非典型成员则可以进行有限度的事态趋向类型转化（董为光，2001）。

"合意说"将事件VP分为明显不合意、明显合意、合意与否两可共三类（侯国金，2008），与"趋向说"相类似，也是将"企望说"和"积极说"结合起来，弥补了"企望说"太过主观、"积极说"限制过严的不足。

"常态说"以理想认知模型为依据，将格式中的VP区分为"常态"与"异态"（史佩信，2007；张玲，2008），"常态"VP符合理想认知模型，合乎常理，"异态"VP不符合理想认知心理模型，违背常理，"常态"与"异态"可以相互转化。

"差（一）点VP/差（一）点没VP"格式是冗余否定的经典格式，汉语关于冗余否定的很多研究都是围绕这一格式展开的，并由此衍生出许多其他格式。

5.1.2.1 汉语冗余否定的已有分类

汉语冗余否定研究中具有重大影响的成果还有吕叔湘（1985）和

张谊生（2004）。吕叔湘（1985）首次将冗余否定上升到类现象，提出了"否定作用的模糊化"概念。张谊生（2004）首次对现代汉语中的冗余否定进行系统分析，将冗余否定分为四个大类，即时量/度量类、回顾/推测类、劝诫/责备类、先时/后接类，并从历时视角与语用层面分析了每一类冗余否定的成因和功用。随后的冗余否定研究基本上都是围绕这一分类展开，并在此基础上进行拓展与修正。大体来说，冗余否定根据其语义可以分为时量类冗余否定、推测类冗余否定、提醒类冗余否定、责备类冗余否定、差欠类冗余否定、条件类冗余否定、程度类冗余否定、自控类冗余否定、阻止类冗余否定九类（参见宋慧芳，2012）。

1）时量类冗余否定

人类感知时间有两个维度，其一是"时位"维度，其二是"时量"维度。"时量"通过"时量短语"来表达，一般由"数+时间单位"以及一些附加成分构成，如：一会儿、两分钟、四个小时、三天、五年、一个世纪等。时量短语有时也含有冗余成分，时量类的冗余否定格式通常表现为：否定副词不/没+时间短语，时间短语可以是数量短语，如（20）、（21）；也可以是动词短语，其格式为没+VP+（之前/以前），如（22）、（23）：

(20) 过(不)一会儿，团长又问站长，车子干么还不开来。

（张天翼/《最后列车》）

(21) 用谁的规则？刚脱欧没几天，英国和欧盟吵上了。

（和讯网，2020 - 02 - 04）

(22) 在(没)完成任务之前，我们不能停下来不干。

(23) 没过几天，叶子上的蚜虫更多了。小葫芦慢慢地变黄了，一个一个都落了。多么可爱的小葫芦哇！

（刘仲元/《我要的是葫芦》）

2）推测类冗余否定

所谓"推测"，即推究揣测之意，根据已知的事情来测度未知的事情，反映说话人对未知信息的主观意见和态度，这种主观意见和态度是以一定的客观事实为依据的，但表达的语气不是十分肯定，只是一种揣度，得出的结论在现实世界中可能为真也可能为假，其语义特征为［＋/－客观性］［＋可能性］［－确定性］［＋委婉性］。常见的表示不确定性的推测词汇有：没准（儿）、或许、兴许、也许、恐怕、大概、大约、约莫、八成、可能、莫非、估计；说不定、说不准、弄不好、保不定、指不定、保不准、摸不准、保不住、保不齐等，其中，"保不准/保不齐/保不住/保不定"常与否定标记同现，构成冗余否定，表示对未发生的某一事件的推测或对相关情况的主观估计。如：

（24）a. 这个天儿很难说，<u>保不住（不）</u>会下雨。

　　　b. 铸币是门好生意，但<u>保不定</u>老板<u>（不）</u>赔钱，甚至赔得连裤衩儿都不剩，可叹可叹！（腾讯网，2019－12－12）

　　　c. 但随着更多的归化球员进来，<u>保不齐就（没）</u>有一些不服管教的"刺头"，对他们必须要预先做好细致的管理和因应方案，千万不能惯着。（人民网，2020－03－15）

　　　d. 见陌上风如此，方毅一时间也不知道该如何是好，但他知道无事不登三宝殿，陌上风<u>保不准（不）</u>会为刚才这两人出气。（洛茶/《陌上风》）

除了"保不准/保不齐/保不住/保不定"外，兼类词"难免"也常与否定标记连用，形成冗余否定，表示对某一事件的主观推测。如：

（25）a. 经济指标有短期波动，<u>难免不</u>会出现硬着陆。

（凤凰网，2017－06－27）

　　　b. 反映重大革命历史的影片，总<u>难免（不）</u>让人感到一些遗憾。

　　　c. 人<u>难免（不）</u>自私，但太过自私，就是唯利是图，继而就会见利忘义，背信弃义，甚至失去了人性。

3）提醒类冗余否定

提醒类词语"小心、注意、当心、留心""避免/以免、防止"带有防止、防备义，表示对某些可能发生的不好情况的提前注意，多用在祈使句，提醒受话人躲除、规避某种危险或风险，常与否定标记同现构成冗余否定。其中"小心、注意、当心、留心"与否定标记"别、不要"连用，是典型的提醒义格式，因为其词语本身包含了否定，后接否定标记自然形成否定冗余。"避免/以免、防止"与否定标记"不（再）/别"连用，虽表面看是劝阻，但实际上还是提醒，即提醒注意某些事情，预先避免这些事情的发生。如：

(26) a. 小心（别）被误导了，还是等下星期更新吧！

　　b. "你停在禁停区了，按理应该罚款。不过看你是刚考下来的本，这次就算了。不过，提醒你一句，以后注意（别）'闯绿灯'。"　　（驾驶员考试网，2008-03-11）

　　c. 土地确权刚收官，基本农田三大新规又来了，留心（不要）中招了。　　（农村土地网，2019-08-12）

(27) a. 为了避免今后（不再）发生类似的错误，我们必须尽快采取措施。

　　b. 我们应该遵守交通规则，以免（不再）发生事故。

　　c. 怎样防止近视（不再）加深，关键要养成良好的用眼卫生习惯，在学习过程中要避免阅读时间过长。

　　　　　　　　　　　　　　　　　（百度，2014-07-30）

4）责备类冗余否定

责备的意思是以尽善尽美要求人，是一种批评和指责。责备类动词多含有因行事的差池而表示有限的不满的语义，这种不满可以是对他人不满，也可以是对自己不满。对他人不满的动词有"责怪、怪、责备、埋怨、怨恨、抱怨、恨"等，对自己不满的动词有"后悔、悔恨、懊悔、恼恨"等。责备类动词本身包含否定意义，其构成的语句也具有否定的隐含义，即说话人在主观上认为已经发生的事情从道义上讲不应该发生。责备类动词常与"不该"连用，"不该"本身也表示已发生的某些事情不符合说话人的意愿，两者的语义部分重合，形成冗余否定格式。如：

(28) a. 虎子责备荷花（不该）对老乐发脾气，反被荷花抢白。
　　　　　　　　　　　　　　　　　　（《樱桃红》第19集）

　　　b. 绍刚埋怨爱春（不该）贪财，（更不该）在父亲面前搬弄是非。　　　　　　　　　（《幸福满院》第30集）

　　　c. 美国人抱怨政府（不该）卷入越南战争，责怪艾森豪威尔还是肯尼迪？　　　　　　（爱奇艺，2019-12-20）

(29) a. 后悔自己（不该）蹚这趟水，害的自己被罚站。
　　　　　　　　　　　　　　　　　（腾信视频，2020-07-22）

　　　b. 众车主悔恨当初（不该）选涡轮增压车型，并为其错误原因买单。　　　　　　　　（搜狐网，2018-01-12）

　　　c. 太太因洗钱被拘捕，达利恼恨（不该）参加别克邀请赛。
　　　　　　　　　　　　　　　　　　（新浪网，2006-01-26）

5）差欠类冗余否定

副词"几乎、险些、差点儿"的基本语义是表示"事情眼看就要发生但结果并没有发生"，其语义包含两个部分："接近VP"与"非VP"。"几乎、险些、差点儿"都表隐性否定，传达说话人的主观态度。其中"险些"表达说话人"庆幸"的主观态度，"几乎、差点儿"表达说话人或者感到"庆幸"或者感到"惋惜"的主观态度，常与否定标记"不、不曾、没"同现，产生冗余否定式，描述说话人不企望发生的事情，表否定意义。因为是对过去已经避免的某个不如意事件的庆幸与回顾，这类冗余否定又称为回顾类冗余否定。如：

(30) a. 这是镰刀砍的，差一点（没）丧了命！
　　　　　　　　　　　　　　　　　　（明西周生/《醒世姻缘传》）

　　　b. 车夫摆饭的时候，祥子几乎（没）和人打起来。
　　　　　　　　　　　　　　　　　　（老舍/《骆驼祥子》）

　　　c. 小姐姐没站稳险些（没）摔倒，小哥一个动作暴露人品。

6）条件类冗余否定

关联词"非……（不可）""除非……（不）"连接表条件的复句，其中"非""除非"是表示充要条件的假言判断，其本身的意义决定了它可以正、反或者肯定、否定两个方面同时搭配。否定词"不"从形式上看并不是表意的必需，呈现冗余，可以用其肯定形式"才"替换，意义不变。不过用否定标记"不"更能凸显说话人的主观态度和情感。如：

(31) a. 他对老人说出心中的话："要照这样下去，我这点手艺<u>非绝了根儿（不可）</u>。"　　　　　（老舍/《四世同堂》）

b. 要赶上世界先进水平，<u>非要有屋上建瓴，势如破竹的气势(不可)</u>！

c. 一个人的思想，除非肉体消灭，<u>才/（不）</u>会停止活动，只能进行教育或思想斗争使其自我改造。

7）程度类冗余否定

表示程度的冗余否定有两个格式，分别为"好（不）+X"和"（不要）太+X"。其中"好（不）+X"是一个歧义格式，可以表肯定义，也可以表否定义。在肯定式的"好不"格式中，"好不"结合比较紧密，形成一个副词性词组，"好"是程度副词，"不"已经语法化，不再表示否定，读轻声，"好不"结合相当于"多么、很"。如好不高兴、好不讨厌、好不威武、好不生烦恼等。在否定句式中，"好不"为"好+不"的结合，"好"是程度副词，"不"是否定副词，"不"与"X"结合比较紧密，与"好"连接比较松散，读去声，相当于"那么不"。如：

(32) a. 你这鸟男女，<u>好不识人</u>，欺负老爷独自一个。

（《水浒传》第三五回）

b. 又每日限定石小姐要做若干女工针黹还他。倘手脚迟慢，便去捉鸡骂狗，口里<u>好不干净</u>。

（《醒世恒言·两县令竞义婚孤女》）

　　　　c. 今天好不容易碰上个晴天，满眼明晃晃的太阳光，特别
　　　　　干爽。　　　　　　　　　　　　（杨朔/《三千里江山》）

　　否定冗余是指表肯定义的"好不+X"格式，其中，否定标记"不"已经虚化，没有语义上的否定意义，表示程度深，并带感叹语气。如：

（33）a. 半夜三更，很大的狂风，起来去换票盖印，好（不）讨
　　　　　厌。　　　　　　　　　　　　（瞿秋白/《赤俄之归途》）

　　　　b. 你看浩浩洞庭，苍苍云梦，控西南之险，当江汉之冲；
　　　　　俺左良玉镇此名邦，好（不）壮哉！

　　　　　　　　　　　　　　　　　　　（孔尚任/《桃花扇·哭主》）

　　　　c. 那燕子一边飞着，一边叫着；在柳荫下面池水上面掠来
　　　　　掠去，好（不）自在。　　　　　（元王实甫/《西厢记》）

　　"不要太+X"句式也有两种语义：祈使义和感叹义，分别表否定和肯定。祈使义的"不要太+X"通常是一个表劝阻、告诫、禁止的否定句式，表示对形容词包含的过度意义表示否定，规劝某人做某事不要过分或不要超出限度。感叹义的"不要太+X"表示一种不能够从其字面意思推断的无以复加的感叹，包括正向叠加至最高程度的感叹和负向叠加至最高程度的感叹，反映说话人意愿不固定，既可以表达说话人肯定的意愿，表肯定义，也可以表达说话人的否定意愿，表否定义，根据具体的语境而定。一般认为，表极限感叹义的"不要太+X"是汉语中的冗余否定格式之一，其语义是"太X"，"不要"已经失去了其劝诫的词汇意义，是语义冗余成分。如：

（34）a. 你家小孩脾气不要太大哦！我才说他一句，他就凶得想
　　　　　打人。

　　　　b. 他犯了那么多事，你还对他那么好，真是不要太容易原
　　　　　谅他哦。

　　　　c. 你那个朋友说一套做一套，不要太靠不住啊！你要当心
　　　　　一点。

8）自控类冗余否定

自控类冗余否定是指自控类隐性否定动词与否定标记同现的现象。自控类隐性否定动词主要是对自身行为的控制，这类动词主要有：止住、忍住、停止、停住、停下等，其冗余否定格式为"忍住/止住/停止（不）+VP"，表示说话人能够自我控制，不让某种行为动作发生。如：

(35) a. 硬生生地忍住（不）哭，虽然眼泪止住了，情绪却不会凭空消失。　　　　　　　（新国学网，2018-02-02）

b. 办事人员说因为过不久农村要发不动产证，已停止（不）办土地使用证。　　　（找法网，2019-03-05）

c. 这孩子咳嗽老不好，都两个礼拜了，不知道要用什么方法才能止住（不）咳嗽。（百度健康，2013-12-19）

9）阻止类冗余否定

阻止类冗余否定是指阻止类隐性否定动词与否定标记同现的现象。阻止类隐性否定动词主要表示对自己/他人或对事物行为的阻止与控制。这类动词主要有：防止、防范、禁止、严禁、制止、阻止、阻挠、限制、阻碍、劝阻、力阻、控制、止住等，其冗余否定格式为"阻止/控制/严禁/阻挠/制止（不）+VP"，表示说话人试图阻止、控制某种行为，使其不发生。如：

(36) a. 做对比实验时，我们一般是控制条件（不）发生变化。
　　　　　　　　　　　　　　　（UC百科网，2020-07-09）

b. 老师在新学期第一堂课就向学生宣布，上课时间限制学生（不）使用手机。

c. 现在我需要作伤情判定，但是另一方阻挠（不）出用人证明。

d. 张大爷退休之后在景区当志愿者，任务之一是劝阻游客（不）乱涂乱画。

e. 电脑要定时清理，防范（不）被木马病毒攻击。

汉语冗余否定的这种分类看似清晰，实则含混，这些格式在语义层面并非都是否定意义,在词汇层面涉及数词、量词、名词、形容词、副词和动词,在句法层面涉及单句和主从复合句。大体来说,有三种情况。

第一种情况是歧义格式,既表肯定意义,也表否定意义,文献中也称之为对立格式。

第二种情况是隐性否定动词与否定标记连用构成的否定呼应。

第三种情况是形式上为否定句,实际上是肯定句,否定标记是真正的冗余成分,如条件类冗余否定、时量类冗余否定。

5.1.2.2 汉语冗余否定的再认识

关于汉语冗余否定,有两个问题我们需要重新认识。第一个问题,汉语的冗余否定是均质的吗?这个问题涉及汉语冗余否定的统一描写。第二个问题,冗余否定中的否定标记究竟有没有语义内容和语义贡献?这个问题涉及汉语冗余否定的语义解释。我们分而述之。

5.1.2.2.1 汉语冗余否定的统一描写

汉语冗余否定是均质的吗?显然不是。在已有研究中,冗余否定是一个非常庞杂的概念,5.1.2.1 显示,冗余否定在词、词组、句子层面都有体现,其呈现的语境也不尽相同,既有肯定语境,也有否定语境,同是否定语境,冗余否定的呈现形式也不一样。这种异质性可能与冗余否定现象本身的复杂性有关。所谓冗余否定,是指没有否定意义的否定词/否定标记,英语中常用的同义词有 redundant negation, expletive negation, pleonastic negation, paratactic negation, formal negation, abusive negation 等,其中 pleonastic negation 是 20 世纪后期常用的术语,paratactic negation 是叶斯帕森使用的术语。目前否定研究文献中比较通用的是前面三个术语,汉语中常采用羡余否定(redundant negation)一词,强调否定词/否定标记的冗余性。英语文献中近 10 年来更倾向于 expletive negation 一词,侧重冗余否定没有逻辑语义真值的特性。

汉语的冗余否定多指否定词/否定标记的冗余意义,实际上这种冗余可以分成两个大类,即肯定语境中否定词/否定标记的冗余和否定语境中否定词/否定标记的冗余。前者是单一否定,我们称为冗余否定$_1$,后者是多重否定,我们称为冗余否定$_2$,包括两个次类,其一是隐性否定词与否定标记的连用,其二是否定性情态副词叠加。

单一否定(冗余否定$_1$):肯定语境中否定词/否定标记的冗余,呈单一否定形式,否定标记没有逻辑语义真值,句子仍表肯定意义,主要形式包括时量类冗余否定、条件类冗余否定、程度类冗余否定。如:

(37) a. <u>过(不)一会儿</u>,团长又问站长,车子干么还不开来。

(张天翼/《最后列车》)

b. 用谁的规则?刚脱欧<u>没几天</u>,英国和欧盟吵上了。

(和讯网,2020-02-04)

c. 他对老人说出心中的话:"要照这样下去,我这点手艺<u>非绝了根儿(不可)</u>。"　　　(老舍/《四世同堂》)

d. 半夜三更,很大的狂风,起来去换票盖印,<u>好(不)讨厌</u>。

(瞿秋白/《赤俄之归途》)

e. 你那个朋友说一套做一套,<u>不要太靠不住</u>啊!你要当心一点。

(37)中的"过(不)一会儿""没几天""非绝了根儿(不可)""好(不)讨厌""不要太靠不住"在语义上分别相当于"过一会儿""几天""非绝了根儿""好讨厌""太靠不住",否定标记并没有语义真值,句子仍为肯定义。

多重否定(冗余否定$_2$):否定语境中否定词/否定标记的冗余,否定标记出现在隐性否定语境,与隐性否定词呼应,否定标记没有逻辑语义真值,句子仍表否定意义,主要表现为隐性否定词 + Neg 的形式以及否定性情态副词叠加形式,仍表否定意义。

隐性否定词 + Neg

隐性否定词与否定标记连用表否定是汉语冗余否定的主要形式。袁毓林(2012)从语义和句法两个层面,将表示或者触发隐性否定的动词分为"防止"类、"避免"类、"差欠"类、"拒绝"类、"否认"类、"小心"类、"后悔"类、"责怪"类、"怀疑"类九个大类,并对隐性否定的语义层次和溢出条件进行了深入分析。我们在此基础上进行整合,认为隐性否定词与否定标记连用表否定的格式主要包括推测类冗余否定、提醒类冗余否定、责备类冗余否定、差欠类冗余否定、自控类冗余否定、阻止类冗余否定。如:

(38) a. 见陌上风如此,方毅一时间也不知道该如何是好,但他知道无事不登三宝殿,陌上风<u>保不准(不)</u>会为刚才这两人出气。　　　　　　　　　(洛茶/《陌上风》)

b. 反映重大革命历史的影片,总<u>难免(不)</u>让人感到一些遗憾。

c. 怎样<u>防止近视(不再)</u>加深,关键要养成良好的用眼卫生习惯,在学习过程中要避免阅读时间过长。
　　　　　　　　　　　　　　　　　　(百度,2014-07-30)

d. 美国人<u>抱怨政府(不该)</u>卷入越南战争,责怪艾森豪威尔还是肯尼迪?　　(爱奇艺,2019-12-20)

e. 车夫摆饭的时候,祥子<u>几乎(没)</u>和人打起来。
　　　　　　　　　　　　　　　　　　(老舍/《骆驼祥子》)

f. 办事人员说因为过不久农村要发不动产证,已<u>停止(不)</u>办土地使用证。　　　　(找法网,2019-03-05)

g. 张大爷退休之后在景区当志愿者,任务之一是<u>劝阻游客(不)</u>乱涂乱画。

在(38)中,隐性否定词"保不准""难免""防止""抱怨""几乎""停止""劝阻"与否定标记同现,隐性否定词含有否定意义,但又不是明确的否定词,为了凸显句子的否定义,在句子的相关成分上添加一个否定标记,形成语义呼应关系,袁毓林(2012)称之为隐性否定义的语义溢出与词汇实现。这其实也是人类语言表达否定的常用手段,其内部动因正是我们在第二章讨论过的否定循环。根据叶斯帕森（1917，1924），许多语言都存在多重否定现象，即多个否定词连用，添加的否定词与已有的否定词并不相互抵消，而是形成呼应，其目的是强化前者的语义，句子仍表否定意义。

否定性情态副词叠加

在汉语否定副词中，存在一个独特的次类，其语义表付出而没有收益或有获益而没有付出，这类副词分别为："白、空、干、瞎、虚、徒、枉"。根据《现代汉语词典（第7版）》，其语义解释如下：

白：没有效果；无代价

干：徒然，白

空：没有结果，白白地

徒：徒然

枉：白白地，徒然

虚：徒然，白白地

瞎：徒然，白白地

从其词典义来看，这7个副词的语义比较接近，基本上都含有"徒然、白白地"语义，故名"白"类副词（张谊生，1996）。"白"类否定副词与一般意义上的否定标记"不""没""没有""别"不同，否定的不是命题陈述，而是表达命题之上的情感和态度，即行为主体的行为价值或代价。张谊生（1996，1999）称之为预设否定副词，李明敏（2011）称之为否定性情态副词。考虑到这类副词具有明显的情态化表述功能，体现说话人的主观世界，我们认为称其为否定性情态副词更趋于合理。

否定性情态副词叠加是基于"白VP"格式的。"白VP"格式本身也是一种冗余否定格式，其中的VP也含有"无代价地得到"或"无代价地付出"的语义。含有"无代价地得到"语义的词语主要有拾、捡、拣、抢、偷、揩油等，含有"无代价地付出"语义的词语主要有送、扔、丢、浪费、糟蹋、尽义务等（见张谊生，1993）。如"抢钱"表示没有付出任何代价得到钱，"白抢钱"表达的是相同的命题意义,"白"不影响命题意义,成为一种冗余现象,表达价值评判。又如"浪费精力"表示不必要、不值得花的精力却花了,即无代价地付出精力,"白浪费精力"具有同样的语义真值,只是强化了说话人的情感态度。

在"白VP"的基础上,"白"类副词可以叠加,即"白VP"之前还可以有"白"类副词修饰,"白"类副词之间相互搭配连用,可以有两个否定副词连用的情况,也可以有多个否定副词连用的情况,前者称为双重叠加,后者称为多重叠加(见张谊生,2011)。

双重叠加指否定性情态副词与否定义 VP 连用,形成否定义叠加,包括蕴含式叠加和复置式叠加。如:

(39) a. 但是土地固然会升值,但也不是人人都能享受的,比如说做过这 3 件事的农民,10 年之后可能就享受不到土地红利,<u>白白损失</u> 30 万。　　(腾讯网,2019-04-16)

b. 老祖宗留下的产业是不能<u>瞎糟蹋</u>的,张廷皓说,这些文化资源对安徽来说非常重要,"很多古民居可能属于当地农民,人家保护古民居需要花费很多精力,政府需要给与补偿才行。"　　(凤凰网,2013-03-07)

c. 上午整档案,下午领导查,真不知局领导是不是工作不太多,你说档案查啥? 没干得也能编,干了的也不一定就最好,<u>空耽误功夫</u>。　　(新浪博客,2008-06-19)

"损失"含有"无代价地失去或消耗"的义项,"耽误"表示"白白错失/浪费时机","糟蹋"蕴含"无谓地(耗费)",都具有否定义,而"白""空""瞎"含有"无效益地放弃、失去、耗费"等否定性语义,二者叠加仍表否定,凸显说话人的情态,这种叠加形式为蕴含式叠加。复置式叠加是在"白VP"基础上再叠加情态否定副词,形成重复附加的叠加形式(见张谊生,2011)。如:

(40) a. 20 岁进入社会,50 岁是不惑之年,70 岁明白了天下与自己。人总是在后程才明白了自己。如果还不明白,那才

是<u>白白</u>枉费了一生。 （冯骥才）

b. 太极拳，步步都是桩。练拳不站桩，就是<u>瞎空忙</u>。
（搜狐网，2018 - 08 - 19）

c. 怎堪遥想当年，风华正茂，倜傥风流。经年岁月逝，墨韵<u>徒空留</u>。 （美篇，2017 - 08 - 12）

d. 有人承诺价钱便宜，同样服务？万儿八千让业主？公司都是要存活，不会<u>白白瞎忙乎</u>，这个利润哪里出，提醒业主细致点。（百度贴吧，2020 - 05 - 02）

从（40）可以看出，"白VP"前再叠加另一个"白"类否定副词，凸显说话人的情态认知。如（40a）"白VP""枉费"叠加"白白"，构成"白白枉费"，（40b）"白VP""空忙"叠加"瞎"，形成"瞎空忙"，（40c）"白VP""空留"叠加"徒"，形成"徒空留"，（40d）"白VP""瞎忙乎"叠加"白白"，形成"白白瞎忙乎"。这种重复附加的叠加形式并没有改变语义真值，只是否定义的冗余，目的是强化说话人的主观情态。

多重叠加式以复置作为基本手段，构成多层否定叠加，包括复置式叠加与蕴含式叠加连用、复置式叠加与复置式叠加连用，如：

(41) a. 房子住久了，才明白家里当初浪费钱买这些家具，<u>白白瞎折腾</u>。 （家居博物馆，2018 - 09 - 07）

b. 后来说放物业，<u>白白瞎耽误</u>功夫，后来拿回来看，明明发货写的好好的房间号，配送人员忘了就忘了，都能谅解，你没必要忽悠我啊！顺丰挺好的快递牌子，怎么服务这么差！ （京东iPhone客户端，2014 - 12 - 24）

c. 真是<u>白瞎空浪费</u>这精心的舞美，找几个场照来全程跟拍。
（新浪网，2017 - 12 - 14）

否定性情态副词叠加是一种否定连用现象，从句法上看属于多重否定，但否定副词不具有逻辑语义真值，句子的语义真值没有发生改变，其否定义是冗余的，只体现说话人的一种认知情态和预期评价。

5.1.2.2.2 汉语冗余否定的语义解释

冗余否定中的否定词/否定标记究竟有没有语义内容和语义贡献？一般认为，与句子否定不同，冗余否定并不否定命题，即不影响其所修饰的结构的真值，所以被认为是非强制性的。正因为是非强制性的，它被认为没有语义内容，是冗余的，所使用的标记是相同的。在这个共识下，冗余否定的研究形成了以下三种途径（Zovko Dinkovic & Ilc, 2017）。

一是负极词途径（见 Espinal, 1992, 1997, 2000; Van der Wouden, 1994b, 1997）。冗余否定中的否定呼应词语义为空，本身没有否定意义，句法上不是一个算子，其出现是某些产生否定隐含的句法结构的派生要求使然，否定呼应词类似于负极词，需要获得允准，其分布仅限于下向蕴含语境或非真实语境。

二是模态中心语途径（见 Kahrel, 1996; Katičić, 2002; Yoon, 2011; Makri, 2013）。冗余否定词是不同模态中心语的语音形式，其出现基于语用驱动，有别于句子否定，它依赖于非真实性语境，有语用贡献，触发否定评价义。也就是说，冗余否定接近虚拟语气，表不确定性和不如意。这类结构中，否定功能由完全否定转变为非事实性的一般标记，是认知客观模态的一种类型。

三是句子否定途径（见 Tovena 1996, 1998; Abels 2005; Ilc, 2011）。冗余否定是句子否定的一种形式，差别只在于其辖域不同。冗余否定出现的原因有两个，其一是说话人对命题的否定评价，这种否定评价由主句中含有否定意义的谓词及表虚拟语气的形态标志体现。其二是主句中含有命题的时间顺序且从句中含有时间小句。

以上是英语文献中冗余否定研究的视角，显然，负极词途径是语义层面的，模态中心语途径是语用层面的，句子否定途径是句法层面的。汉语冗余否定研究的视角多为语用视角，认为否定词/否定标记只有语用贡献，没有语义内容。然而，冗余否定是一个接口问题，它既不是纯语义现象，也不是纯语用现象，更不是纯句法现象，从语义—语用接口考察这一现象，我们能够给出比较合理的解释。

否定词/否定标记作为否定算子是不活跃的，这种逻辑上的虚空使其在语义上或句法上显得冗余，因而认为它没有语义内容。冗余否定语义为空吗？不尽然。它只是没有逻辑语义真值，不是真值陈述的手段，也就是说，作为算子，其语义不足或不充分，但有其语义内容和语义—语用贡献。

首先，从其语义内容来说，冗余否定必须获得允准，允准条件是非真实语境。根据詹纳基杜（Giannakidou，2017），真实性主要指获得普遍支持的认知状态（知识、信念、想象、理想等），真实性算子表示确定性，要求说话人在其认知模型中对命题真值予以确认。非真实性主要指获得部分支持的非同质的不确定状态，不确认命题真值，同时也允许非 p 世界。模态词、析取、虚拟、祈使、疑问等都属于非真实性语境。否定也是非真实性表达式，因为它不能印证真实性公式 Fp⇒p，否定蕴含非 p，它又是反真实性表达式（非真实性表达式 F 是反真实性表达式当且仅当 Fp⇒¬p）。汉语冗余否定中冗余性否定格式为隐性否定词+Neg，隐性否定语境就是非真实语境，同样，情态否定副词也是非真实语境。时量类冗余否定、条件类冗余否定、程度类冗余否定也都是非真实语境，只有这种语境下，冗余否定才被允准，否则不行。如：

(42) a. 但是这个深化的可信与可用程度<u>难免不</u>让人产生某种怀疑。　　　　　　　　　　　　　　（豆瓣，2008 - 09 - 06）

b. *但是这个深化的可信与可用程度不让人产生某种怀疑。

(43) a. 车夫摆饭的时候，祥子<u>几乎（没）</u>和人打起来。

（老舍/《骆驼祥子》）

b. *车夫摆饭的时候，祥子就（没）和人打起来。

(44) a. 张大爷退休之后在景区当志愿者，任务之一是<u>劝阻游客（不）</u>乱涂乱画。

b. *张大爷退休之后在景区当志愿者，任务之一是鼓励游客（不）乱涂乱画。

（45）a. 办事人员说因为过不久农村要发不动产证，已<u>停止（不）</u>办土地使用证。　　　　　　　（找法网，2019-03-05）

b. *办事人员说因为过不久农村要发不动产证，已结束（不）办土地使用证。

（46）a. 真是<u>白瞎空浪费</u>这精心的舞美，找几个场照来全程跟拍。　　　　　　　　　　　　（新浪网，2017-12-14）

b. *真是<u>白瞎空利用</u>这精心的舞美，找几个场照来全程跟拍。

（47）a. 没干得也能编，干了的也不一定就最好，<u>空耽误功夫</u>。　　　　　　　　　　　　（新浪博客，2008-06-19）

b. *没干得也能编，干了的也不一定就最好，<u>空把握功夫</u>。

（48）a. <u>在（没）完成任务之前</u>，我们不能停下来不干。

b. *<u>在（没）完成任务之后</u>，我们不能停下来不干。

（49）a. 要赶上世界先进水平，<u>非要有屋上建瓴，势如破竹的气势(不可)</u>！

b. *赶上了世界先进水平，<u>非要有屋上建瓴，势如破竹的气势(不可)</u>！

（50）a. 他犯了那么多事你还对他那么好，真是<u>不要太</u>容易原谅他哦。

b. 他犯了那么多事你还对他那么好，真是<u>不要太</u>容易原谅他。

（42a）—（45a）都是合格的句子，是典型的冗余性否定格式，之所以合格是因为句中的冗余性否定标记"不/没"在语义上获得了允准，其允准语境是否定语境。（42b）—（45b）不合格，不构成冗余性否定格式，否定标记没有获得允准，否定标记出现的语境是真实性语境，真实性语境不赋予否定标记冗余意义，否定标记具有语义真值。（46a）—（47a）合格，"浪费"中的"浪"虽然已基本退出了

— 239 —

现代汉语的否定副词系统，但是作为黏着语素，"浪费"还保留着含糊的否定义，"耽误"则表示"白白错失/浪费时机"，（46a）—（47a）的否定语境允准情态否定副词"空"和叠用副词"白瞎空"，使其成为一种冗余否定。（46b）—（47b）不合格，因为"利用"与"把握"是肯定语境，不能允准情态否定副词"空"和叠用副词"白瞎空"。（48a）—（50a）也都是合格句，否定标记"没/不可/不要"分别出现在先时义时间从句、条件从句、感叹句，这些都是非真实语境，是否定标记的允准语境。（48b）—（50b）不合格，其原因在于否定标记没有获得允准，（48b）"在完成任务之后"、（49b）"赶上了世界先进水平"都是已然事件，是真实语境，真实语境不允准冗余否定，（50b）中表感叹义的"不要太+X"一般加一个感叹词与之呼应，表示一种不能够从其字面意思推断的无以复加的感叹，如果没有感叹词，容易与该格式的祈使义混淆，而"不要太+X"的祈使义是真实语境，真实语境不允准冗余否定。

其次，从其语义—语用贡献来说，冗余否定触发某种语义或语用效果，具有评价功能，产生否定预期，指向不期望发生的事件或可能性小的事件。冗余否定代表了自然语言中否定的另一种合法功能：否定成分不作为真值陈述的目的或手段，而是与说话人的态度联系在一起（Yoon, 2011）。冗余否定表示说话人对命题内容不确定、不期望的认知态度，或者可以这样说，人们选择冗余否定是为了不表达命题真值，其原因可能是命题内容不太可能实现，或在说话人的认知视野中不期望发生的事件，其实也是一种否定意义，只不过是说话人的评价意义。从这个角度，我们可以认为，冗余否定是一种回避直接确认命题真值的手段。

我们现在来分析"差点儿（没）VP"结构。汉语中"差欠"类动词很多，如"差、欠、少、亏、缺少、缺乏、短缺、欠缺、残缺、不足、缺席、失败"等，其词汇意义中都含有某种否定性语义（袁毓林，2012），这类动词允准冗余否定。"差点儿（没）VP"结构是差欠类冗余否定的典型形式，文献中常称为同义异形结构或对立格式。但是这类格式不同于其他冗余否定格式的地方在于其语义的不确定性。如：

（51）a. 范进<u>差点儿</u>考中。（没考中）

　　　b. 范进<u>差点儿没</u>考中。（考中了）

（52）a. 范进<u>差点儿</u>落榜。（没落榜）

　　　b. 范进<u>差点儿没</u>落榜。（没落榜）

　　　c. *范进<u>差点儿没</u>落榜。（落榜了）

比较（51）与（52），我们发现，（51a）与（51b）并不构成同义异形结构，而（52a）与（52b）却是同义异形结构，（52c）表"落榜了"的语义时，句子是不合格的。如何解释这种语义的不确定性？如果否定标记"没"完全没有语义内容，为什么其语义解读不同？是什么因素影响了（51）与（52）的语义解释？

影响（51）与（52）语义解释的因素是允准语境与评价预期，允准语境与评价预期必须相匹配，冗余否定才成立，否则，冗余否定不成立。也就是说，冗余否定必须获得双重允准——语境允准与评价预期允准。评价预期分为肯定预期与否定预期，只有否定预期才能允准冗余否定，这时否定标记是一种认知情态标记。冗余否定的允准条件为：

（53）α为冗余否定当且仅当α被非真实语境与评价预期（否定预期）所允准。

根据（53），我们再来分析（51）与（52）。（51a）是隐性否定句，陈述一个没有实现的事件，其命题意义是"范进没有考中"。（51b）作为隐性否定句，在语义上是非真实语境，允准冗余否定，但是冗余否定是否最终被允准，还必须满足（53），即与其评价预期相匹配。"考中"是期望发生的事，并非否定预期，而是肯定预期，"没"作为认知标记没有获得允准，仍是否定标记，具有逻辑语义真值，"差点儿（没）"构成双重否定表肯定意义，故（51b）的命题意

— 241 —

义是"范进考中了"。

同样,(52a)是隐性否定句,陈述一个没有实现的事件,其命题意义是"范进没有落榜"。(52b)作为隐性否定句,在语义上是非真实语境,允准冗余否定,同时,"落榜"是否定预期,表不期望发生的事件,语境与评价预期匹配,满足(53),"没"获得双重允准,不再具有逻辑语义真值,只具有情态义,与隐性否定义"差点儿"呼应,形成冗余否定,故(52c)不能表"落榜了"的语义。

再看一组类似的例句:

(54) a. 日本队<u>差点儿胜了</u>这场比赛。(没胜)

　　 b. 日本队<u>差点儿没胜</u>这场比赛。(胜了)

(55) a. 日本队<u>差点儿输了</u>这场比赛。(没输)

　　 b. 日本队<u>差点儿没输</u>这场比赛。(没输)

　　 c. *日本队<u>差点儿没输</u>这场比赛。(输了)

(54a)是隐性否定句,陈述一个没有实现的事件,其命题意义是"日本队没有胜这场比赛"。(54b)作为隐性否定句,在语义上是非真实语境,允准冗余否定,但是冗余否定必须获得双重允准,即允准语境与其评价预期相匹配。"胜这场比赛"是期望发生的事,并非否定预期,而是肯定预期,不允准"没"的认知情态义,"没"具有逻辑语义真值,与"差点儿"构成双重否定,故(54b)的命题意义是"日本队胜了这场比赛"。

(55a)是隐性否定句,陈述一个没有实现的事件,其命题意义是"日本队没输这场比赛"。(55b)在语境上允准冗余否定,同时,"输这场比赛"是否定预期,表不期望发生的事件,语境与评价预期匹配,满足(53),"没"获得双重允准,不再具有逻辑语义真值,只具有情态义,与隐性否定义"差点儿"呼应,形成冗余否定,相反(55c)在语义上则是矛盾的,故不合格。

从(51)、(52)及(54)、(55)的分析,我们可以归纳出冗余否定与双重否定的区别,其区别的关键在于是否获得双重允准,即否定语境与否定预期的允准。获得双重允准的是冗余否定，没有获得双重允准的则为双重否定，见（56）：

（56）冗余否定与双重否定

隐性否定 + Neg + 否定预期 = 冗余否定（否定）

隐性否定 + Neg + 肯定预期 = 双重否定（肯定）

当然，"差点儿（没）VP"有时会产生歧义，即同一个句式既可以表肯定意义，又可以表否定意义。换句话说，同一个句式，既可以是冗余否定格式，又可以是双重否定格式，如：

（57）a. 差点儿没踢进去（a. 踢进去了；b. 没踢进去）

　　　b. 差点儿没跟他结婚（a. 跟他结婚了；b. 没跟他结婚）

（引自袁毓林，2013：59）

为什么会出现类似（57）这样的歧义解读呢？出现两种解读的原因与否定标记的允准相关，当否定标记获得双重允准时，句子为冗余否定，当否定标记没有获得双重允准时，句子为双重否定。在（57）中，"踢进去""跟他结婚"作为评价预期，既不是否定预期，也不是肯定预期，而是处于二者之中，属于中性预期。如果我们将评价预期视作一个连续统，其情形如下：

（58）评价预期连续统

```
   —————————————|—————————————
   -1            0            +1
 否定预期      中性预期       肯定预期
```

在该连续统中，中性预期是否定预期与肯定预期的过渡，也是二者的中间状态，当其处于 -1 与 0 的临界点时，呈现为否定预期，与否定语境共同允准否定标记，使其成为冗余否定形式。当其处于 0 与 +1 的临界点时，呈现为肯定预期，不允准否定标记，否定标记保持其语义真值，与否定词构成双重否定。现在我们分别分析（57）的评价预期。（57a）是关于（足球）比赛的评价预期，（57b）是关于婚姻的评价预期，先看（57a）。

(59)（足球）比赛评价预期连续统

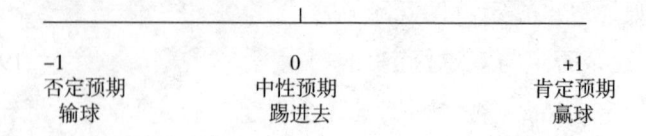

```
    |_____|_____|
   -1                   0                  +1
  否定预期              中性预期             肯定预期
   输球                踢进去                赢球
```

在该连续统中，中性预期"踢进去"的区间既紧邻否定预期"输球"又紧邻肯定预期"赢球"，紧邻"输球"的一端呈现为否定预期，与"差点儿"共同允准否定标记，呼应否定意义，球没踢进去。紧邻"赢球"的一端呈现为肯定预期，不允准否定标记，否定标记"没"具有逻辑语义真值，与"差点儿"构成双重否定，表肯定意义，球踢进去了。

我们再来分析（57b），其评价预期如下：

(60) 婚姻评价预期连续统

```
    |_____|_____|
   -1                   0                  +1
  否定预期              中性预期             肯定预期
 同床异梦                结婚                金玉良缘
```

在该连续统中，中性预期"结婚"的区间紧邻否定预期"同床异梦"与肯定预期"金玉良缘"，紧邻"同床异梦"的一端呈现为否定预期，与"差点儿"共同允准否定标记，呼应其否定意义，表示没跟他结婚。紧邻"金玉良缘"的一端呈现为肯定预期，不允准否定标记，否定标记"没"具有逻辑语义真值，与"差点儿"共同构成双重否定，表肯定意义，跟他结婚了。

"差点儿（没）VP"是隐性否定中比较特别的一个小类，与其他隐性否定格式不同，该格式产生歧义，同时具有肯定解读与否定解读，其原因是，评价预期作为一个连续统，从否定预期到肯定预期还有中性预期过渡，中性预期与二者有重叠的部分，当与否定预期重叠大于与肯定预期的重叠时，中性预期呈现为否定预期，反之则呈现为肯定预期。

评价预期作为隐性否定句的允准条件之一，能够比较好地解释文献中关于"差点儿（没）VP"的歧义现象。关于"差点儿（没）VP"的歧义解释，学界提出了"期望说"（朱德熙，1959，1985）和"色彩说"（毛敬修，1985），前者认为，"差点儿（没）VP"的语义解释决定于VP是否为说话人所期望，VP符合说话人期望，格式表肯定义，VP违反说话人期望，格式表否定义。后者认为"差一点没VP"的解释决定于VP自身指积极性事件还是消极性事件，VP自身指积极性事件，格式表肯定义，VP为消极性事件，格式表否定义。范晓蕾（2018）发现，根据"期望说"和"色彩说"，句中出现企望或积极性的VP时，否定标记是真性否定词，该格式应该是肯定义，但是（61）中的"中了六合彩""当上省长""飞起来"等，分明是说话人企望的事，或是有利于动作参与者的积极性事件，句子的语义却是否定解读，类似的情况还有不少。

(61) a. 听说你在香港买彩票了，怎么样？——哎呦，特刺激，我差一点（没）中了 六合彩（没中六合彩）呢！

b. 我卡捷琳娜·伊万诺芙娜的爸爸是位上校，差点儿（没）当上省长（没当上省长），有时他家里大宴宾客，一请就是四十个人，像您阿玛莉娅·伊万诺芙娜这样的人，或者不如说，像柳德维戈芙娜这样的人，连厨房都不会让您进……（陀思妥耶夫斯基/《罪与罚》，CCL）

c. 你看见曹贵人去接温宜公主时是什么样子？——哎哦，高兴得就差点儿（没）飞起来（没飞起来），直奔华妃娘娘那儿去了。（电视剧《甄嬛传》第十八集，按：曹贵人企望马上到华妃娘娘那儿）

d. 他还记得那天逗拿破仑玩的时候，她的头发差点（没）挨着他的衣裳（没挨着）；现在他所以的放大了胆子往前巴结：爱情是得进一步便进一步的事儿。（老舍/《二马》，CCL）

（转引自范晓蕾，2018：208）

如何统一解释这种现象？她提出了"语境预期说"，认为"差点（没）VP"的语义解释依赖于语境预期，即语境里说话双方就事件实现预先认定的概率状况或标准规范，该格式的真值语义须符合语境预期，所否定的是反预期事件，故其冗余否定解读于明显的"反预期VP"（范晓蕾，2018：207）。她将语境预期分为两类：普通事件的语境预期与规约性事件的语境预期，前者与概率状况相关，后者与标准规范相关。如：

普通事件与概率状况（引自范晓蕾，2018：211 - 212）

(62) a. 我奶奶得的是感冒[语境预期]，可是那医生差一点*（没）给治好，反正让我奶奶 遭了不少罪。

[语境预期：感冒通常可以治好（惯常状况）] [真值语义：治好了]

b. 张医生简直是个"神医"，什么病人经他手一治没有不见好的，他解决了不少疑难杂症不说，去年还差点儿（没）把个癌症治好呢！

[语境预期：癌症通常不能治好（惯常状况）] [真值语义：没治好]

(63) a. 志刚跟他媳妇[语境预期]是自由恋爱的，当时两边的父母都反对，弄得他俩最后差 一点*（没）结婚。

[语境预期：已结婚了（已知事实）] [真值语义：结成婚了]

b. 老张在陕北当知青那会儿跟一个姑娘谈过恋爱[语境预期]，俩人好得差点儿（没）结婚呢，最后不知为啥给分手了。

[语境预期：没结婚（已知事实谈过恋爱表明恋爱未成功、没结婚）] [真值语义：没结婚]

规约性事件与标准规范（引自范晓蕾，2018：213）

(64) a. 他昨天早上碰上堵车，弄得差一点*（没）准时到。

[语境预期：应该准时到（上班规定）] [真值语义：准时到了]

b. 他昨天早上碰上堵车，弄得差一点（没）迟到。

［语境预期：不该迟到（上班规定）］［真值语义：没迟到］

（65）a. 这么简单的字，他也差一点*（没）写对。

［语境预期：应该写对（考试要求）］［真值语义：写对了］

b. 这么简单的字，他竟然差一点（没）写错。

［语境预期：不该写错（考试要求）］［真值语义：没写错］

语境预期说固然能解释"期望说"和"色彩说"解释不了的语言现象，这种解释似乎是纯语用的。我们知道，引出语境后，语言的意义自明，歧义也可分解，这是格式的语用意义，不是结构本身的意义。语境预期说的操作比较繁杂，不符合语言经济性原则。人们在实际交际过程中，未必经历了这么繁杂的语言处理过程。此外，我们认为，不是"真值合预期"，而是预期决定真值。"差点儿（没）VP"格式的关键是否定标记"没"是否具有语义真值，"没"的语义真值是评价预期决定的，否定预期与"差点儿"共同允准"没"的冗余用法，这种情况下，"没"不具有语义真值，肯定预期不允准"没"的冗余用法，这时"没"是一个具有逻辑语义真值的否定标记，与"差点儿"形成双重否定。

现在我们根据（56）可以对（61）进行合理解释，（61）是否定解读还是肯定解读，关键在于否定标记"没"是否具有语义真值，换句话说，"没"是否获得双重允准，即非真实语境和否定预期共同允准，如果获得双重允准，"没"就不具有语义真值。否定预期指不期望发生的事件或可能性小的事件。（61）的"中了六合彩""当上省长""飞起来""她的头发挨着他的衣裳"对于句中的当事人来说，尽管具有积极意义，但都是可能性小的事件，不容易实现，是一种否定预期，与隐性否定词"差点儿"共同允准否定标记"没"，"没"作为冗余手段，呼应"差点儿"的语义，形成句子的否定意义。

我们再来分析否定性情态副词叠加的情况。"白"类副词作为冗余否定也必须受到双重允准，分别为语境允准与评价预期允准，否则不能称之为否定性情态副词。如：

(66) a. 谢东又对着白山武馆的那些学徒,大声说道:"你们,这辈子也<u>白瞎枉为</u>一个中国人了。黑白对错是非不分,还有什么脸习武啊。" （转引自张谊生,2011:502）

b. 突然我发现几棵长满不知名的野果的树,急忙喊堂叔来辨认,结果他也不认识,为了安全起见而没有采摘,万一中毒,<u>枉空丢了小命</u>那可不值哟!

（转引自张谊生,2011:500）

在（66a）中,"枉"本来就是一个"白"类否定性副词,"枉为"表示白白地做了什么事情,或者徒然、没有作用,整个语境为否定语境。"枉为一个中国人了"表示说话人认为作为一个中国人的行为并没有获得预期的效果,并对这一行为从价值上持否定态度,是一种否定预期。句中的"白瞎"是"白"类副词的叠加,不改变句子的语义真值,只体现说话人的价值判断和情感取向。同理在（66b）中,"丢"含有"无代价地付出"的语义,是一种隐性的否定语境,"丢了小命"是不期望发生的事情,属于否定预期,"枉空"作为"白"类副词叠加,允准成为语义冗余,不具有逻辑语义真值,只强调说话人的主观情态。

根据对否定冗余$_1$和否定冗余$_2$的描写与分析,我们抽象出汉语冗余否定的允准条件如下:

(67) 汉语冗余否定分为单一否定和多重否定,单一否定表肯定意义,称为否定冗余$_1$,多重否定表否定意义,称为冗余否定$_2$,其允准条件分别为:

α 为否定冗余$_1$当且仅当 α 被非真实语境所允准,即:

非真实语境 + Neg = 肯定

α 为冗余否定$_2$当且仅当 α 被非真实语境与评价预期（否定预期）同时允准,即:

非真实语境 + Neg + 否定预期 = 否定

根据 (67),我们可以对冗余否定的三种类型作出一致性的描写与处理。三类冗余否定的允准语境分别为感叹句、隐性否定句、先时义时量短语/反实条件句,均为非真实语境,分别表示惊奇、不期望发生的事件或可能性小的事件。非真实语境单独允准否定标记时,称为冗余否定$_1$,非真实语境与否定预期双重允准否定标记时,否定标记不具有逻辑语义真值,形成冗余否定$_2$。

表 5-1　　　　　　　　冗余否定的分类与评价预期

类型	格式	评价预期	缘由	允准语境
单一否定	时量类冗余否定 条件类冗余否定 程度类冗余否定	否定预期 (惊奇) (不确定)	可能性小 不期望发生	感叹句 先时义时量短语 反实条件句
多重否定 (隐性否定词+Neg)	推测类冗余否定 提醒类冗余否定 责备类冗余否定 差欠类冗余否定 自控类冗余否定 阻止类冗余否定	否定预期 (不期望)	可能性小 不期望发生	隐性否定句
多重否定 (否定性情态 副词叠加)	蕴含式叠加 复置式叠加 复置叠加+蕴含叠加 复置叠加+复置叠加	否定预期 (不期望)	不期望发生	预设否定句

冗余否定并不是没有语义内容,它与句子否定一样,含有否定意义,这种否定意义以否定预期的评价形式呈现,这就是为什么从跨语言的证据来看,冗余否定与句子否定一样必须使用相同的否定标记(参见 Zovko Dinkovic & Ilc, 2017)。

5.2　方言的否定连用现象

汉语的否定研究多集中在现代汉语普通话及古代汉语,关注的重点是其共时差异和历时演变。其实,方言中的否定是不容忽视的语言现象。我们在考察英语多重否定时,重点考察了非标准英语中的否定呼应,非标准英语中的否定呼应是现代英语不可或缺的重要的语言表现形式。那么汉语方言中是否也存在否定连用的现象? 如果存在否定连用,它们是不是一种否定呼应? 这些问题都是否定研究中值得思考与挖掘的。

5.2.1 方言双重否定的语义差异

地域方言是语言因地域差别而形成的变体,是全民语言在不同地域的分支。中国地域广阔,汉语与少数民族语的方言众多。汉语方言常以地域区别大致划分为七大方言:官话方言、吴方言、湘方言、赣方言、客家方言、粤方言、闽方言。在众多的方言中,我们考察了 14 种方言的否定现象,发现其中 9 种方言存在双重否定现象,与现代汉语共同语的双重否定相比,存在明显的差异。

5.2.1.1 方言中的否定词与否定连用结构

我们考察的 14 种方言包括福建泉州方言、福建宁德方言、福建安溪方言、广东潮州方言、山东栖霞方言、湖北武汉方言、浙江衢州方言、浙江温州方言、河南浚县方言、湖南长益方言、江苏扬州方言、上海方言、重庆方言、东北方言,涉及官话方言、吴方言、闽方言、湘方言四大方言区。我们选择方言时遵循以下三个原则。

1) 代表性。所选方言覆盖面广,具有一定的代表性。官话方言是首选方言,它在汉语各方言中分布地域最广,覆盖了东、西、南、北,使用人口约占汉族总人口的 75%,其词汇与现代汉民族共同语普通话的词汇大同小异,外来借词比较少,古代语词保留得比较少,语气词也比较少。修饰性的词素一般在前,重叠式的运用范围相当广。

2) 历时性。所选方言能够反映古代汉语的历史面貌以及汉语的演变过程。吴方言、闽方言是首选方言,吴方言经历了商、周、春秋至今 3000 多年的历史变迁,底蕴深厚,非常接近中古华夏雅言,是古汉语正统嫡传。吴方言为江南本土古老语言,见证诗画江南语言文化,与吴越文化血脉相连,人文历史源远流长。闽方言吸收了闽越语、上古汉语、中古汉语、古吴语以及现代汉语(普通话)乃至于马来语、英语的词汇,保存了古汉语语音和词汇上的许多特点,被称为古汉语的"活化石"。其语音上的文白异读现象反映了移民及其文化浪潮的历史层次。

一般认为，白读音是上古音（秦汉雅言）的遗存，而文读音更接近中古音（唐宋官话）。

3）熟悉性。所选方言中有我们非常了解与熟悉的方言。湘方言是首选方言，湘方言是笔者自己的方言，是湖南省最具代表性的方言，主要分布在湘江、资江流域的40个市县，使用人口约3085万，占全国人口的3.2%。其通行地域较小，有较好的整体把握。

我们主要考察方言的否定形式和否定词使用的情况。以上方言中，官话方言的否定词与现代汉语共同语大致相同，差别不明显，这是区别于其他方言的地方，因为官话方言在词汇层面与现代汉民族共同语普通话大同小异，没有太多的外来借词和古汉语词汇。吴方言、闽方言中的否定词多为合成词（如朆、覅、唔、朆、吥）或保留了古代汉语的形式（如毋、未、免、否），这也是这两大方言的显著特征，因为它们都是非常古老的语言，继承了古汉语的血脉。14种方言中，9种方言的否定结构含有独特的双重否定格式，这9种方言分别为：福建泉州方言、福建安溪方言、浙江衢州方言、浙江温州方言、河南浚县方言、上海方言、重庆方言、江苏扬州方言、东北方言，其双重否定格式以否定词连用为主，也有区别于现代汉语共同语的方言四字格式，具体情况见表5-2。

表5-2　　　　　　14种方言的否定词与否定连用

方言区	方言片	方言点	主要否定词	否定连用格式
官话方言 吴方言 闽方言 湘方言	北方官话 登连片（胶辽官话） 郑开片（中原官话） 成渝片（西南官话） 湖广片（西南官话） 洪巢片（江淮官话） 瓯江片 金衢片 太湖片 闽南话北片 闽南话北片 闽东话北片 闽南潮汕片 长益片	东北方言 栖霞方言 浚县方言 重庆方言 武汉方言 扬州方言 温州方言 衢州方言 上海方言 泉州方言 安溪方言 宁德方言 潮州方言 益阳方言	不、没、别、白、瞎 没、没有 没、冇 没得、不消、不等 不、莫、冒 不得、没 否、无、弗、覅、冇 弗、吥、朆、朆、覅 勿、朆 唔、未、免、朆 无、未、免、朆、唔 怀、毛、朆、未、莫 唔、未、免、朆 不、冇、莫	"没没"/"白瞎" "没冇" "不都不A"/"没都没A" "无A不A" "断无用"/"冇断坏"等 "吥……弗"/"弗A弗B" "吥不"/"吥没" "毋免"/"唔免"等 "朆朆"/"朆唔"/"无无"等

5.2.1.2 否定连用的语义差异

我们将以上9种方言划分成 A 类方言和 B 类方言（此处 A 与 B 只是标记，不表示等级或顺序），9种方言的双重否定根据其语义可以分为肯定型双重否定和否定型双重否定。A 类方言的双重否定为肯定型双重否定，包括一般肯定意义和肯定强化意义。B 类方言的双重否定为否定型双重否定，区分为一般否定和否定强化。

肯定型双重否定

A 类方言包括4种方言：东北方言、福建安溪方言、浙江衢州方言以及江苏扬州方言，分别涉及官话方言、闽方言和吴方言三大方言区。这4种方言的双重否定均表肯定意义，其中，东北方言的双重否定表一般肯定意义，福建安溪方言、浙江衢州方言以及江苏扬州方言的双重否定表肯定强化意义。

东北方言属于北方官话方言，是东北地区所有人的汉语方言，包括东北官话、北京官话、胶辽官话，其中东北官话和北京官话是距离普通话最近的方言。东北方言中的主要否定词"不""没""别"与现代汉语共同语大致相同，其中"没"在日常生活中使用频率极高。在现代汉语共同语中，"没"为阳平调（／| 35），但东北方言中的"没"有两种声调：没$_1$（／| 34），阳平调，词性为动词，表示对"有"或"存在"的否定，相当于"没有"。如："教室里没什么学生"。没$_2$（＼| 53），去声调，词性为副词，否定动作或状态已经发生。如"他没收到邀请函"。副词"没"在一般情况下读去声调，但如果紧随其后的音节也是去声调，则根据四声别义[①]规则，发生连读变调现象，副词"没"变读阳平调（见张发明，1989）。"没没"可以连用，读音为（没（＼| 53）没（／| 34）），表示"没有没"，即

---

① 四声别义指汉语利用四声（平、上、去、入）区别一个中文字义的方式，通常用来区别词性。如果一个多音字有多于一个读音，每一个读音代表的字义不同，其声母相同、韵母相同，但声调不同，这就是四声别义（百度 https：//baike.baidu.com/item/%E5%9B%9B%E5%A3%B0%E5%88%AB%E4%B9%89/4613294? fr = aladdin）。

"有"的意思,双重否定表一般肯定意义。"没没没"连用,读音为[没(ノ|34)没(\|53)没(ノ|34)],其中第三个"没"字与现代汉语共同语的用法一样,多用于选择问句的句末,表选择,"没没没"表示的是"没还是没没(\|53)没(ノ|34)",意为"有还是没有?""在还是不在?""丢了还是没丢?"等(见李铄瑶,2013),根据语境赋予意义。如:

(68) A:钥匙好像没了,你把锁别别。

B:到底<u>没没没</u>?

A:我也不道<u>没没没</u>。

B:<u>没没</u>你让我别,别别了,别秃噜了咋整,你个个别。

A:我个个别就个个别。

......

A:钥匙找到了,锁坏了。

B:我就说<u>没没</u>吧,别别别别你非得别。

A:刚才我也不道<u>没没没</u>,就别别,别别咋的了,别坏再买呗,你嘞嘞啥呀你嘞嘞!　　(百度贴吧,2018-05-13)

这是一个网络段子,调侃极品东北话,通篇是词的叠用形式,东北话是北方官话,北方官话中重叠式的运用相当普遍,在这里达到了极致。"没没"是否定词的连用,表肯定意义,"个个"是量词重叠,"自己""自个儿"的意思,"嘞嘞"是助词重叠,嘟囔、啰唆、嚷嚷的意思,"别"是撬的意思,这段文字的大意是:钥匙好像丢了,你撬一撬锁。到底丢了还是没丢?我也不知道丢了还是没丢,没丢你让我撬,别撬了,撬坏了怎么办。你自己撬。那我就自己撬。钥匙找到了,锁坏了。我就说没丢吧,撬什么撬,非得撬。刚才我也不知道丢还是没丢,就撬了撬,撬一下能怎么样,撬坏了再买呗,你嚷嚷什么(说那些废话干什么)?当然,这个段子里我们关注的是"没没",即否定词"没"的连用,这种双重否定形式多出现在口语或娱乐性作品中,为大众所喜闻乐见,是鲜活的语言,具有鲜明的地方色彩,书面

— 253 —

语或正式文体中用例很少。

福建安溪方言、浙江衢州方言以及江苏扬州方言的双重否定形式有两种：否定词连用和含否定词的四字格式，均表肯定强化义。

安溪位于福建省东南沿海，晋江西溪上游，厦（门）漳（州）泉（州）金三角西北部，隶属泉州市。除官桥、湖上、剑斗、白濑等少数畲族居民外，其余均为汉族，通闽南方言，闽南方言中的一些语法保留了古汉语的构词特点。在安溪方言中，两个否定词连用强化肯定意义，表"必须""一定"的语义，如"无无""赡赡""赡无""赡唔""赡免"等。

(69) a. <u>无无</u>知影兮。

b. <u>无无</u>好吃兮。

c. <u>无无</u>穿制服兮。　　　　　　　（引自廖新玲，2002：35）

(70) a. 该做的伊<u>赡无</u>做。

b. 伊敢<u>赡赡</u>记得。

(69)各句中的"无无"强调"没有例外"的意思，其意分别为：全都知道、全都好吃、全都穿制服。(70a)的"赡无做"强化肯定意义，表示"不会没做"或"一定做了"，即该做的他一定做了。(70b)中的"赡赡记得"也表强调语气，意为"一定记得""不会不记得"。

衢州位于浙江省西部，钱塘江上游，金（华）衢（州）盆地西端，属吴语处衢片，通行府城衢州话。衢州方言中也保留了不少古代词汇，主要否定词有5个，分别为"弗、呒、赡、勿、勥"，其中"弗"和"呒"是基本否定标记词，"赡""勿""勥"是合音词，分别由"弗"与"曾"、"会"、"要"合音演变而来，其双重否定多表现为四字格式，如"呒A呒B"、"呒……弗"和"弗A弗B"：

(71) a. 认着渠个人里头<u>呒人弗佩服</u>渠个？

b. 渠老子"文革"时候死个，死得<u>弗明弗白</u>。

c. 你个棱<u>呒日呒夜</u>个做事体，当心身体。

(71a)中的"呒人弗佩服"表示"没有人不佩服"或"大家都

— 254 —

佩服"，全句的意思是，认识他的人没有不佩服的。(71b) 中的"弗明弗白"同现代汉语共同语的"不明不白"，此处强调死得冤枉、离奇或委屈等，译成普通话为：他父亲是"文革"时死的，死得不明不白。(71c) 中的"朆日朆夜"意为"没日没夜"，全句相当于：你这么没日没夜地工作，小心身体。

　　扬州方言被认为是江淮官话的代表方言，其使用范围包括江苏省的扬州、淮安、南京以及盐城大部，属于北方话语系统，因明朝时期大量苏州府居民的迁入，又多了许多苏州话的元素。著名语言学家鲍明炜教授曾用八个字概括扬州方言的特点：不南不北，又南又北（鲍明炜，1993）。不南不北指扬州方言不属于南北两方方言的任何一方，又南又北指扬州方言兼具南北两方方言的特征。这一点在其否定手段的使用上也有所反映。扬州方言双重否定形式有一个很特殊的四字格式——"无A不A"。其中，A是单音节形容词，格式义为"非常A""极其A"。如"无大不大""无热不热""无远不远"等，形容物体极大、天气极热、路程极远。"无A不A"格式在扬州口语中使用很广，如：

(72) 我才准备到南京去找他的，无巧不巧他到扬州来开会了。

　　在近现代扬州籍作家创作的小说和散文作品以及扬州评话作品中，"无A不A"格式的用例很多：

(73) a. 世界是一张<u>无大不大</u>的大网，"我"只是一个极微极微的结子。

（《朱自清散文全编·你我·"海阔天空"与"古今中外"》107页）

b. 今天<u>无巧不巧</u>，射晁盖的时候是拈的一只毒箭。（扬州评话王派《水浒·卢俊义》第一回70页）

（转引自淮扬书生博客，http://www.bokeyz.com/user1/yzlj1965/240251.html）

　　除了江淮官话，在西南官话和吴方言中也广泛使用"无A不A"格式,我们可以从琼瑶、沈从文、金庸的作品中找到用例。琼瑶出生于四川成都,其小说中的语言受到了西南官话的影响,沈从文是湘西凤凰人,湘西方言属于西南官话,金庸是浙江海宁人,海宁方言属于吴方言。

否定型双重否定

B类方言包括6种方言:河南浚县方言、福建泉州方言、上海方言、浙江温州方言、重庆方言、东北方言。其中河南浚县方言、福建泉州方言、上海方言、东北方言的双重否定形式都是否定词连用,表一般否定意义,浙江温州方言和重庆方言的双重否定表否定强化意义。

河南浚县方言属于中原官话,中原官话是在以雅言为核心的中国历代标准音的基础上逐渐形成和发展起来的,与民族共同语在声母、韵母和用词上有一定差异。浚县方言中的否定词与普通话有同也有异,主要否定词是"没"和"冇",根据辛永芬(2008),"没"承继了"无"的否定意义,是单纯否定+有。"冇"是没有的合音,其表层语义结构为单纯否定+有+有,"没冇"是两个否定成分的加合,它的表层语义结构是五个语义要素的组合,即单纯否定+有+单纯否定+有+有。"没冇"仍保持否定意义,表一般否定。如:

(74) a. 一身<u>没冇</u>力,吃饭也吃得少。

　　　b. 只有想不到,<u>没冇</u>摘不到。

辛永芬(2008:114)认为,浚县方言里中"没"、"冇"和"没冇"是不同历史时期形成的相同的语义成分,它们的深层语义结构相同,都是"单纯否定+有",其中"冇"和"没冇"都是语言成分同质兼并的结果。在用法上,三者有许多相同之处,但也存在一些差异。

福建泉州方言是闽南方言的一个次方言,历史上曾经是闽南方言的代表。泉州方言的形成与五代十国时期中原人大批南下入闽有密切关系,所以泉州方言中至今还保留着古汉语语音、词汇的许多特点,犹如古汉语的"活化石"。泉州方言中的否定词多为古汉语形式,主要有毋、唔、未、免、袂,其中最常用的是"毋"和"免",前者表示"不/不可以",如"毋知影"(不知道),后者表示"不必/不用",

如"免等伊，咱先吃"（不用等他，我们先吃）。"毋"和"免"连用表否定强调，如（75），此外，双重否定格式还有"唔免""未曾未""未八未"等，如（76）、（77），均表一般否定意义，广泛用于日常语言和谚语中。

（75）a. 好子<u>毋免</u>济，济子饿死父。

　　　b. 好囝<u>毋免</u>教，孬囝教昧乖。

　　　c. <u>毋免</u>家中千担粮，只要夫妻好商量。

（76）a. 人生七十古来稀，赚好赚歹<u>唔免</u>比。

　　　b. 一时失志<u>唔免</u>怨叹，一时落魄<u>唔免</u>胆寒。

（77）a. 一直<u>未曾未</u>经历轰轰烈烈，生活一直归于平静。

　　　b. 印度"高举右手"的人，46年<u>未曾未</u>放下过，如同一只枯槁。

"毋免"是"不用""不需要"的意思，（75a）的大致意思是，"好儿子不用很多，只要几个能孝顺就可，若是儿子太多时，素质不良一定会累死父亲"；（75b）意为"好儿子不用教，自然就好，坏儿子教也教不好"，（75c）的意思是"不要夫妻之间都很有钱，钱多不和也没有意思，宁愿夫妻之间什么事情都可以好好商量！"（76）中的"唔免"表示"不用""不要"的意思，"唔免比"即不要比较/攀比，"唔免怨叹、唔免胆寒"即不用怨叹、不用胆寒。（77）中的"未曾未"是没有的意思，"未曾未经历""未曾未放下过"分别表示没有经历、没有放下过。

上海方言为有数千年历史的古老吴语，作为吴语的一种，保存着古代语音、词汇和语法现象及其反映出来的古代江东文化信息，甚至还保留了上古汉语和曾经在这块土地上生活过的百越民族语言遗迹（钱乃荣，2012）。上海方言中的否定词"勿""覅"就具有古汉语的遗风，不过随着时代的更替和多元文化的渗入，更多的否定词开始接近汉语普通话，其中"呒"是具有代表性的否定词。"呒"可以作动词，表示"无""没有"，如"勿要呒规矩"（越剧《三摆渡》），也可以作副词,相当于"不""不要",如,"朆讲短,朆讲长,单讲田主冇天良"(《中国歌谣选·田主冇天良》)。"朆"可以与另一个否定词连用,形成"朆不""朆没"格式,仍表否定义。"朆没"指没有,除了上海外,也通行于苏州、嘉兴、宁波等地,如"朆没关系、朆没用、朆没意思"等。

(78) a. 老婆婆!啥格胡堂有水卖?家里厢冷水也朆没,不方便来呢!
(丁玲/《法网》)

b. 啥格辰光,阿拉弗晓得,经理来弗来也朆没定规。
(丁玲/《梦珂》)

c. 只有狠心格老子,朆不狠心格娘。
(刘半农/《瓦釜集·只有狠心格老子》)

根据刘丹青(2002),目前上海方言的主流已是用存在否定词"朆没"兼作已然体否定副词,基本取代了老上海方言中的否定词"朆"。这使上海方言区别于其他北部吴语,更接近汉语普通话。

温州方言是吴语的一个分支,保留了大量的吴语古音,在民间称为瓯语,其发音、用词和语法等方面都与普通话有极大差别,其否定词也有自己的特征,与普通话大相径庭。根据张涌泉、陈瑞峰(2012),在温州方言中,"断""冇""段""否"是常用否定词,与"没有"相通,如"段用"表示没有一点用。"段用"还可以与另一个否定词叠用,构成"段无用"格式,"段""无"连用强调否定意义,它与"段用"和"无用"之间构成的层级关系为:段无用 > 段用 > 无用。"冇"也是否定词,[①] "冇作业"表示没有作业。"冇坯"表示不合规矩、不合法、没有模样("坯"的意义是"规矩、法则、模样")。"断坯"与"冇坯"同义,但语气略强,二者也可以叠用,构成"冇断坯"格式,其中"冇""段"两个否定词连用加强否定语气,它与

[①] "冇"在中国各地方言中都是"没有"的意思,如在淮安话、河南话、粤语、潮州话、武汉话、客家话、青海话、湖南话、福州话、南昌话、山东话、桂林话、四川话等26种方言中,"冇"都与"有"相对,表否定意义。

"断坏"和"冇坏"之间构成的层级关系为：冇断坏＞断坏＞冇坏。

温州方言中的"否"表示"不能实现"，如"进否来"（进不来）、"唱否出"（唱不出）等，"晓（否）得"即"不知道/不明白"。而"否晓（否）得"则表强调语气。二者之间构成的层级关系为：否晓（否）得＞晓（否）得。在日常交流中，"无用""断坏""否晓（否）得"是常用语，表示一般否定意义，也可以说成"段用""冇坏"，否定意义略强，如果要强化否定意义，则两个否定词连用，形成以上特有的双重否定格式。

重庆方言隶属于官话方言区中内部一致性最高的西南官话，以古代巴、蜀方言为基础，同时受到全国通用语、历代移民及周边地区方言影响，作为西南官话中的次方言，它与现代汉语共同语在词汇和语法层面有诸多的一致性。重庆方言中，否定词"不"或"没"连用，构成双重否定"不都不A"或"没都没（有）A"格式。"不都不/没都没"并不是双重否定表肯定，而是通过重复否定副词"不/没"，强化"不/没"的否定义，加深"不/没"的程度，可以理解为"一点儿都不/没""非常不/没""压根不/没"，如：

（79）a. 这都是些捕风捉影的东西，<u>不都不存在</u>，你还真信？

　　　b. 毕业20多年了，<u>我没都没回母校</u>去看过。

"没都没（有）A"区别于"不都不A"的地方在于前者可以作定语修饰名词，如：

（80）a. 我打算在悦方开一个店，卖一种你<u>没都没看过</u>的东西。

（豆瓣，2010－04－21）

　　　b. 谁能帮我找到这本找了好久<u>没都没找到</u>的书？

（百度，2019－07－21）

（79）中的"不都不存在""没都没回母校"分别表示压根不存在、压根没回母校的意思，强调否定的语气。同样，（80）中的"没都没看过""没都没找到"分别表示从来没看到过、一直没找到的意思，加深否定的程度。

东北方言作为北方官话方言,其主要否定词"不""没""别"与汉语共同语大致相同,除此之外,情态否定副词"白""瞎"也是常用的否定手段,如"白扯"(没有效果,不起作用)、"白捞毛"(白忙活,一无所获)、"瞎干"(干些无用功)、"瞎叨咕"(不起作用地絮叨)等,"白"与"瞎"两个否定副词连用,形成双重否定,但其语义不是肯定义,而是否定义,"白瞎"意即白搭,表示没有用处、不起作用、白费力气,如:

(81) a. 只觉此人满身铜臭,<u>白瞎</u>了一副好皮囊。

(百度知道,2019-11-09)

b. 挺好个大碗掉地下打了,<u>白瞎</u>了。

(百度,2013-03-06)

c. 好容易念那么多书,连工作也没有,<u>白瞎</u>那些年功夫了,不如早就找点活干。

d. 这就用不着了,<u>白瞎</u>你那东西干啥?

(百度,2013-03-06)

e. 看来两次三番的挑衅没有<u>白瞎</u>!来,战个痛快!他低喝一声,闪身躲过秦牧的攻势,立即采取反击。

(百度,2013-03-06)

5.2.2 双重否定的语义机制

方言中的双重否定现象远比现代汉语共同语复杂,其表现形式多样,用词具有地域特色,与现代汉语共同语相比,具有以下几个特征。

第一,双重否定的形式以否定连用为主体,也有凸显方言特色、含否定词的四字格式。连用的否定词多保留了古汉语的特色或者为合音词。古汉语9个否定词("不""弗""毋""勿""未""否""非""无""莫")中,出现在方言否定词连用格式中的除了"不"和"无"

外,"弗""毋""勿""未""否""非"是常用词,如"弗A弗B""否晓(否)得""毋免",合音词"勿会勿会""勿会唔""没冇"等。现代汉语共同语的否定词主要为"不""无"两个字,否定连用基本限于"不……不""无……不"和"非……不"表肯定强化义或"不无……"表肯定委婉义。

第二,双重否定的语义解读具有多重性。方言的双重否定是双向度的,包括肯定型双重否定和否定型双重否定,均含一般义与强化义。现代汉语共同语的双重否定是单向度的,即肯定型双重否定,只表肯定义。

方言是汉语分化的结果,构成汉语的一个组成部分。它是现代汉语共同语的地域变体,地域差异大,方言的差异也大。将上述方言的否定连用现象用连续统来描述的话,我们发现,这些方言的双重否定在差异中也有共性。9种方言中,福建安溪方言、浙江衢州方言、江苏扬州方言的双重否定表肯定强化意义,处于连续统的左端;东北方言的双重否定表一般肯定意义;河南浚县方言、福建泉州方言、上海方言的双重否定表一般否定意义,这3种方言在连续统中居中;浙江温州方言、重庆方言、东北方言的双重否定表否定强化意义,处于连续统右端。其分布见图5-1。

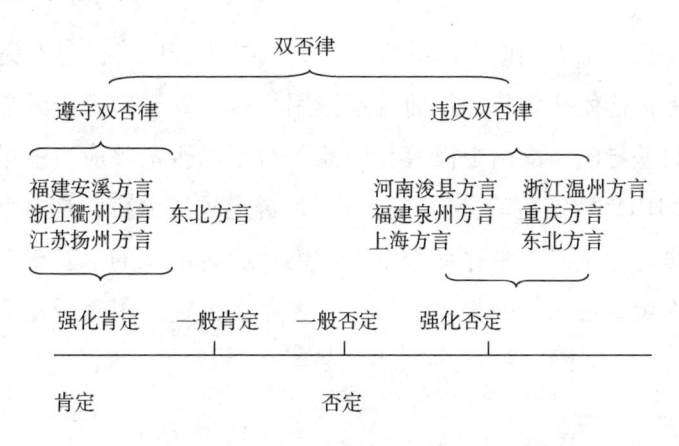

图 5-1 汉语方言否定连用连续统

作为地域变体,方言不是一个规范的体系,但是其双重否定现象仍有一定的规律可循。整体而言,方言的双重否定现象可以用逻辑语言系统的双否律来描写与解释,既遵守双否律,又违反双否律,也就是说,有些方言遵守双否律,有些方言违反双否律,完整地覆盖了肯定—否定的极限范围。由此看来,汉语大部分方言中的双重否定与现代汉语共同语相同,遵守双否律,① 具有对应关系。从历时层面看,这符合语言发展的规律。方言与现代汉语共同语都源于祖语,它们是原始祖语在某一共时平面上的投影,虽然在语音、词汇、语法上存在异质因素,因其来源相同,它们之间有许多共性。这种共性反映在语义层面是具有相同的语义机制。但也有少数方言违反双否律,从共时视角来看这也是合理的,在共时层面,方言与现代汉语共同语并存,同源演变发展,并且呈现出具有对应关系的差异,其差异首先表现在语言结构上。在这些违反双否律的方言中,其语言结构本身缺乏丰富的极性手段表否定强化意义,双重否定作为凸显的否定强化手段,成为首选的强调格式。

5.3 小结

否定连用是人类语言的共性之一,人类语言中广泛存在着否定词或否定标记连用的现象,然而否定连用是否具有否定呼应效应,这是具有参数差异的。汉语中没有与印欧语对等的否定呼应,根据德·斯沃特(2010)否定范畴分类,汉语不是否定呼应语言,是典型的双重否定语言。但是汉语中存在否定连用仍然表否定义的语言现象,这就是冗余否定,在汉语的很多方言中,也存在否定连用表否定义的否定结构。

---

① 关于汉语共同语中否定连用(多重否定)的语义机制,我们将在第六章集中讨论,将从语言与思维的关系出发,阐述语义与逻辑的关系以及双否律的理据,从而抽象出英汉多重否定在语义层面的隐含共性。

第五章 汉语中的另类否定连用

冗余否定是人类语言常见的否定形式,这种否定形式在汉语中也是屡见不鲜。汉语的冗余否定多指否定词/否定标记的冗余意义,可以分成肯定语境中否定词/否定标记的冗余和否定语境中否定词/否定标记的冗余。前者是单一否定,我们称为冗余否定$_1$,后者是多重否定,我们称为冗余否定$_2$,包括两个次类,其一是隐性否定词与否定标记的连用,其二是否定性情态副词叠加。

单一否定(冗余否定$_1$)中,否定标记没有逻辑语义真值,句子仍表肯定意义,主要形式包括时量类冗余否定、条件类冗余否定、程度类冗余否定。多重否定(冗余否定$_2$)中,否定标记出现在隐性否定语境,与隐性否定词呼应,否定标记没有逻辑语义真值,句子仍表否定意义,主要表现为隐性否定词+Neg 的形式以及否定性情态副词叠加形式,仍表否定意义。

冗余否定中的否定词/否定标记作为算子,其语义不足或不充分,但有其语义内容和语义—语用贡献。首先,从其语义内容来说,冗余否定必须获得允准,允准条件是非真实语境。汉语冗余否定中冗余性否定格式为隐性否定词+Neg,隐性否定语境就是非真实语境,同样,情态否定副词也是非真实语境。时量类冗余否定、条件类冗余否定、程度类冗余否定也都是非真实语境,只有这种语境下,冗余否定才被允准,否则不行。其次,从其语义—语用贡献来说,冗余否定触发某种语义或语用效果,具有评价功能,产生否定预期,指向不期望发生的事件或可能性小的事件。冗余否定代表了自然语言中否定的另一种合法功能:否定成分不作为真值陈述的目的或手段,而是与说话人的态度联系在一起(Yoon,2011)。非真实语境单独允准否定标记时,称为冗余否定$_1$,非真实语境与否定预期双重允准否定标记时,否定标记不具有逻辑语义真值,形成冗余否定$_2$。

汉语方言中也存在否定连用现象,在众多方言中,我们考察了14种方言涉及4大方言区的否定现象。官话方言的否定词与现代汉语共同语大致相同,差别不明显。吴方言、闽方言中的否定词多为合成词

（如觅、勿、唔、嘞、冇）或保留了古代汉语的形式（如毋、未、免、否）。14种方言中，9种方言的否定结构含有独特的双重否定格式，以否定词连用为主。其中4种方言的双重否定表肯定意义，多为肯定强化意义。6种方言①的双重否定形式都是否定词连用，表一般否定意义或否定强化意义。方言中的双重否定现象远比现代汉语共同语复杂，其表现形式多样，用词具有地域特色，语义解读是双向度的，具有多重性。

---

① 东北方言的双重否定有两种情况，"没没"表肯定强化，"白瞎"表否定强化。

第六章 英汉多重否定的语义机制

通过对英、汉两种语言否定手段的仔细观察，我们对两种语言中常见的多重否定现象进行了初步描写，包括两种语言中都存在的双重否定现象、冗余否定现象以及只限于古英语和非标准英语的否定呼应现象。多重否定在人类语言中普遍存在，作为一种普遍现象，其实是有理可据的，其理据可以追溯到叶氏周期。既然是一种普遍现象，就应该有普遍性规律可循。对纷繁复杂的语言现象抽丝剥茧，作出统一的描写与解释是语言学研究追求的理想境界。基于此，我们试图对英汉语言中的多重否定现象在整合描写的基础上，抽象出其语义共性，发掘现象背后的语言规律与本质。

6.1 英汉多重否定的统一描写

英、汉两种语言中的多重否定现象表面上看有同有异，两种语言又分别属于不同的语系，能否将两种语言中的多重否定现象统一在一个框架下进行描写与解释，也许是见仁见智的问题。人类语言千差万别，但其核心和本质有相通之处，其差别是相对的，共性是绝对的。我们借鉴荷恩（2009），试图对英汉语言中的多重否定现象作出统一的分类与描写。

6.1.1 荷恩的分类

蒙太古（1970）认为，语言的句法结构和语义结构具有对应关系，句法与语义是同构的。他将逻辑与数学的方法引入自然语言研究，开拓了用数理逻辑手段研究自然语言的途径，建立了一套完整的内涵逻辑，这就是影响深远的蒙太古语法，其中，句法与语义的同构理论是核心理论。所谓句法与语义同构的原则就是"用'最强'、'最简单'的映射把句法和语义联系起来，确立句法结构生成规则与语义表达式组合规则（即把自然语言表达式翻译成内涵逻辑式的规则）之间的对应关系，一条句法结构规则对应一条语义表达式的组合规则。这样做的结果不仅可使语义表达式的组合显得有根有据，而且还使自然语言的语义学具有与句法学一样的严谨性"（邹崇理，1993：4）。

当然自然语言的句法和语义关系处于同构状态是比较困难的，句法和语义并不总是一一对应，经常出现不相匹配的情况，否定结构就是典型的例子。英语否定的研究有上百年的历史，对其语义至今仍有很多谜一样的东西没有得到充分的解释，这是因为否定是一个算子，但并非所见即所得（un-WYSIWYG）的算子，我们所见的语言形式并不能反映其语义内容，或者我们所得到的语义内容并不能由语言形式表达（Horn，2018）。这就存在句法与语义之间的不匹配，这种不匹配表现为两种形式，其一，有句法形式，无语义内容，即有形无义；其二，否定功能受到句法形式的抑制，即有义无形。荷恩（2009）将前者称为超语言否定（hyper negation），后者称为亚语言否定（hypo negation）。

超语言否定是一种否定冗余，否定标记只是形式上有意义，没有实质性作用，不改变句子的语义内容，这种否定形式在罗曼语和其他一些语言中都是属于标准形式，在英语中主要限于古英语、中古英语及现代非标准英语中，如否定呼应与冗余否定。

关于英语的否定呼应现象，我们在第四章有详细讨论。古英语和中古英语是否定呼应语言，否定连用是一种常见的语法现象，表现为 ne...not 连用，其中 not 是 na, naut, nawt, nouhit, noht 的统称，故 ne...not 指 ne...na, ne...naut, ne...nawt, ne...nouhit, ne...noht 等形式。如：

(1) a. ... <u>ne</u>　muge we<u>noht</u> signe te blisfulle songes
　　　　 Neg　may　we　not　sing　the　blissful　songs
　　　... We may not sing the blissful songs

（引自 Haeberli & Ingham，2007：8）

　　b. <u>ne</u>　bridle6　he　<u>naut</u>　his　tunge
　　　 Neg　curbs　he　not　his　tonge
　　　 He does not curb his tonge.

（Haeberli & Ingham，2007：24）

　　c. Tt　ich　<u>ne</u>　seo　hire　<u>nawt</u>　heonne-for6　mare
　　　　that　I　Neg　see　her　not　henceforth　any-more
　　　　that I will not see her any more.

（Haeberli & Ingham，2007：25）

从叶氏周期理论来看，这一时期处于否定循环的第二阶段，单一的否定词不足以表达否定意义，需要引入另一个否定标记来强化其语义，形成否定词同现表否定的结构。

否定呼应一直延续到早期现代英语，这个时期，英语与欧洲大多数语言一样，都是否定呼应语言。至现代英语中晚期，英语开始与大多数欧洲否定呼应语言分道扬镳，否定呼应现象消失殆尽。现代英语中的否定呼应主要限于非标准英语中，即英国英语的地域方言和美国英语除标准变体以外的方言或非裔英语中。

英国方言大致可以分成六个方言区，即苏格兰方言区、威尔士方言区、北部方言区、中部方言区、西南方言区、东南方言区。根据英国国家语料库的统计，否定呼应覆盖了英国国家语料库所定义的几乎所有的方言区，是英国本土非标准英语口语中比较稳定的否定手段

(Anderwald, 2005), 只是在各地域方言中, 否定呼应的分布不太均衡。从弗莱堡英语方言数据库的语料来看, 否定呼应在英国方言中的分布情况大体相似。方言中的否定呼应如：

(2) a. <u>Neither</u> of my brothers <u>wouldn't</u> do anything. （威尔士方言）

b. I mean 'cause <u>nobody haven't</u> give us a penny. （西南方言）

c. Half the footpaths about ' ere <u>nobody don't</u> know where they are. （西南方言）

d. Yes, and <u>no people didn't</u> trouble about gas stoves then. （东南方言）

e. He was seasick all trip and <u>no-one didn't</u> see after him. （东南方言）

f. I know this sound funny, but <u>nobody didn't</u> notice it. （中部方言）

g. <u>None of them couldn't</u> do anything. （赫布里底群岛方言）

（转引自 Tubau, 2008: 164）

除了方言外, 否定呼应现象主要存在于美国英语中, 如阿拉巴马英语、阿巴拉契亚英语、西非英语、西得克萨斯英语等, 其中白话非裔美音语最为典型。沃尔弗拉姆、法佐尔德（Wolfram & Fasold, 1974）认为, 否定呼应是除标准变体以外几乎所有美国英语的特征。以下是美国英语中一些常见的否定呼应表述：

(3) a. I <u>ain't never</u> been drunk.

"I've never been drunk."

(Alabama English; Feagin, 1979)

b. <u>Nobody ain't doin "nothing"</u> wrong.

"Nobody is doing anything wrong."

(West Texas English; Foreman, 1999)

c. I <u>don't never</u> have <u>no</u> problems.

"I don't ever have any problems."

（African American English；Green，2002）

d. <u>Nobody couldn't</u> handle him.

（Appalachian English；Wolfram & Christian，1976）

冗余否定现象同样在古英语中就存在，主要出现在主从复合句中，其主句动词一般为 tweo（doubt）、forebead/forber/geswic（stop）、wiecwee（refuse）等隐性否定词，从句中仍有一个否定标记与主句的隐性否定词呼应。中古英语（11—15世纪）中冗余否定有两种形式，一种形式是含隐性否定动词的冗余否定，始自古英语时期（9—11世纪），显然沿袭了古英语冗余否定的格式，如（4），另一种形式在结构上类似于否定呼应格式，从13世纪开始，16世纪消失，如（5）。第二种形式并不表否定评价，句中的否定标记仍是 ne，虽然在14世纪 not 已经成为合法的句子否定标记。

(4) He <u>deffendeth</u> that man <u>sholde nat</u>　yeven to his broother ne to his
　　he forbids　that man should Neg give　to his brother　nor to his
　　freend the myght of his body
　　friend the might of his body
　　"He forbids man to give his brother or friend power over his body"
　　（Chaucer，Melibee，1756，转引自 Wallage，2014）

(5) <u>No man douteth</u> that　he <u>ne</u>　is strong in whom he seeth
　　strengthe
　　no man doubts　that　he Neg is strong in whom he sees　strength
　　"No one doubts that that person is strong in whom he can see strength"
　　（Chaucer Boece Ⅱ，Pr. 6，93 - 4，转引自 Wallage，2014）

（4）中的冗余否定标记是句子否定标记，这种冗余否定是带有评价功能的否定。否定标记呼应主句中作为认知、道义模态算子的隐性否定动词，对补语从句作出否定评价。补语从句中的否定词不具有逻辑语义真值，而是一种否定预期，表示在认知或道义上可能性较小或不期望发生的事件。

（5）更像否定呼应的一个次类，从句中的否定标记 ne 与主句的否定词保持呼应关系，这是一种句法（多重）一致关系，ne 的分布在句法上受到限制，这种限制源于取宽域的否定词与否定呼应的句法邻近条件制约（见 Wallage，2014）。

这两种格式的冗余否定分别以不同的形式对应于叶氏周期。晚期中古英语（14、15 世纪）中，冗余否定标记 not 与 ne 在叶氏周期的第二阶段呈现不同的分布形式，ne 的分布随着时间的变化而变化。古英语和早期中古英语（至公元 1200 年）中处于叶氏周期第一阶段的冗余否定标记 ne 与晚期中古英语（公元 1200 年以后）处于叶氏周期第二阶段的 ne 是两个不同否定标记。早期中古英语中的 ne 与晚期中古英语中的 not 在叶氏周期的第一阶段与第二阶段都是否定标记，但是晚期中古英语中的 ne 却是叶氏周期第二阶段的呼应否定，只标记否定一致（Wallage，2014）。

在当代英语中，冗余否定现象仍然比较普遍，当句子中出现 miss/keep 或 surprise/hold/avoid 等动词时，否定词 not 与之同现，但 not 为冗余性标记，如：

（6）a. I *miss not* seeing you.

b. Don't be *surprised* if it *doesn't* rain.

c. Well, really, how can I *keep* from not worrying?

d. I'm going to try to *avoid* not getting bogged down.

e. I don't know if I can hold myself back from not watching it.

引自（Horn，2009：405 – 407）

从古英语、中古英语到当代英语的冗余否定形式来看，它们与汉语冗余否定有很多类似的地方。首先是句法格式相同，即否定标记与隐性否定动词同现，构成"隐性否定动词…Neg"结构。如古英语中的 tweo（doubt）/forebead/forber/geswic（stop）/wiðcweð（refuse）…，ne、中古英语中的 deffendeth/douteth…nat/ne、现当代英语中的 keep/surprise/

hold/avoid...not 等与汉语典型的冗余否定格式"怀疑/阻止/拒绝/禁止/……不"非常接近,事实上,其他语言中也有类似的冗余否定格式和结构。这也许说明"隐性否定动词...Neg"是人类语言中的一个构式,具有跨语言的普遍性。其次是允准语境相同,即冗余否定的语境必须是非真实性语境,这是否定标记作为冗余标记的必要条件。最后,冗余标记虽然没有语义真值,但具有语义—语用功能,如评价、预设、强调等,这些都是单一否定难以达到的语义—语用效果。

亚语言否定不如超语言否定那么常见,指否定标记的否定功能受到句法形式的抑制,即不含有标准的显性否定词汇的结构产生否定解读,换句话说,亚语言否定就是用肯定形式表达否定意义,也就是我们常说的有否定义,没有否定形式。英语中最经典的例子是(7):

(7) I could care less (= I couldn't care less)

在 I could care less 结构中,尽管没有显性的否定标记,但是其语义行为类似于标准否定句,即在命题层面含有句子否定标记 not/-n't,实际表示"我完全不关心"或"我完全没有兴趣"。如:

(8) John:This video game is so good. I could play it forever.

Jim:*I could care less*. I hate video games.

John:Wait, so you could care less. ... that means that you care somewhat. You mean "I couldn't care less"?

Jim:What? No. I don't give a shit about your dumb video game.

John:You're a fucking retard.

(引自 Urban Dictionary[①])

又如"That'll teach you to VP"也是典型的亚语言否定结构,结构中没有显性否定标记,但表达的是否定语义,相当于"That'll teach you not to VP",中文意思为"这回你该长记性了",用于提示某人应该基于现有的经验避免不好的事情再次发生,如(9)是发生在简

---

① 见 https://www.urbandictionary.com/define.php?term=I%20could%20care%20less。

(Jane) 用锋利的刀子削杧果，不小心削到手指后，与卡罗琳（Caroline）的一段对话，意思是这次让我吸取教训了，以后削杧果不再使用锋利的刀子。卡罗琳则认为如果是表示以后不再发生类似事件应该加"NOT"才对。

(9) Jane: That will teach me to use a sharp knife when cutting up mango!

Caroline: Don't you mean that'll teach you NOT to use a sharp knife?

I could care less 与 I couldn't care less 可以允准负极词，同样"That'll teach you to VP"也可以允准负极词，这进一步说明它们是否定结构。如：

(10) a. I couldn't care less about anyone or anything anymore.

b. These people clearly couldn't care less about anyone but themselves.

c. I couldn't care less about ever going back to school.

d. I could care less about ever having a No. 1 single.

e. EOM staffers could care less about ever again hearing anything about the Department of Justice's Executive Office for Immigration Review.

(11) a. Aw, sorry to hear Expatria, but that'll teach you to ever leave Boston.

b. That'll teach you to do anything without a spreadsheet.

c. That'll teach him to ever say anything degrading about girls in your presence. 引自（Horn, 2009: 417-418）

超语言否定与亚语言否定是 Horn 提出的两个关于否定的概念，二者都是否定手段或否定结构，但在否定标记的使用上正好相反。通俗地讲，前者指多个否定标记表单一否定的形式，出现否定标记冗余，后者指零否定标记表否定的形式，出现否定标记不足。与多重否定相关的是超语言否定形式。

多重否定指句中否定连用的现象，否定连用既可以表肯定意义也可以表否定意义，表肯定意义的否定连用形式是双重否定，表否定意义的否定连用形式是否定呼应与冗余否定。荷恩（2009）将这两种形式称为逻辑双重否定与超语言否定，他的分类如图6-1。

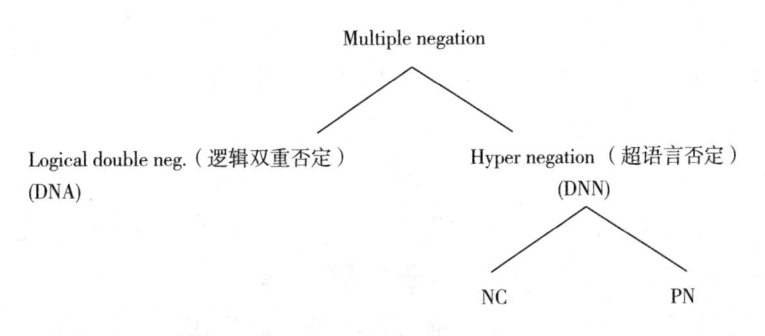

```
                       Multiple negation
                      /                \
  Logical double neg.(逻辑双重否定)    Hyper negation(超语言否定)
         (DNA)                              (DNN)
                                           /      \
                                          NC       PN
```

图 6 - 1　多重否定的分类（Horn，2009）

在图 6 - 1 中，DNA（duplex negatio affirmat）指两个否定词相互抵消，在逻辑上相当于肯定，但所肯定的不仅是所对应的肯定句的内容，还倾向于表示说话人不便于使用简单的肯定表达式（Horn，2010：120）。DNN（Duplex negatio negat）指两个否定词共同作用表达单一的语义否定，两个否定词具有语义呼应关系。葡萄牙语、波斯语、法语、俄语、西班牙语、古英语、意大利语、南非语、希伯来语以及现代英语中的某些方言如非洲美国英语等都是否定呼应语言。而拉丁语、德语、荷兰语、瑞典语及现代英语的大多数方言都不存在否定呼应。从跨语言的视角来看，否定呼应语言在语言中占多数（见 https：//en.wikipedia.org/wiki/Double_ negative）。

6.1.2　英汉多重否定的分类描写[①]

荷恩（2009）的分类反映了多重否定的全貌，但这个分类是粗线

---

① 本节部分内容发表在《现代外语》2017 年第 5 期，详见文卫平（2017）。

条的，不管是 DNA 还是 DNN 其实并不是简单的否定连用表肯定义和否定连用表否定义的问题，它们之间存在语义差异，可以继续进行细化。鉴于此，我们在范·德·沃登（Van der Wouden, 1994）和泽伊尔斯特拉（2004）的基础上，将多重否定分解成以下四种形式。

1）否定抵消：两个否定成分相互抵消，产生语气较强的肯定意义。

2）否定弱化：两个否定成分中，一个否定成分弱化另一个否定成分的语义，产生语气较委婉的肯定意义。

3）否定呼应：两个否定成分语义上呼应，保持否定意义。①

4）否定强化：两个否定成分中，一个否定成分凸显或强化另一个否定成分的语义，产生语气较强的否定意义。

以上四种形式中，否定抵消与否定弱化属于 DNA，否定呼应与否定强化属于 DNN。这四种形式在英语和汉语中同时存在，只是呈现方式有所不同。我们以此为基本框架，对英汉多重否定现象的全貌进行宏观梳理与语义描写。

首先看否定抵消。叶斯帕森（1917）指出，两个否定词连用，指向同一个概念，结果总是肯定的，任何语言都是如此。英语如此，汉语情形也基本相似，从《马氏文通》开始，双重否定就被定义为否定抵消，双重否定"叠用两'不'字，业已互相对销，无异正说"（马建忠，1983）。但是，正如后来吕叔湘（1985）和黄伯荣、廖序东（1997）等学者观察到的，双重否定比一般的肯定句语气更强，意义更肯定。英语的典型格式为"not + 否定词缀"（un-/dis-/il-/im-/in-/ir-/non-），汉语的常用句式是"不是不/没……""没有不/没……""没有/无/非……不""不要不""无不"等。其中"无不"中的"无"是无定代词，意为"没有什么人""没有什么事""没有什么地方"，与

---

① "否定呼应"有时也涉及三个或以上否定成分连用，如：
I won't trouble nobody about nothing no more.
I won't trouble anybody about anything any more.
在很多文献中，"否定呼应"直接称之为多重否定。

"不"结合对施事主体进行统括性范围限制，以强化肯定的效果。

(12) a. 从前线回来的人说到白求恩，没有一个不佩服，没有一个不为他的精神所感动。　　（毛泽东/《纪念白求恩》）

b. 无风不起浪。

c. 南方有鸟，其名为鹓鶵，子知之乎？夫鹓鶵发于南海，而飞于北海；非梧桐不止，非练实不食，非醴泉不饮。

（《庄子·秋水》）

(13) a. 对于这件神奇的事件，大家无不感到新奇，无不啧啧称奇。

b. 大家也学著叫这名字，又叫错了音韵，或忘了字眼，甚至于叫出"野驴子"来，引的合园中人凡听见者无不笑倒。　　（《红楼梦．第六三回》）

作为双重否定的主要形式，否定抵消表强调有三种形式：全称式否定抵消（N-words…not；无/莫/没有……不）、模态式否定抵消（M + not…not；不 M 不）、条件式否定抵消（no/not/none/never…without；不/没有 X，不/没有 Y）。如：

(14) a. 全称式否定抵消

Nobody on this planet is not selfish

（这个星球上的所有人都是自私的）

我们班没有一个不喜欢英语老师的。

b. 模态式否定抵消

We cannot afford not to try. 　　（我们不得不去尝试）

您这么大年纪不可不注意身体。

c. 条件式否定抵消

You can't make an omelette without breaking some eggs.

（不破鸡蛋，做不成蛋卷）

没有地球，没有空气，没有水，就没有人类的生存了，那是无法想象的事情啊！

有些句式类似否定抵消，实际上并不是否定抵消，这类句式包括联合结构、连动结构、动宾结构、紧缩句、反问句等（见符达维，1986），如：

(15) a. 这个女孩不唱歌不跳舞，一门心思练武术。（联合结构）
   b. 别总是霸着位置不干活。（连动结构）
   c. 母亲不开口他不走。（动宾结构）
   d. 不获全胜不罢休。（紧缩句）
   e. 莫非你不喜欢他？（反问）

否定抵消在国内外的研究成果很多，不是我们的讨论重点，在此不赘述。

两个否定连用除了相互抵消产生语气较强的肯定意义外，它可以减弱肯定，表达委婉、平和的语气（吕叔湘，1985）。这就是委婉表述肯定意义的否定弱化现象，也是英汉双重否定的基本形式。如英语的"not un-A"格式和汉语的"不无/未必不/不一定不/不见得不"句式：

(16) a. Sometimes, that standard is quite difficult, if not impossible, to achieve.
   b. It was not quite so untrue as might have been expected.

(17) a. 虽然我不擅长这个领域的知识，但是我未必不能解答这个问题。　　　　　　　　　　　　　　　　（百度，2015-04）
   b. 张海涛不无忧虑地说："中国队的点球差，主要原因在于心理素质不够好，点球最需要的就是自信心，中国姑娘的自信心普遍不足。"　　　　　　　　　　　　　　　（新浪体育，2004-04）

这类双重否定形式，在语义层面削弱了句子意义，其语气与单纯的肯定句相比，更加婉转、更加和缓，常用来表推断似的结论，给听话人留有空间和余地。还有一种情况是，第一个否定词为一般否定词或绝对否定词，第二个否定词为半否定词或准否定词，常见的有 hardly, barely, scarcely 等，如：

(18) a. I can't barely believe it when I saw it with my own eyes.
   b. Nobody has scarcely explained this clearly before.

c. The Captain set off without hardly a word.

汉语中的否定弱化还有一个格式,即"无非""莫非/莫不",前者表示"只不过""都"的意思,有时含轻蔑、不值得珍视之意,但语气委婉。后者表示推断、判断,相当于"不能不是""都是"。其中"莫不"可以用在句子开头,表示推测,类似于发语词,意为"或许""应该""难道"等,推测语气比"一定""必然"之类的肯定语气稍弱,是肯定意义弱化的现象(见王绍玉,2011:123)。如:

(19) a. 差两个防送公人,<u>无非</u>是张千、李万。

　　　　　　　　　　　　(《水浒传》第三十六回)

b. 自此柴进每日得近方腊,<u>无非</u>用些阿谀美言谄佞,以取其事。　　　　(《水浒传》第一百十六回)

c. 哥哥在此,<u>无非</u>只是在人之下,服侍他人非大丈夫男子汉的勾当。　　　　(《水浒传》第五十一回)

(20) a. <u>莫非</u>贼情公事否?　　　(《水浒传》第十八回)

b. 是他至爱相识。<u>莫非</u>正是此人?(《水浒传》第三十九回)

(21) a. 太公道:"客人<u>莫不</u>会使枪棒?"(《水浒传》第二回)

b. 帕子里面的<u>莫不</u>是金银。(《水浒传》第十回)

(19a)中的"无非"否定谓语部分,"无非是"相当于"没有不是"的意思。(19b)中的"非"判断性相对明显,类似于"只不过""大都是"。(19c)中的"无非"是对先行词"哥哥"的劝说,使其引起重视,达到被说服的目的。语气委婉含蓄,又充满期待。

在(20a)中,"莫非"表肯定的语气比较弱,只是暗示道,说一句官话、假话,才好以"贼情公事"为借口脱身,语气非常委婉。(20b)表示说话人的推测,隐含愿望和期待,在语气上比较舒缓,句中的"正"起强化作用,表明推断的正确性(见王绍玉,2011)。

(21a)中,"莫不"传达的是"太公"对客人的主观判断,即不一定所有客人都会使用枪棒,这种舒缓语气符合太公的身份地位。(21b)中的"莫不是"表达说话人对目前情况的判断,其肯定意义弱化,但评价色彩强化,强调说话人的推断,也隐含期待,即希望"帕子里面的"的是金银。

否定呼应在第四章和本章的 6.1.1 有详细讨论,古英语、中古英语中的否定呼应与现代英语中的否定连用格式有所不同,在现代英语中,否定呼应是指句中含有一个否定标记和一个否定成分,或者句中含有两个否定成分,两个否定成分不能跨越从句界限,只能同句,如(22);充当否定成分的必须是否定性无定名词(N-words),如 nobody, nothing, no one, none 等,词缀否定不是否定性无定名词,不满足否定呼应的条件,如(23):

(22) a. Nobody said nothing.

(= Nobody said anything)

b. Nobody said that nothing had happened.

(≠ Nobody said that anything had happened.)

(23) Nobody is incompetent.

(= Everyone is competent.)

否定呼应作为一种否定连用形式广泛存在于非标准英语中,现代标准英语很少有否定呼应现象,现代汉语也不存在与英语对应的否定呼应结构。根据否定呼应的特征,汉语中不存在否定性无定名词,汉语关于否定的研究成果中没有找到有关否定呼应的文献。我们考察了先秦时期的双重否定现象,这一时期,双重否定表现手段十分丰富,现代汉语中的大多数双重否定句式都可以在这一时期找到源头。与双重否定有关的否定性无定名词有四个:"莫""无""罔""靡",它们都能与否定副词共现构成双重否定句式,但表达的都是肯定意义,其中"罔""靡"为方言词,用例主要出现在《诗经》和《尚书》中。在先秦汉语中,最常用的否定性无定代词是"莫",指代人、物、事件、处所、朝代等,可翻译成"没有什么人/东西""没有哪件事/地方/朝代"如:

(24) a. 吾有老父,身死,莫之养也。(《韩非子·五蠹》)

第六章 英汉多重否定的语义机制

（＝我有年迈的父亲，我如果死了，没有谁养活他）
b. 自古为朋之多且大，莫如周。（欧阳修《朋党论》）
（＝从古以来，就结党营私的人数与广度而言，没有哪个朝代超过了周朝）

"莫"偶尔也用作否定副词或其他副词，进入汉代以后，作为否定副词的用法越来越多，至今，"莫""无"已经演变成副词而没有否定性无指代词的义项了。现代汉语中已基本找不到与英语 nobody、nothing 等 N-word 相对应的否定性无定代词，因而也不存在否定呼应现象。

两个否定连用，第二个否定成分对第一个否定成分进行否定加强，强化第一个否定成分的语义，这种情况只存在于英语口语和汉语某些方言中。否定强化从语义上讲也是一种否定呼应，二者看上去相似，很多人也将之混为一谈，但它们实为两种否定手段，其主要的区别是：否定强化受制于严格的邻近条件，只有当两个否定成分邻近时，否定强化才产生。否定呼应不受邻近条件的制约。英语口语中否定强化的典型格式有"n't...no""never...no""without scarecely/hardly""no...no...no nothing"等，如：

(25) a. John stood in front of me without scarcely uttering a word.
b. There won't be no next time.
c. He never troubles himself about no one.
d. In the old society, our family had no food, no clothes, no nothing.

(25) 各句都受邻近条件的制约，第二个否定词强化第一个否定词的语义。(25a) 强调说话人压根儿就没讲一个字，scarecely 强化 without 的语义；(25b) 表示不用担心，肯定不会有下次，no 强化 won't 的语义；(25c) 强调他从不为任何人费心，从不为任何人烦恼，no 强化 never 的语义；(25d) 中，"no...no...no nothing" 格式强调家中一无所有、一穷二白、食不果腹、衣不蔽体的窘迫，nothing 强调 no 的语义。

现代汉语共同语中没有找到否定强化表否定的语料，但在一些方言中发现了否定强化的语言证据。方言对认识现代汉语（共同语）双重否定的边缘现象和其分布特征，推测其发展方向和趋势都有一定的帮助。温州方言中的"断无用/冇断坏/否晓（否）得"（详见张涌泉、陈瑞峰，2012）、闽南泉州方言"毋免""怀免"、重庆方言中的"不都不 X"或"没都没（有）X"都是否定强化形式。

温州方言中的"断无用/冇断坏/否晓（否）得"格式已在5.2.2.2讨论过，在此不赘述。我们看泉州方言中的否定强化。在闽南泉州方言中，"毋"和"免"都是否定词，前者表示"不/不可以"，如"毋知影"（不知道），后者表示"不必/不用"，如"免等伊，咱先吃"（不用等他，我们先吃）。"毋"和"免"连用表否定强调，[①] 如：

(26) a. 一时失志<u>毋免</u>怨叹 一时落魄<u>毋免</u>胆寒。

b. 天无绝人的生路，<u>毋免</u>惊阁继续拼。

c. 落田着插秧、吃苦<u>毋免</u>哼，秋奈收成靠春耕。

（闽南四句：嫁尪（嫁人））

(26c)摘自"闽南四句"中的嫁尪，"落田"是下田地的意思，"毋免哼"意即不要叫苦连天。闽南四句是闽南地区早年盛传在民间的一种口头文化，其内容大多以生活为主题，幽默、风趣、诙谐、语言简短易懂、直接明了、朗朗上口，深受老百姓的喜爱，因此入选泉州市民间文学类非物质文化遗产。"闽南四句"并非都只有四句话，也可以三两句或者更多句，每句的字数没有绝对的限制。

我们再看重庆方言中的"不都不 X"或"没都没（有）X"格式，通过重复否定副词"不/没"，强化"不/没"的否定义，加深"不/没"的程度，相当于"一点儿都不/没""非常不/没""压根不/没"，如：

[①] 連金發（2008）认为，"毋免"是否定呼应现象，闽南方言是否定呼应方言。对此我们持不同意见，否定呼应的特征是否定词为 N-words 或 N-elements，显然，"毋"或"免"都不是 N-words，不满足否定呼应的条件。Yang (2011) 也认为"毋免"不是否定呼应，其观点是，这一格式中，只有"毋"起否定词的作用，"免"不是否定词，它只标记说话人的语气，因而"毋免"不是否定连用格式。我们考察了闽南泉州方言，认为，"免"是否定词，"毋免"是否定连用格式，强调说话人的否定语气。

(27) a. 没经历过低潮期的人生<u>不都不</u>叫人生。

（简书，2017 - 01 - 1）

b. 电脑开机之后，什么程序<u>没都没有</u>运行，莫名其妙的有音乐和广播，怎么去除啊？　（百度，2009 - 09 - 23）

"没都没（有）X"与"不都不 X"都是否定强调，二者的区别在于"没都没（有）X"可以形成"的字结构"，作为定语修饰名词，如：

(28) a. 你至今<u>没都没</u>看懂的动漫都有哪些？

b. 我有几个<u>没都没</u>逾期的网贷，名下有全款房，现在准备4S店按揭买车，银行审核会通过吗？

（百度，2019 - 11 - 13）

　　至此我们讨论了否定抵消、否定弱化、否定呼应、否定强化总共四种多重否定形式，其实介于否定呼应与否定强化之间还有一种多重否定形式，这就是冗余否定。冗余否定是一种否定连用，在语义上表否定义，但与否定呼应不尽相同。冗余否定中的第二个否定标记没有逻辑语义真值，与第一个否定词在否定意义上的呼应侧重在语用层面，语气比否定呼应更强。冗余否定与否定强化也不完全一样，否定强化中，第二个否定成分强化第一个否定成分的语义，整个句子形成较强的否定义。冗余否定也表达较强的否定语气，但这种否定不是命题内容的否定，更多的是与说话人的评价预期相关，第二个否定成分的贡献不是纯语义贡献，而是语义—语用层面的贡献。基于这样的语言事实，在英语中，冗余否定都是作为多重否定的一种现象单独讨论的，在荷恩（2009）的分类中，冗余否定与否定呼应是并列的，当然也有文献将其作为否定呼应的一个特例。现代汉语中冗余否定是一种常用的否定手段，显然这种否定手段与英语中典型的否定呼应并不是一回事，也与英语中的否定强化和汉语方言中的否定强化不一样，但是在格式上却是一种否定连用表否定，且这种格式具有跨语言的普遍性，即不仅在英、汉两种语言中存在，在欧亚大多数语言中都存在，其允准条件也都大同小异。我们倾向于认为冗余否定是介于否定呼应与否定强化之间的一种多重否定。

多重否定从肯定义到否定义有否定抵消、否定弱化、否定呼应、冗余否定、否定强化五种否定连用形式,根据这五种形式的特点,我们将其在英、汉两种语言中的分布情况进行梳理与归类,具体描述见表6-1。

表6-1　　　　英、汉多重否定的基本形式和分布

否定抵消	否定弱化	否定呼应	冗余否定	否定强化
英语	英语	英语（古英语/中古英语）（非标准英语）	英语	英语（口语）
汉语	汉语	汉语（无）	汉语	汉语（方言）

从英、汉多重否定形式的分布来看,否定抵消、否定弱化与冗余否定是主要形式,存在于标准英语和汉语共同语中,也就是说,英、汉两种语言中,多重否定既可以表肯定义,也可以表否定义,但表否定义的格式主要是冗余否定。否定呼应与否定强化是有标记形式,其中,否定呼应在古英语、中古英语中存在,在现代英语中只有非标准英语使用这种否定手段。否定强化也不是否定的主要手段,这一格式多出现在英语口语中,书面语不常见。在现代汉语中的使用也非常有限,目前只在某些方言中找到了相关的语言证据。为什么否定呼应和否定强化不出现在现代标准英语和汉语共同语中？从语言的历时演变来看,我们认为,这与极性手段或极性词系统的引入有关。英、汉两种语言中,用于强调的极性手段非常活跃,最常见的形式是否定与负极义极小词共现,如(29)、(30):

(29) a. Neg（even）… minimizers

b. Neg … 一(量)名/极性副词　或　一(量)名… 都 Neg

(30) a. Henry <u>didn't (even) lift a finger</u> to help Bill.

b. We are <u>not the least bit</u> amused.

c. 这片不毛之地<u>一株草都不长</u>。

d. 独自一人坐在千万豪车上却<u>丝毫没有</u>幸福感。

根据霍克西玛（Hoeksema，2009）的统计，英语中的负极词和负极义极小词有 16 种之多，它们与否定共现强调否定意义，较之于单一的否定连用强调格式，这种极性表达形式更加丰富、形象和生动，更具有表现力。

表 6-2　　　　　　　　　　现代英语极性词汇手段

极性词项	举例
Minimizers	a word, a thing, a syllable, a moment, an inch
Adverbial minimizers	in the least, in the slightest, one bit, the least bit
Taboo items Ⅰ	a fucking thing, a bloody word, a damn thing, a blasted thing
Taboo items Ⅱ	shit, jack shit, diddly squat, squat, dick, fuck all
Minimizing predicates	say boo to a goose, lift a finger, sleep a wink, bat an eyebrow, know the first thing about, have a clue, have a prayer
Particles	anymore, yet, as yet, either
Indefinitepronouns	any, anybody, anything, anywhere, anyone
Domain wideners	whatsoever, on earth, in the world, in years, in ages, indecades
Domain restrictors	in his right mind, self-respecting, worth his salt
Modal strengtheners	for the life of me, if my life depended on it, for the world, for love or money
Downtoners	all that, exactly, the sharpest knife in the drawer
Modal verbs and idioms	need, humanly possible, strictly necessary
Verbs	budge, faze, mind
Verbal idioms	can be bothered, can care less, can stand/abide, take long, make bones about, give the time of day, would be caught dead in
Litotes	take no for an answer, miss a beat, can deny, a day goes by without
Scalar items	so much as, much less, least of all

引自 Hoeksema（2009）。

在汉语中，"一（量）名+否定"是典型的否定强调格式，从古汉语一直沿用至今。

(31) a. 死生利若，<u>一</u>无择也。（《墨子》）

b. <u>一</u>民莫非其臣也。（《孟子》）

(32) a. 他<u>没</u>喝<u>一</u>滴水，<u>没</u>吃<u>一</u>口饭。

b. 他<u>没</u>有看到<u>一/半</u>个人。

汉语表示极小量的还有一类语气副词，如<u>毫</u>、<u>丝毫</u>、<u>压根</u>（儿）等，也表示极性意义，它们只能出现在否定语境，构成典型的否定强调形式。如：

(33) a. 别以为世界抛弃了你，其实世界压根没空搭理你。

(汪远/《爱情公寓》)

b. 刚刚吞没了我弟弟的河流，丝毫没有改变一如既往的平静。　　　　　　　　　　（余华/《在细雨中呼喊》）

"Neg … 一（量）名/极性副词"或"一（量）名 … 都 Neg"结构能产性高，使用广泛，遂成为汉语默认的否定强调形式。

6.2 英汉多重否定的语义解释

多重否定作为一种否定手段，具有跨语言的普遍性。这种普遍性带给我们的思考是，在其千差万异的表象背后，一定有某种规律可循，一定有某种规则在起作用。我们要解释多重否定的普遍现象，就要发掘其现象背后的规则和规律。语言的规则和规律与思维有关，语言是思维的工具，语言与思维相互依存、相互促进。思维的发展推动语言的发展，语言的发展又促进思维的发展。所以，发掘语言的规则和规律可以从思维的规则和规律开始，这就涉及逻辑与语义的问题。

6.2.1 逻辑与语义

对思维过程进行抽象的逻辑具有普遍意义，作为思维的规律和规则，逻辑被运用于大部分智能活动中，在哲学、数学、推论统计学、脑科学、法律和计算机科学等领域内被视为一门学科。逻辑对现代语言学，尤其是语义学的发展产生了很大影响。以蒙太古语法为标志的现代语义学开启了从哲学和逻辑视角研究句子意义的时代。

逻辑是关于命题之间的关系，语义学是关于命题与世界的关系。逻辑与语义学是语言的阴阳，它们相互作用，形成一个统一的整体。所以，考察句子的语义时，从逻辑入手有助于我们发掘其本质规律，抽象出其底层的语义机制。

我们先从逻辑思维的基本规律开始。所谓逻辑思维的基本规律（又称逻辑的基本规律，下以此称之）就是人们在逻辑思维的过程中，即在形成概念、命题和进行推理与论证的过程中所必须遵守的基本准则。逻辑的基本规律有三个，即同一律、矛盾律和排中律。它们之所以是基本规律，是因为一方面这三大规律最普遍地适用于各种概念、命题、推理和论证，另一方面它们集中反映了正确的思维应当具备的确定性、无矛盾性和明确性。确定性指不能混淆概念或偷换概念；无矛盾性指不能自相矛盾，前后抵触；明确性指不能含糊其词，模棱两可。那么，逻辑的基本规律是如何反映正确思维应具备的确定性、无矛盾性和明确性的呢？

同一律（The Law of Identity/Rule of Identity/Law of Identity）：在同一思维过程中思想必须与自身保持同一。同一律有两个基本要求：第一，在同一思维中必须保持概念自身的同一，否则，就会犯"混淆概念"或"偷换概念"的错误；第二，在同一思维过程中必须保持论题自身的同一，否则，就会犯"转移论题"或"偷换论题"的错误。也就是说，同一律要求在同一思维过程（同一思考、同一表述、同一交谈、同一论辩）中，在什么意义上使用某个概念，就自始至终在这个唯一确定的意义上使用这个概念；讨论什么论题，就讨论什么论题，不能偏题、跑题，不能在讨论某个论题的名义下实际讨论别的论题。同一律的作用就是保持思维的确定性。就概念而言，遵守同一律就是要求保持其确定的内涵和外延。在同一思维过程中，一个词项指称的对象、所具有的内涵，应当是确定的、一致的。概念是思维的最小单位，保持概念的一致性和确定性，是思维具有确定性的基础，是有效表达、正确论证的基础。

同一律的基本内容可以用公式表示为：A = A（或 "A→A"）

就命题而言，同一律要求保持其确定的陈述和真值。即：如果一个命题是真的，那么它就是真的。我们也可以用符号来重述：同一律断言的是每个具有 P→P 形式的命题必定为真，每个这样的命题都是重言式。其逻辑结构为：如果 p，那么 p，即 p→p 形式的命题成立（赵利，2010）。

矛盾律（Law of Contradiction）：指两个相互矛盾或相互反对的判断不同真，必有一假。两个判断相互矛盾，是指它们不能同真，也不能同假；两个判断相互反对，是指它们不能同真，但可以同假。在对当关系中，同一素材的 a 判断和 o 判断是矛盾关系，a 判断和 e 判断是反对关系。"张三是男生"和"张三是女生"这两个断定相互矛盾，因为二者不能同真，也不能同假；而"张三去了北京"和"张三去了上海"相互反对，因为二者不能同真，但可以同假。矛盾律要求对两个相互矛盾或相互反对的判断不能都肯定，必须否定其中的一个。否则，就会犯"自相矛盾"的错误。

矛盾律的基本内容可以用公式表示为：A∧¬A=0

就命题而言，矛盾律要求一个命题不能既陈述某对象是什么，又陈述它不是什么，即不能同时肯定两个相互矛盾或相互反对的命题都为真，必须确认其中有一个为假。具体地说，根据矛盾律的要求，每个具有 P∧¬P 形式的命题必定是永假式（见赵利，2010）。

排中律（Law of Excluded Middle）：[①] 指两个相互矛盾的判断不能同假，必有一真。排中律要求对两个相互矛盾的判断不能都否定，必须肯定其中的一个。否则，就会犯"两不可"的错误。对两个相互矛盾的判断，不能同时都肯定，也不能同时都否定。同时都肯定，则违反矛盾律，犯"自相矛盾"的逻辑错误。

排中律的公式可以表示为：A∨¬A=1

对于命题来说，排中律断言：在同一思维过程中同一个命题（用 P 表示）或者为真或者为假。也就是说，如果否定了"P"为真，也就等于肯定了"¬P"为真；如果否定了"P"为假，也就等于肯定了"¬P"为假。我们也可以用符号来重述：排中律断言的是每个具有 P∨¬

[①] 一些逻辑不接受排中律，最著名的是直觉逻辑。排中律可能被误用，导致排中律的逻辑谬论，这也叫作假两难推理。

P形式的命题必定为真，每个这样的命题都是重言式（赵利，2010）。

从排中律的内容和结构来看，它要求思维的明确性，不允许在"是"与"非"之间含糊不清。否则，在思维或辩论过程中就容易造成观点或者主张的模棱两可。

排中律与矛盾律既有联系又有区别，其联系在于，它们都反映了正确思维的确定性，而且都是以反面排除思维中的逻辑矛盾的形式来保证其确定性。但是其区别也是很明显的，主要有以下两点（详见赵利，2010）。

首先，排除逻辑矛盾的侧重点不同。矛盾律指在互不相容的概念或命题中，必有一假，因而不允许对二者都肯定。而排中律则指在互不相容的概念或者命题中，必有一真，因而不允许对二者都否定。

其次，适用的范围不同。矛盾律既适用于互相矛盾的命题，也适用于反对命题。而排中律只能用于互相矛盾的命题，在反对命题中不起作用。

同一律、矛盾律和排中律是一切思维活动都必须遵守的最基本的思维准则，在传统逻辑中占有很重要的地位。它们从不同的侧面保证思维的确定性、一致性和明确性。任何违反逻辑基本规律的思维都是不确定的、自相矛盾的、模棱两不可的思维，既不能反映客观事实，也无法表达任何思想，因而是无效的。

从某种意义上说，传统逻辑作为二值逻辑，是以排中律的普适性为特征的。它断定某个命题或者为真，或者为假，真与假构成一对否定概念，二者必居其一，不可能既不真又不假。如果已确定 A 不为真，则 A 一定为假。换言之，如果已经确定 A 为假，则 ¬A 一定为真。A 与 ¬A 这两个相互排斥的命题不可能都为假，其中必有一真。用符号来重述它就是：排中律断言的是每个具有 P∨¬P 形式的命题必定为真，每个这样的命题都是重言式。

逻辑的基本规律与我们讨论的主题有什么直接关系呢？我们知道，否定与排中律、矛盾律密切相关。同时，否定又是逻辑的基本概念之一，大多数的逻辑都将否定作为初始概念。逻辑否定可以被看作对自然语言否定的抽象和概括，不仅如此，它同时还为我们分析自然语言否定提供了必要的判断标准。逻辑否定是自然语言否定意义表达的核心。

在传统逻辑的公理系统中，否定是一个逻辑常项，它可以用公理的方法加以定义而获得。命题逻辑中，否定是逻辑函项，将之与真命题对比，它为假，与假命题对比，它为真。

命题逻辑是现代逻辑较简单、较基本的组成部分。作为现代符号逻辑的基础，它属于现代符号逻辑中的经典逻辑部分，是关于命题推理的逻辑。命题逻辑将命题作为一个整体或基本形式，研究命题公式的真假关系，是以公理化方法建立起来的逻辑演算系统。其推理方法可以用来研究各学科共同遵从的一般性逻辑规律，对于语义研究自然也具有重要意义。命题逻辑的推理形式主要有等值推理形式和有效推理形式，其中等值推理形式与我们所讨论的否定语义有紧密联系，我们主要聚焦于等值推理形式。

等值推理的基础是等值定理，即对于公式 A 和 B，A = B 当且仅当 A↔B 是重言式。

这是一个显然的结论，证明非常简单：A = B，当且仅当 A 与 B 的所有解释相同，当且仅当 A↔B 恒为 1。重言式是重要的逻辑规律，正确的推理形式，其等值式都是重言式。

命题进行等值推理时主要是借助于等值式进行简化和演算，基本的等值公式又称命题定律总共有 10 个，其中 P 和 Q 是任意的命题公式。等值公式如下。

1. 双否律

$\neg\neg P = P$

2. 结合律

$(P \vee Q) \vee R = P \vee (Q \vee R)$

$(P \wedge Q) \wedge R = P \wedge (Q \wedge R)$

$(P \leftrightarrow Q) \leftrightarrow R = P \leftrightarrow (Q \leftrightarrow R)$

3. 交换律

    $P \lor Q = Q \lor P$

    $P \land Q = Q \land P$

    $P \leftrightarrow Q = Q \leftrightarrow P$

4. 分配律

    $P \lor (Q \lor R) = (P \lor Q) \land (P \lor R)$

    $P \land (Q \lor R) = (P \land Q) \lor (P \land R)$

    $P \rightarrow (Q \rightarrow R) = (P \rightarrow Q) \rightarrow (P \rightarrow R)$

5. 等幂律（恒等律）

    $P \lor P = P \quad P \land P = P$

    $P \rightarrow P = T$

    $P \leftrightarrow P = T$

6. 吸收律

    $P \lor (P \land Q) = P$

    $P \land (P \lor Q) = P$

7. 德·摩根律

    $\neg (P \lor Q) = \neg P \land \neg Q$

    $\neg (P \land Q) = \neg P \lor \neg Q$

    对蕴含词、双条件词作否定有

    $\neg (P \rightarrow Q) = P \land \neg Q$

    $\neg (P \leftrightarrow Q) = \neg P \leftrightarrow Q = P \leftrightarrow \neg Q$

    $\quad\quad\quad\quad\quad\; = (\neg P \land Q) \lor (P \land \neg Q)$

8. 同一律

    $P \lor F = P$

    $P \land T = P$

    $T \rightarrow P = P$

    $T \leftrightarrow P = P$

9. 零律

   $P \vee T = T$

   $P \wedge F = F$

10. 补余律

    $P \vee \neg P = T$

    $P \wedge \neg P = F$

经典命题逻辑中的否定算子是一种很强的否定。它要求很多性质，如逆否律、摩根律、矛盾律、排中律、双否律等，可见，否定与逻辑的基本规律和命题定律紧密相关。

我们考察逻辑的基本规律和命题定律，其目的是试图从思维的规律出发，寻找语言的规律和共性，这也是语义研究的路径之一。

逻辑与语言相结合的研究可以追溯到古希腊。古希腊是形式逻辑的发展源头之一，[①]由亚里士多德开创的古希腊逻辑学经由迈加拉—斯多葛学派（Megarian school-Stoicism）的补充完善，最终建立起古希腊逻辑学系统。逻辑学的发展促进了语言学研究，在此基础上形成的古希腊语法对后世的语言学研究产生了深远影响。到了中世纪，以托马斯·阿奎纳（Thomas Aquinas）为代表的经院哲学运用亚里士多德的演绎推理法研究语言，推动和发展了"思辨语法"（speculative grammar）。"思辨语法"主张用逻辑方法研究语言，认为所有语言的语法从本质上讲是一致的，各语言之间的表面区别只是偶然的差异，语法的同一性在不同的语言中体现为表面上的差别，这是早期的普遍语法观。显然，中世纪语法学是基于逻辑理论的，语法学与逻辑学紧密结合。语法学研究自然语言，逻辑学则关注某种意义上的普遍语法，语言使用者都要遵从逻辑规则。这种语法观念的发展在蒙太古语法中体

[①] 形式逻辑的发展史有三个源头：古希腊、印度和中国，其中中国的逻辑经历萌芽阶段而因封建王权的思想禁锢以及独尊儒术而最终早夭，并未真正地形成系统的形式逻辑。印度的逻辑学则经历了由胜论到正理论，然后正理论分为两支：新正理论和因明学。因明学又继续发展建立了新因明学，形成了与古希腊形式逻辑系统花开并蒂、互相印证、相得益彰的印度逻辑学系统（钟毓，2019）。

现得淋漓尽致。蒙太古在逻辑语言与自然语言结合的基础之上构拟了普遍语法的理论框架,创建了一套内涵逻辑体系更加贴近自然语言的表现形式。蒙太古语法认为,自然语言逻辑就是自然语言的逻辑符号学。蒙太古语法的核心是"通用语法"(Universal Grammar),指自然语言和逻辑语言在结构方面的共同性,自然语言与逻辑语言在本质上并无差别,它们都可以用数学作出精确的描述,具有同样的规则系统,可以统一在通用语法的模式中解释。根据蒙太古语法的特点,自然语言和逻辑语言在深层构造方面具有相通性,都可从代数结构及运算的角度进行概括。形式语义学对待自然语言,无论在句法层面还是语义层面,都采取逻辑推演和数学运算的方法。

现代生成语法学派则发展了这一观点,认为不仅逻辑规则可以看作语言的普遍语法,而且不同语言在语法上也有共通之处,人脑生来就具备人类语言的共同特点,人脑中存在着一部"普遍语法",语法研究的目的就是探寻这一普遍语法(见胡龙彪,2006)。

语言普遍性的问题本质上说是哲学问题,古今哲学家对语言研究的关注重点都是语法结构背后的哲学原理以及人类语言结构的普遍规律。寻求语言普遍性的最终目标在于探求语言的本质,发掘人类语言的内在机制。

6.2.2 英汉多重否定的语义机制

在描写多重否定的语义并抽象出其语义内核之前,我们首先要问的问题是,逻辑规则是否可以视作语言的普遍语法?或者说,作为思维规律/规则的逻辑规律和命题定律是否可以描写与解释自然语言的语义?这就涉及是否可以用逻辑语言来描写与解释自然语言。

逻辑语言与自然语言各有所长,也各有所短。在逻辑学家看来,如果用现代逻辑作为工具来分析自然语言,就会发现自然语言有很多的缺陷,如模糊性、含混性、不确定性等,总结起来主要表现为:

（1）表达式的层次结构不够清晰；

（2）个体化认知模式体现不够明确；

（3）量词管辖的范围不太确切；

（4）句子成分的语序不固定；

（5）语形和语义不对应。

尽管自然语言存在这些缺陷，但其本身所具有的丰富性和完美性并不影响日常交际，正因为如此，受到日常语言学派的推崇。而如果从自然语言的视角衡量逻辑语言，我们也会发现其不足之处，如表达形式单一、刻板、没有感情色彩等，用逻辑学家的话来说具体如下：

（1）初始词项的种类不够多样；

（2）量词的种类比较贫乏；

（3）存在量词的辖域在公式系列中不能动态地延伸；

（4）由于语境的缺失而使语言传达信息的效率不高。

（引自邹崇理，2007：1）

在逻辑学家看来，逻辑语言精确严格，优越于含混模糊的自然语言，具有语义精确性和单一性的特点，为逻辑实证主义所推崇。

概而言之，自然语言是民族习惯的产物，具有较大的随意性。逻辑语言则是全人类同一的，具有较强的规范性。

但是根据蒙太古的观点，自然语言与逻辑语言就其本质而言并没有区别。从某种意义上说，它们都受制于同样的规律，统一在一个普遍语法的框架内。无论是自然语言还是逻辑语言，都是这个普遍语法的特例（邹崇理，1993）。

一种语法就是一个推理系统，在逻辑上依托于命题演算和谓词演算理论。从语言的本质来看，只有应用逻辑学提供的形式或形式化手段，才能将语法、语义清晰而精确地刻画出来。

回到否定这个主题，在逻辑中，否定是没有感情色彩的，NOT 运算是一种操作，它将命题 P 带到另一个命题"非 P"，写作 ¬P。当 P 为假时直观地解释为真，而当 P 为真时则为假。因此，否定是一元

（单一论证）逻辑连词。它可以更普遍地用作对概念、命题、真值或语义值的操作。在经典逻辑中，否定通常用真值函数来识别，该真值函数将真值用于虚假，反之亦然。但是在自然语言中，否定的语义非常丰富，尤其是多重否定，其语义具有多重解读可能，既可以表肯定意义，也可以表否定意义，说明它与逻辑语言有相同之处，也有不同之处。但仔细观察，我们仍可以发现一些规律，在这些规律的基础上进行抽象，我们可以接近其具有真理意义的语义本质。

多重否定不管是表肯定还是否定，其语义都有别于单一肯定或单一否定。多重否定表达的肯定意义或为强调意义，或为委婉意义；多重否定表达的否定意义也可以区分为一般否定意义和否定强化意义。对于这种多重解读，我们可以图解为图6-2。[①]

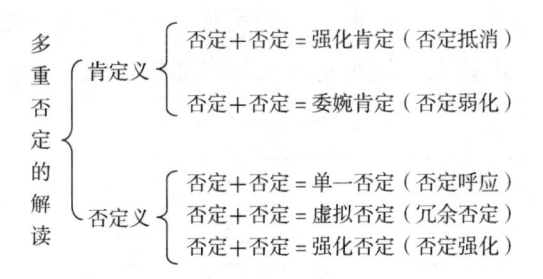

$$
\text{多重否定的解读}\begin{cases} \text{肯定义}\begin{cases} \text{否定+否定=强化肯定（否定抵消）} \\ \text{否定+否定=委婉肯定（否定弱化）} \end{cases} \\ \text{否定义}\begin{cases} \text{否定+否定=单一否定（否定呼应）} \\ \text{否定+否定=虚拟否定（冗余否定）} \\ \text{否定+否定=强化否定（否定强化）} \end{cases} \end{cases}
$$

图6-2　多重否定的解读（引自文卫平，2017：615）

根据图6-2，我们可以看到，多重否定的语义解读至少有4个层次，包括强化义、委婉义、一般义、虚拟义，从肯定的强化义到否定的强化义，涵盖了肯定—否定的两个极端。如果将自然语言中多重否定解读的4个层次、5种否定手段用连续统进行描写与解释的话，我们就可以比较清晰地描绘出多重否定的语义机制。

多重否定的5种形式构成一个多重否定连续统，在该连续统中，从肯定意义到否定意义，肯定意义逐渐减弱（强化肯定→委婉肯定），否定意义逐渐加强（单一否定→强化否定）。从语言学的角度来看，在

---

① 详见文卫平（2017）。

一个具体的连续统中，相邻的 A 与非 A 之间必有中间地带，这个中间地带并非要么 A 要么非 A，可以既是 A 又是非 A，或者说既不是 A 也不是非 A。但是如果我们从逻辑的角度来看，却能从其中抽象出规律性的东西，因为自然语言是思维的载体，逻辑是思维的规律和规则。

多重否定连续统反映了自然语言与逻辑语言的内在联系，我们以逻辑命题定律中的双否律来统一解释英汉多重否定现象，考察其是否遵守双否律，就可以对这 5 种多重否定形式的语义进行抽象，解释其本质区别、联系及其语义共性。双否律在形式逻辑语言中，表示为 $\neg\neg P = P$，这条定律也称为双重否定消去律，通常出现在形式理论的公理中。借鉴泽伊尔斯特拉（2004），我们认为，否定抵消与否定弱化的语义机制相同，这两种否定连用现象遵守双否律，表肯定意义，但肯定意义依次减弱。否定呼应、冗余否定、否定强化的语义机制相同，它们违反双否律，表否定意义，但否定意义依次加强（见图 6-3）。

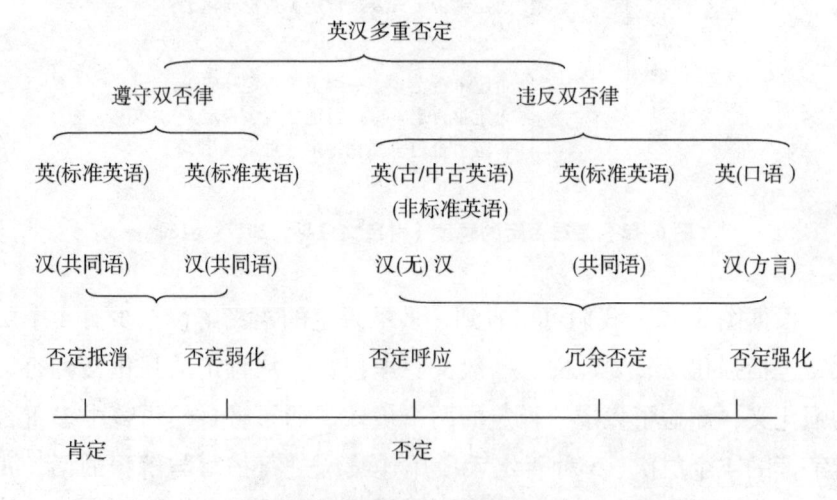

图 6-3　英汉多重否定连续统（根据文卫平，2017 改编）

英汉多重否定的主要形式处于连续统的左端，表现为否定抵消与否定弱化，是多重否定的默认形式，在现代标准英语和现代汉语共同语中广泛使用。处于右端的否定呼应和否定强化是有标记形式，作为语言的特殊现象，只限于古英语/中古英语、非标准英语、现代英语口语或现代汉语的方言中，属于边缘现象。冗余否定虽然在英汉两种语言中普遍存在，这种普遍性是由语言的冗余性决定的，包括否定冗余，语言的冗余性是人类语言的共性。但作为一种否定手段，冗余否定与一般否定不同的地方在于它的使用受到限制，只限于某些格式，只出现在某些语境。也就是说，冗余否定在语义上必须受到允准，其允准语境是非真实语境，其意义解读带有否定预期评价，是一种虚拟否定，所以也是有标记形式。

肯定和否定作为两个相反的极端不仅是对立的，而且也是辩证统一的。首先，肯定和否定相互依存。其次，肯定和否定相互包含并相互转化。多重否定连续统隐含辩证法，隐含了肯定—否定对立统一、相互依存、相互转化的哲学本质，体现了语言结构自身内在的逻辑关联。辩证的否定观是包含肯定的否定，它揭示了极限本质之间的联系，反映了具有极限真理的客观规律。我们从辩证的否定观抽象出英汉语言中多重否定现象在语义层面的隐含共性和本质规律，以期发掘其类型学意义。

6.3 小结

多重否定是人类语言的普遍现象，大多数语言的否定结构中都使用否定连用的否定手段，这种否定连用表否定的理据可以从叶氏周期理论中找到依据。作为一种普遍现象，一定有其隐含共性。在对多重否定现象进行整合描写的基础上，抽象出其语义内核，发掘其语言规律与本质是多重否定语义研究的最终目的。

否定连用既可以表肯定意义也可以表否定意义，表肯定意义的否定连用形式是双重否定，表否定意义的否定连用形式是否定呼应与冗余否定。荷恩（2009）将这两种形式称为逻辑双重否定与超语言否定。前者指两个否定词相互抵消，在逻辑上相当于肯定，但所肯定的不仅是所对应的肯定句的内容，还倾向于表示说话人不便于使用的简单的肯定表达式（Horn，2009：120）。后者指一种否定冗余，否定标记只是形式上有意义，没有实质性作用，不改变句子的语义内容，最典型的形式是否定呼应，即两个否定词共同作用表达单一的语义否定，两个否定词具有语义呼应关系，葡萄牙语、波斯语、法语、俄语、西班牙语、古英语、意大利语、南非语、希伯来语以及非标准英语都是否定呼应语言，而拉丁语、德语、荷兰语、瑞典语及现代英语的大多数方言都不存在否定呼应。从跨语言的视角来看，否定呼应语言在语言中占多数。除了否定呼应外，超语言否定还包括冗余否定。

荷恩（2009）的分类虽然反映了多重否定的全貌，但只是一个初略的描绘，不管是 DNA 还是 DNN 其实并不是简单的否定连用表肯定义和否定连用表否定义的问题，它们之间存在语义差异，可以进一步细化。基于范·德·沃登（1994）和泽伊尔斯特拉（2004），我们将多重否定分解成 4 个层次，5 种形式，即否定抵消、否定弱化、否定呼应、冗余否定、否定强化 5 种形式，其中否定抵消与否定弱化属于 DNA，否定呼应、冗余否定、否定强化属于 DNN。这 5 种形式在英语和汉语中基本上都能找到对应的结构，只是呈现形式有所不同。

冗余否定也是一种否定连用，在语义上表否定义，但与否定呼应有所区别，冗余否定中的第二个否定标记没有逻辑语义真值，与第一个否定词在否定意义上的呼应侧重在语用层面，语气比否定呼应更强。冗余否定与否定强化也不完全一样，在否定强化中，第二个否定成分强化第一个否定成分的语义，形成较强的否定义。冗余否定也表达较强的否定语气，但这种否定不是命题内容的否定，更多的是与说话人的评价预期相关，第二个否定成分的贡献不是纯语义贡献，而是语义—语用层面的贡献。现代汉语中冗余否定是一种常用的否定手段，显然这种否定手段与英语中典型的否定呼应并不是一回事，也与英语中的否定强化和汉语方言中的否定强化不一样，但是在形式上却是一种否定连用表否定的格式。冗余否定具有跨语言的普遍性，不仅在英汉两种语言中存在，在欧亚大多数语言中都存在，其允准条件也都大同小异。我们倾向于认为它是介于否定呼应与否定强化之间的一种多重否定，这种多重否定形式既有普遍性，又有特殊性。普遍性是因为语言的冗余性是人类语言的普遍现象，语言冗余包括否定冗余；特殊性是因为冗余否定受制于语义条件，必须获得允准才合格。

从英汉多重否定形式的分布来看，否定抵消、否定弱化与冗余否定是主要形式，存在于标准英语和汉语共同语中，也就是说，英、汉两种语言中，多重否定既可以表肯定义，也可以表否定义，但表否定义的格式主要是冗余否定。否定呼应与否定强化是有标记形式，其中，否定呼应限于古英语和中古英语，在现代英语中只有非标准英语使用这种否定手段。否定强化也不是否定的主要手段，这一格式多出现在英语口语中，书面语不常见。在现代汉语中的使用也非常有限，目前只在某些方言中找到了相关的语言证据。否定呼应和否定强化不出现在现代标准英语和汉语共同语中的原因可能是语言内部词汇竞争的结果，从语言的历时演变来看，与极性手段或极性词系统的引入有关。

多重否定作为一种复杂的语言现象，在否定研究中引起广泛关注，已有成果聚焦的都是其主要形式，忽略了一些边缘现象，或者将这些边缘现象视作特例来处理。但是这些边缘现象正是构成事物整体不可或缺的部分，是体现肯定否定本质意义和逻辑关联的基本要素，将边缘现象纳入整体范畴考察，有助于了解多重否定现象的历时演变和共时发展结果，以其历时演变来解释共时模式，以期认识这一语言现象的全貌。

结　语

　　我们在考察多重否定的语义特征时，以人类语言为宏观框架，立足英语，反观汉语，并将共同语和方言进行比较，尝试对纷繁复杂的多重否定现象进行统一描写与解释。在此基础上，借鉴历时语言学和共时语言学的成果，纵察流变，以古律今，探寻差异背后的语言共性，对否定范畴类型学的已有成果作出补充与完善，以期揭示人类语言多重否定范畴的内在规律，深化对否定范畴语言类型的认识。

　　作为多重否定的专题研究，我们将多重否定细化成五种形式，涉及英汉两种语言，所做的工作主要体现在以下几个方面。

　　（1）英语否定呼应全貌（从古英语到现代英语，从标准英语到非标准英语）的系统考察。包括否定呼应的成因、兴盛与衰落，否定呼应的格式特征与语义解读。特别是对中古英语后期否定呼应的衰落原因进行了深入考察，提出了"语言规则干预为辅、语言内在演化为主"的双通道演变路径假说，全方位阐释否定呼应在标准英语中的消失。同时对非标准英语中的否定呼应现象包括其根源等进行了系统描写，认为非标准英语中的否定呼应保留了古英语和中古英语的传统，同时在语言的发展过程中，吸收了克里奥尔语的语言风格，形成了有别于标准英语的独特的语言结构。所有这些都为已有的否定呼应研究作了补充。

　　（2）汉语冗余否定现象的统一描写与解释。汉语冗余否定研究的成果很多，但是比较零散，没有系统性。本书将汉语冗余否定统一描写为单一否定型冗余否定和多重否定型冗余否定，认为多重否定型冗余否定是主体，包括两种形式："隐性否定词 + Neg""否定性情态副词叠加"，并提出了冗余否定的双重允准原则，即非真实语境与否定预期双重允准否定标记时，否定标记不具有逻辑语义真值，形成冗余否定，因而冗余否定标记具有语义—语用贡献。

（3）英汉多重否定现象的语义抽象——多重否定连续统。 英汉多重否定连续统将多重否定的五种形式进行统一描写，由一条逻辑法则，即双否律统一解释，以辩证的否定观抽象出多重否定的隐含共性和本质规律。

（4）英汉多重否定的哲学思辨——多重否定隐含辩证法。 多重否定现象隐含了肯定—否定对立统一、相互依存、相互转化的哲学问题，体现了语言结构自身内在的逻辑关联。辩证的否定观是包含肯定的否定，它揭示了极限本质之间的联系，反映了具有极限真理的客观规律。

在五种多重否定形式中，双重否定、否定呼应、冗余否定是最为常见的多重否定手段，我们围绕以上三种否定手段展开纵深研究，有以下主要发现。

首先，多重否定是一种普遍的语法现象，这种语法现象有理可据。 多重否定可以粗略地分成双重否定和否定呼应，这种否定连用现象是否定演变过程中必须经历的一个阶段，其缘由可以追溯到叶氏周期理论。叶氏周期具有跨语言的证据支持，除了西欧、北非等语言外，日耳曼语言中的英语、荷兰语、德语，斯堪的纳维亚语及罗曼语中的早期拉丁语、法语（口语）、凯尔特语、威尔士语、希腊语、匈牙利语、北部意大利方言及大部分罗曼语方言都呈现了完整的叶氏周期。部分语言呈现出不完整的周期，只覆盖两个阶段，如西非荷兰语、标准法语、布列塔尼语等，许多亚非语言也呈现叶氏周期的不同阶段。这些跨语言的证据说明，多重否定是一种普遍的语法现象，这种语法现象有理可据。

其次，否定范畴分类受到语言证据的挑战。德·斯沃特（2010）将人类语言依否定范畴划分为三类：否定呼应语言（希腊语、法语、西班牙语、意大利语等）、双重否定语言（德语、荷兰语等）、否定呼应与双重否定并存语言（英语、汉语等）。这个分类值得商榷，从语言事实来看，英、汉语言中的多重否定是非常复杂的，双重否定是其主要的否定手段，至于否定呼应，这种否定形式是古英语和中古英语的常用格式，在现代英语中属于边缘现象，即只限于非标准英语中。汉语中则没有与之对应的否定呼应现象。所以，英语和汉语并不是否定呼应与双重否定并存的语言，否定范畴分类获得来自英语和汉语的语言证据支持不够。

最后，汉语冗余否定蕴含了人类语言冗余否定的构式。汉语的冗余否定也是一种多重否定手段，并不是一种特殊格式。从古英语、中古英语和现代英语的语料来看，英、汉两种语言都存在"隐性否定词 + Neg"的冗余否定格式，很多其他语言也是如此，这或许说明"隐性否定词 + Neg"是人类语言表冗余否定的一个构式，并不为汉语所独有，因为语言冗余是语言的基本属性之一。

多重否定现象作为人类语言的普遍现象在汉语否定研究中没有引起足够重视和系统关注，我们从历时维度和共时平面系统对比英汉多重否定结构，将汉语置于人类语言的整体框架中，通过跨语言对比，揭示蕴含在人类语言中的普遍规律与本质特征，有助于拓展汉语否定研究的深度与广度。同时通过跨语言的语言证据和方言的语言证据，发掘英汉多重否定的有标记形式及其理据，有助于全面认识否定范畴的内在逻辑与关联，补充与完善否定范畴类型学的已有成果，引发更深层次的语言类型学研究。

当然，本书对英汉多重否定的语义研究是尝试性的，由于研究者的视野、功力、研究资源等局限，还存在一些不足。

首先，关于英汉双重否定的研究，仍有不完善的地方。我们只考察了英汉双重否定的经典格式，并没有对其进行穷尽性的描写。作为

结 语

多重否定的默认格式和主要形式，英汉双重否定研究的已有成果相对丰硕，也比较成熟。本书关于双重否定的观察和描写，除了从语义上将其区分成否定抵消与否定弱化，将其视作肯定—否定连续统的起始部分外，对这一语言现象的纵深挖掘不够。虽然双重否定在两种语言中都是多重否定的主要形式，但是作为两种不同语系的语言，一定同中有异，那么，英汉双重否定的差异体现在哪些方面，这也是我们关注不够的地方，值得进一步拓展。

其次，对英语冗余否定的研究也有待深入。英语中的冗余否定从古英语至今，句法格式和允准条件都与汉语冗余否定有很多类似的地方。如古英语中的 tweo（doubt）/forebead/forber/geswic（stop）/wiðcweð（refuse）...ne、中古英语中的 deffendeth/douteth...nat/ne、现当代英语中的 keep/surprise/hold/avoid...not 等与汉语典型的冗余否定格式"怀疑/阻止/拒绝/禁止/……不"非常接近，表现为"隐性否定动词……Neg"结构，其他语言中也有类似的冗余否定格式和结构。这是否意味着"隐性否定动词……Neg"是人类语言中的一个构式？如果答案是肯定的话，其生成机制与理据是什么，目前学界还没有相关研究，我们也没有系统地探讨。

最后，我们对否定强化的研究还须进一步充实。否定连用表否定强化也是一种边缘现象，目前只在英语口语和汉语某些方言中找到了语言证据。我们对英语口语否定强化的描写还须获得更多的语料及相关数据统计支持。

英汉多重否定语义特征的研究还有进一步拓展的空间，我们的后续研究将围绕上述不足展开。

参考文献

一　中文文献

安森垚:《拉丁语使用人并不多,为什么西方国家那么多中学大学仍有拉丁语课?》,https://www.zhihu.com/question/20306979,2017年11月21日。

鲍明炜:《江淮方言的特点》,《南京大学学报》1993年第4期。

曹桂花:《英汉双重否定对比及英语双重否定句的汉译》,《孝感学院学报》2012年第2期。

陈平:《英汉否定倾向性成分与否定语境》,《外语学刊》1982年第4期。

陈平:《英汉否定结构对比研究》,《现代语言学研究——理论·方法与事实》,重庆出版社1991年版。

陈文伯:《英汉否定表达法比较》,《外语教学与研究》1978年第2期。

陈志芳:《从〈1384至1425年伦敦英语〉看中古英语后期正式文体中的多重否定句》,硕士学位论文,对外经济贸易大学,2009年。

戴耀晶:《试论现代汉语的否定范畴》,《语言教学与研究》2000年第3期。

戴耀晶:《试说"冗余否定"》,《修辞学习》2004年第2期。

戴耀晶:《否定副词"没"的时间语义分析》,《语言研究集刊》2014年第2期。

丁声树等：《现代汉语语法讲话》，商务印书馆1999年版。

丁声树：《否定词弗、不》，载《蔡元培先生六十五岁纪念论文集》（国立中央研究院历史语言研究所集刊外编第一种），1935年。

董秀芳：《"不"与所修饰的中心语的粘合现象》，《当代语言学》2003年第3期。

董为光：《语言认知心理对"差点儿"结构的影响》，《语言教学与研究》2001年第3期。

范晓蕾：《再说"差一点"》，《中国语文》2018年第2期。

范振强、肖治野：《双重否定：否定之否定》，《安徽大学学报》2010年第2期。

方立：《逻辑语义学》，北京语言文化大学出版社2000年版。

方立：《"I don't think…"和"I think…not…"的句式分析》，《外语教学与研究》2002年第6期。

方立：《逻辑语义学》，北京语言文化大学出版社2005年版。

方绪军：《"不是不X"、"不是没（有）X"和"没（有）不X"》，《语言科学》2017年第5期。

符达维：《对双重否定的几点探讨》，《福建论坛》1986年第6期。

弗雷格：《否定》，《弗雷格哲学论著选辑》，王路译，商务印书馆1994年版。

高名凯：《汉语语法论》，开明书店1948年版。

管春林：《汉英否定对比研究》，博士学位论文，华东师范大学，2010年。

郭威、张高远：《Junction，Nexus与Rank—Jespersen"词品"假说核心概念重读》，《浙江外国语学院学报》2015年第1期。

郭昭穆：《语句中的双重否定》，《西华师范大学学报》1980年第3期。

胡建华：《否定、焦点与辖域》，《中国语文》2007年第2期。

胡龙彪：《自然语言形式研究的历史演进——从逻辑技术的视角看》，《中共浙江省委党校学报》2006年第2期。

胡清国：《否定形式的格式制约研究》，博士学位论文，华中师范大学，

2004年。

胡清国：《现代汉语否定表述问题研究综述》，《合肥工业大学学报》2007年第1期。

侯国金：《冗余否定的语用条件——以"差点没（V）、小心别（V）"为例》，《语言教学与研究》2008年第5期。

黄伯荣、廖序东：《现代汉语（增订二版）》，高等教育出版社1997年版。

黄伯荣、廖序东：《现代汉语（增订五版）》，高等教育出版社2011年版。

黄正德：《说"是"和"有"》，载《中央研究院历史语言学集刊》1988年第59本。

金兆梓：《国文法之研究》，商务印书馆1983年版（1922）。

蒋红红、赵云春：《英语中含"Without"的双重否定与汉语中含"无（莫）"字的双重否定结构之比较》，《漳州师范学院学报》1992年第1期。

柯敏：《现代汉语词汇羡余现象初探》，《现代语文》2013年第5期。

郎大地：《动词否定句的几个问题》，《语言研究》2006年第2期。

李璧：《汉语情态词双重否定的句法语义研究》，硕士学位论文，湘潭大学，2015年。

李德鹏：《"不+X"类双音节动词的词汇化》，《西南石油大学学报》（社会科学版）2012年第3期。

李金满：《语言类型学研究的新进展——〈世界语言结构图册〉及其在线版介绍》，《外语教学与研究》2009年第6期。

黎锦熙：《新著国语文法》，商务印书馆2004年版（1924）。

李琳莹：《现代汉语双重复句初探》，《天津师范大学学报》1997年第2期。

李明敏：《汉语否定性情态副词研究》，硕士学位论文，华侨大学，2011年。

李铄瑶：《东北方言中的"没没没"（méimèiméi）刍议》，《牡丹江师范学院学报》2013年第4期。

李宇明：《形容词否定的不平行性》，《汉语学习》1998年第3期。

连金发：《台湾闽南语欲求情态和否定的动态分析：竞争和演变》，"历史演变与语言接触：中国东南方言国际研讨会"，香港中文大学中国语言及文学系，2008年。

梁锦祥：《元语言否定的否定对象》，《外语学刊》2000年第3期。

梁雪梅：《18世纪初期的英国中产阶级理想——以文学期刊〈旁观者〉为例》，硕士学位论文，福建师范大学，2012年。

廖新玲：《安溪话双重否定式浅析》，《泉州师范学院学报》2002年第3期。

林刘巍：《汉语情态和否定的互动研究》，博士学位论文，浙江大学，2016年。

林文金：《关于双重否定的几个问题》，《福建论坛》1984年第3期。

刘彬、袁毓林：《反问句否定意义的形成与识解机制》，《语文研究》2017年第4期。

刘丹青：《汉语类指成分的语义属性和句法属性》，《中国语文》2002年第5期。

刘丽萍：《先设、焦点和否定的辖域歧义》，硕士学位论文，北京语言大学，2003年。

刘丽萍：《否定辖域及焦点否定之语义解释》，《语言教学与研究》2014年第5期。

鲁承发：《"差一点"句式研究及其方法论探讨》，博士学位论文，武汉大学，2014年。

陆殿扬：《英汉翻译理论与技巧》（下），时代出版社1958年版。

陆俭明：《周遍性主语及其它》，《中国语文》1986年第3期。

陆俭明：《关于汉语修辞研究的一点想法》，《修辞学习》2008年第2期。

吕叔湘：《中国文法要略》，商务印书馆1942年版。

吕叔湘：《中国文法要略（修订本）》，商务印书馆1956年版。

吕叔湘：《现代汉语八百词》，商务印书馆1980年版。

吕叔湘：《中国文法要略》，商务印书馆1982年版。

吕叔湘：《疑问·否定·肯定》，《中国语文》1985 年第 4 期。

吕叔湘：《语文近著》，上海教育出版社 1987 年版。

马建忠：《马氏文通》，商务印书馆 1983 年版。

马建忠：《马氏文通》，商务印书馆 1998 年版。

马庆株：《能愿动词的连用语言研究》，《语言研究》1988 年第 1 期。

马学东：《浅析双重否定句的形、量、态》，《求是学刊》1988 年第 3 期。

毛修敬：《汉语里的对立格式》，《语言教学与研究》1985 年第 2 期。

潘悟云：《汉语否定词考源——兼论虚词考本字的基本方法》，《中国语文》2002 年第 4 期。

潘先军：《汉语双音词羡余现象分析》，《内蒙古大学学报》2007 年第 5 期。

戚国淦：《（中译本序言）比德：〈英吉利教会史〉》，陈维振、周清民译，商务印书馆 1991 年版。

齐沪扬、丁婵婵：《反诘类语气副词的否定功能分析》，《汉语学习》2006 年第 5 期。

钱敏汝：《否定载体"不"的语义－语法考察》，《中国语文》1990 年第 1 期。

钱乃荣：《科学保护和传承上海话》，《成才与就业》2012 年第 17 期。

邵洪亮：《虚词功能的羡余及其修辞作用》，《当代修辞学》2011 年第 6 期。

沈家煊：《"差不多"和"差点儿"》，《中国语文》1987 年第 6 期。

沈家煊：《"判断语词"的语义强度》，《中国语文》1989 年第 1 期。

沈家煊：《"语用否定"考察》，《中国语文》1993 年第 5 期。

沈家煊：《不对称和标记论》，江西教育出版社 1999 年版。

沈家煊：《英汉否定词的分合和名动的分合》，《中国语文》2010 年第 5 期。

沈家煊：《著名中年语言学家自选集》（沈家煊卷），安徽教育出版社 2002 年版。

侍建国：《汉语的双重否定格式》，《中国语文通讯》1984 年第 4 期。

史佩信：《谈差点儿句式》，"语法比较国际学术研讨会"会议论文，武汉，2007 年。

石毓智：《肯定与否定的对称与不对称》，（台北）学生书局 1992 年版。

石毓智：《对"差点儿"类羡余否定句式的分化》，《汉语学习》1993 年第 4 期。

石毓智、李纳：《十五世纪前后的句法变化与现代汉语否定标记系统的形式——否定标记"没有"产生的句法背景及其语法化过程》，《语言研究》2000 年第 2 期。

宋慧芳：《责备类羡余否定的多角度分析》，硕士学位论文，华中师范大学，2012 年。

孙英杰：《解析双重否定的特征》，《牡丹江师范学院学报》2006 年第 1 期。

王力：《中国现代语法》，商务印书馆 1985 年版（1943）。

王绍玉：《〈水浒传〉中否定性无定代词构成的双重否定句》，《淮北师范大学学报》2011 年第 6 期。

王世凯、陈红：《汉语否定研究中的几个问题》，《渤海大学学报》2012 年第 2 期。

王群生：《毛泽东著作中的双否定句》，载邢福义《毛泽东著作语言论析》，湖北教育出版社 1993 年版。

文卫平：《否定词提升的语用解释》，《外语学刊》2006 年第 6 期。

文卫平：《汉语方言中的双重否定现象》，第五届中国句法语义论坛，上海，2016 年。

文卫平：《英汉双重否定的语义分析》，《现代外语》2017 年第 5 期。

芜崧：《重新认识"双重否定"》，《湖北民族学院学报》2003 年第 2 期。

辛永芬：《河南浚县方言的否定成分"没"、"冇"和"没冇"》，《商丘师范学院学报》2008 年第 7 期。

熊学亮、刘东虹：《否定语序的类型学分析》，《外语学刊》2006 年第 4 期。

熊寅谷：《近代英国在语言研究中的一些重大贡献》，《现代外语》1996 年第 4 期。

熊仲儒：《当代语法学教程》，北京大学出版社 2013 年版。

许凤才：《俄语双重否定结构的情态意义及其与汉语的对比》，《中国俄语教学》2004 年第 4 期。

徐杰、李英哲：《焦点和两个非线性语法范畴："否定"、"疑问"》，《中国语文》1993 年第 2 期。

徐盛桓：《否定范围和否定中心的再探索》，《外国语》1990 年第 5 期。

徐盛桓：《关于量词否定句》，《外国语》1994 年第 6 期。

杨林聪：《论双重否定与肯定的关系》，《湘潭大学学报》2001 年第 4 期。

杨明义：《现代汉语状之于动的羡余现象探略》，《南开学报》1999 年第 4 期。

阳盼：《"不无"的词汇化过程及其动因》，《鸡西大学学报》2016 年第 9 期。

叶长荫：《谈"双重否定"》，《北方论丛》1977 年第 4 期。

叶文曦：《否定和双重否定的多维度研究》，《语言研究》2013 年第 2 期。

尹洪波：《汉语否定词移动的句法语义效应及其解释》，《汉语学报》2015 年第 4 期。

俞冰峰：《近代早期英国的教育捐赠》，《江西社会科学》2012 年第 7 期。

余俊伟：《否定词研究》，中国社会科学出版社 2014 年版。

袁毓林：《并列结构的否定表达》，《语言文字应用》1999 年第 3 期。

袁毓林：《论否定句的焦点、预设和辖域歧义》，《中国语文》2000 年第 2 期。

袁毓林：《动词内隐性否定的语义层次和溢出条件》，《中国语文》2012 年第 3 期。

袁毓林：《"差点儿"中的隐性否定及其语法效应》，《语言研究》2013

年第 4 期。

袁毓林:《隐性否定动词的叙实性和极项允准功能》,《语言科学》2014 年第 6 期。

曾炳衡:《英语中的"否定"》,《外语教学与研究》1964 年第 1 期。

张发明:《浅谈东北方言中的四声别义现象》,《吉林师范大学学报》1989 年第 1 期。

张焕香:《英汉双重否定范畴研究》,博士学位论文,首都师范大学,2012 年。

张立飞:《汉语否定词"没"和"没有"的异同》,《解放军外国语学院学报》2011 年第 4 期。

张琳:《双重否定相关问题探析》,《广西师范大学学报》2010 年第 8 期。

张玲:《关于"差点儿没 VP"句式及相关句式的研究》,硕士学位论文,上海师范大学,2008 年。

张庆文:《略论汉语中的双声叠韵联边词》,《岱宗学刊》1999 年第 3 期。

章诗莲:《汉语情态词的否定分类研究》,《汉字文化》2020 年第 1 期。

张霞晖:《羡余定语的类型及成因分析》,硕士学位论文,暨南大学,2007 年。

张谊生:《现代汉语副词"白"、"白白"》,《淮北煤炭师院学报》1993 年第 1 期。

张谊生:《现代汉语预设否定副词的表义特征》,《世界汉语教学》1996 年第 2 期。

张谊生:《近代汉语预设否定副词探微》,《古汉语研究》1999 年第 1 期。

张谊生:《现代汉语副词探索》,学林出版社 2004 年版。

张谊生:《现代汉语副词研究》,商务印书馆 2014 年版。

张谊生:《预设否定叠加的方式与类别、动因与作用》,《语言科学》2011 年第 5 期。

张涌泉、陈瑞峰:《温州方言三种特殊双重否定式初探》,《语言科学》2012 年第 2 期。

赵利：《法律逻辑学》，人民出版社 2010 年版。

赵元任：《汉语口语语法》，商务印书馆 1968 年版。

钟毓：《逻辑学的起源与发展》，http：//blog. sina. com. cn/s/blog_ d8407ad10102yp4e. html，2019 年 11 月 25 日。

周家庭：《"差一点……"和"差一点没……"》，《汉语学习》1981 年第 3 期。

周振：《论英语中的"双重否定"》，《教学研究》1985 年第 1 期。

朱德熙：《说"差一点儿"》，《中国语文》1959 年第 9 期。

朱德熙：《语法讲义》，商务印书馆 1982 年版。

朱德熙：《语法答问》，商务印书馆 1985 年版。

朱倩凤：《简述〈拉丁语法〉一书对英语语言发展的影响及其盛行的原因》，《课程教育研究：学法教法研究》2015 年第 11 期。

宗守云：《说"不是 A 而是 B"》，《南开语言学刊》2012 年第 1 期。

邹崇理：《蒙太古语义学简介》，《国外语言学》1993 年第 3 期。

邹崇理：《自然语言和逻辑语言：现代逻辑的延伸》，《绵阳师范学院学报》2007 年第 3 期。

二　英文文献

Abels Klaus, "Expletive Negation in Russian: A Conspiracy Theory", *Journal of Slavic Linguistics*, 2005, pp. 5 – 74.

Abraham Werner, "Jespersen's Cycle': The evidence from Germanic", in Gloria Carr, Wayne Harbert, & Lin Zhang, eds., *Interdigitations: Essays for Irmengard Rauch*, Frankfurt am Main: P. I. E. – Peter Lang, 1999, pp. 63 – 70.

Anderwald Lieselotte, "Negative Concord in British English Dialects", *Aspects of English Negation*, Vol. 132, 2005, pp. 113 – 137.

Ann Taylor, Anthony Warner, Susan Pintzuk and Frank Beths, Eds., *The*

York-Toronto-Helsinki Parsed Corpus of Old English Prose, York: Department of Language and Linguistic Science, University of York, Available through the Oxford Text Archive, 2003.

Aristotle Jonathan Barnes, *The Complete Works of Aristotle*, Princeton, NJ: Princeton University Press, 1984.

Belletti Adriana, "Aspects of the low IP Area", in Rizzi Luigi, ed., *The Structure of IP and CP: The Cartography of Syntactic Structures*, Oxford: Oxford University Press, 2004, pp. 16 – 51.

Bickerton Derek, *Roots of Language*, Ann Arbor: Karoma, 1981.

Bickerton Derek, "Creole is Still King", *Behavioral and Brain Sciences*, Vol. 7, No. 2, 1984, pp. 212 – 221.

Blanchette Frances, *English Negative Concord, Negative Polarity, and Double Negation*, Ph. D. dissertation, City University of New York, 2015.

Bopp Franz, *über das Conjugationssystem der Sanskritsprache in Vergleichung mit Jenem der Griechischen, Lateinischen, Persischen und Germanischen Sprache, Nebst Episoden aus dem Ramajana und Mahabharata Ingenauen Metrischen übersetzungen aus dem Originaltexte und einigen Abschnitten aus den Vedas, Herausgegeben und mit Vorerinnerungen begleitet von Dr. K. J. Windischmann*, Frankfurt/M: Andreäsche Buchhandlung, 1816.

Breitbarth Anne, "A Hybrid Approach to Jespersen's Cycle in West Germanic", *The Journal of Comparative Germanic Linguistics*, Vol. 12, No. 2, 2009, pp. 81 – 114.

Bresnan Joan, "Syntax of the Comparative Clause construction in English", *Linguistic Inquiry*, Vol. 4, No. 3, 1973, pp. 275 – 343.

Burnley David, *A Guide to Chaucer's English*, London: Macmillan, 1983.

Chatzopoulou Katerina, "Re (de) fining Jespersen's Cycle", *University of Pennsylvania Working Papers in Linguistics*, Vol. 19, No. 1, 2013,

p. 5.

Chierchia Gennaro, "Broaden Your Views: Implicatures of Domain Widening and the 'Logicality' of Language", *Linguistic Inquiry*, Vol. 37, No. 4, 2006, pp. 535 – 590.

Chomsky Noam, *The Minimalist Program*, Cambridge, Mass.: MIT Press, 1995.

Collins Chris and Paul M. Postal, *Classical NEG Raising: An Essay on the Syntax of Negation*, Cambridge: MIT Press, 2014.

Corver Norbert, "The Internal Syntax of the Dutch Extended Projection", *Natural Language and Linguistic Theory*, Vol. 15, No. 2, 1997, pp. 289 – 368.

Crowley Terry, "Nese: A Diminishing Speech Variety of Northwest Malakula (Vanuatu)", Pacific Linguistics, Research School of Pacific and Asian Studies, The Australian National University, 2006.

De Condillac Etienne Bonnot, "De Lorigine et Du progrès Du langage", *Oeuvres*, Vol. 1, 1746, pp. 1 – 118.

De Haan Ferdinand, *The Interaction of Negation and Modality: A Typological Study*, Ph. D. dissertation, University of Southern California, 1994.

De Swart Henriette, *Expression and Interpretation of Sentential Negation: An OT Typology* (Studies in Natural Language and Linguistic Theory 77), Dordrecht: Springer, 2010.

Detges Ulrich and Richard Waltereit, "Grammaticalization vs. Reanalysis: A Semantic-pragmatic Account of Functional Change in Grammar", *Zeitschrift für Sprachwissenschaft*, Vol. 21, No. 2, 2002, pp. 151 – 195.

Early Robert, *A Grammar of Lewo, Vanuatu*, Ph. D. dissertation, Australian National Univversity, 1994.

Espinal Maria Teresa, "Expletive Negation and Logical Absorption", *Lin-

guistic Review, Vol. 9, No. 4, 1992, pp. 333 – 358.

Espinal Maria Teresa, "Non-negative Negation and Wh-exclamatives", in Forget Danielle and Hirschbühler Paul and Martineau France and Rivero María Luisa, eds. , *Negation and Polarity*, *Syntax and Semantics*, Amsterdam: John Benjamin, 1997, pp. 75 – 93.

Espinal Maria Teresa, "Expletive Negation, Negative Concord and Feature Checking", *Catalan Working Papers in Linguistics*, No. 8, 2000, pp. 47 – 69.

Feagin Crawford, *Variation and Change in Alabama English: A Sociolinguistic Study of the White Community*, Washington, D. C. : Georgetown University Press, 1979.

Fischer Olga, "Syntax", in Norman Blake, ed. , *The Cambridge History of the English Language*, Vol. 2: 1066 – 1476, Cambridge: Cambridge University Press, 1992, pp. 207 – 408.

Foreman John, "Syntax of Negative Inversion in Non-standard English", *Proceedings of WCCFL*, Vol. 17, 1999, pp. 205 – 219.

Frisch Stefan, "The Change in Negation in Middle English: a NEGP Licensing account", *Lingua*, Vol. 101, No. 1 – 2, 1997, pp. 21 – 64.

Genoveva Puskás, "Licensing Double Negation in NC and Non-NC Languages", *Natural Language & Linguistic Theory*, Vol. 30, No. 2, 2012, pp. 611 – 649.

Giannakidou Anastasia, *The Landscape of Polarity Items*, Ph. D. dissertation. University of Groningen, 1997.

Giannakidou Anastasia, *Polarity Sensitivity as (Non) veridical Dependency*, Amsterdam: Benjamins, 1998.

Giannakidou Anastasia, "Affective Dependencies", *Linguistics & Philosophy*, Vol. 22, No. 4, 1999, pp. 367 – 421.

Giannakidou Anastasia, "Negative. . . Concord"? *Natural Language and*

Linguistic Theory, Vol. 18, No. 3, 2000, pp. 457 – 523.

Giannakidou Anastasia, "The Meaning of Free Choice", *Linguistics & Philosophy*, Vol. 24, No. 6, 2001, pp. 659 – 735.

Giannakidou Anastasia, "Licensing and Sensitivity in Polarity Items: From Downward Entailment to Nonveridicality", *CLS*, Vol. 38, 2002, pp. 29 – 53.

Giannakidou Anastasia, "Only, Emotive Factive Verbs, and the Dual Nature of Polarity Dependency", *Language*, Vol. 82, No. 3, 2006, pp. 575 – 603.

Giannakidou Anastasia, "The Landscape of EVEN", *Natural Language and Linguistic Theory*, Vol. 25, No. 1, 2007a, pp. 39 – 81.

Giannakidou Anastasia, "The Ingredients of Free Choice", Paper Delivered to the Workshop on Different Kinds of Specifi City Across Languages: Funny Infinitives, the Centre for General Linguistics, Typology and Universals Research (ZAS), Berlin, July 6 – 7, 2007b.

Giannakidou Anastasia, The Dependency of the Subjunctive Revisited: Temporal Semantics and Polarity, *Lingua* (special issue on Mood), Vol. 119, No. 12, 2009, pp. 1883 – 1908.

Giannakidou Anastasia, "The Landscape of Greek Quantifiers", *Handbook of Quantifiers in Natural Language*, Springer, Dordrecht, 2012, pp. 285 – 346.

Giannakidou Anastasia, "Polarity in the Semantics of Natural Language", *Oxford Research Encyclopedia of Linguistics*, 2017.

Giannakidou Anastasia and Lisa Cheng, "(In) definiteness, Polarity, and the Role of Whmorphology in Free Choice", *Journal of Semantics*, Vol. 23, No. 2, 2006, pp. 135 – 183.

Grabski Maciej, "Multiple Negation in Chaucer's 'The Canterbury Tales' as a Marker of Social Status. A Pilot Study", in Ewa Waniek-Klimczak and Anna Cichosz, eds., *Linguistics. Phonetics, Dialectology, Historical Linguistics*, Wydawnictwo Uniwersytetu Łódzkiego, Łódź, 2016, pp. 43 – 55.

Greco Matteo, "On the Syntax of Surprise Negation Sentences: A Case Study on Expletive Negation", *Natural Language & Linguistic Theory*, Vol. 38, No. 3, 2020, pp. 775 – 825.

Green Lisa, *African American English: A Linguistic Introduction*, New York: Cambridge University Press, 2002.

Gregerson Kenneth, Predicate and Argument in Rengao Grammar, Summer Institute of Linguistics Publications in Linguistics 61. Dallas: Summer Institute of Linguistics and the University of Texas at Arlington, 1979.

Grosser David, Attitudes to Language in the Prescriptive Grammars in the Age of Reason, M. A. Thesis, Univerzita Karlova v Praze, 2010.

Haeberli Eric, *The Neg Criterion and Negative Concord*, Mémoire de Licence, Université de Genève, 1991.

Haeberli Eric and Richard Ingham, "The Position of Negation and Adverbs in Early Middle English", *Lingua*, Vol. 117, No. 1, 2007, pp. 1 – 25.

Haeberli Eric and Liliane Haegeman, "Clause Structure in Old English: Evidence from Negative Concord", *Journal of Linguistics*, Vol. 31, No. 1, 1995, pp. 81 – 108.

Haegeman Liliane, *The syntax of negation*, Cambridge: Cambridge University Press, 1995.

Han Weifeng and Amanda Müller, "Do Double Negation Structures Yield Single Negation Interpretation in Mandarin Chinese? Some Comments on Li et al. (2018)", *Lingua Franca*, Vol. 216, 2018, pp. 64 – 68.

Han Weifeng & Müller Amanda, "Do double negation structures yield single negation interpretations in Mandarin Chinese? Some comments on Li et al", *Lingua*, Vol. 216, 2018, pp. 64 – 68.

Haspelmath Martin, *Indefinite Pronouns*, Oxford: Oxford University Press, 1997.

Heine Bernd, Ulrike Claudi and Friederike Hünnemeyer, *Grammaticalization: A Conceptual Framework*, Chicago: University of Chicago Press, 1991.

Hoeksema Jack, "Jespersen Recycled", in Elly Gelderen, ed., *Cyclical Change*, Amsterdam: John Benjamins, 2009, pp. 15 – 34.

Hoeksema Jack, "Looking at Middle English through the Mirror of Anglo-Norman", in Larrivée Pierre and Richard Ingham, eds., *The Evolution of Negation: Beyond the Jespersen Cycle*, Walter de Gruyter, 2011, pp. 165 – 177.

Holm John, *Pidgins and Creoles: Reference Survey* (Vol. 2), Cambridge: Cambridge University Press, 1988.

Horn Laurence, "Metalinguistic Negation and Pragmatic Ambiguity", *Language*, Vol. 1, No. 2, 1985, pp. 121 – 174.

Horn Laurence, *A Natural History of Negation*, Chicago: University of Chicago Press, 1989.

Horn Laurence, "Duplex Negatio Affirmat: the Economy of Double Negation", *CLS*, Vol. 27, 1991, pp. 80 – 106.

Horn Laurence, "The Logic of Logical Double Negation", in Yasuhiko Kato, ed., *Proceedings of the Sohia Symposium on Negation*, Tokyo: Sophia University, 2002, pp. 79 – 112.

Horn Laurence, "An Un-paper for the Unsyntactician", in Mufwene Salikoko, Elaine Francis and Rebecca Wheeler, eds., *Polymorphous Linguistics, Jim McCawley's Legacy*, Cambridge, Mass: MIT Press, 2005, pp. 329 – 365.

Horn Laurence, "Hypernegation, Hyponegation, and Parole Violations", *BLS*, Vol. 35, No. 1, 2009, pp. 403 – 423.

Horn Laurence, "Multiple Negation in English and Other Languages", in Horn Laurence, ed., *The Expression of Negation*, Berlin: Mouton de Gruyter, 2010, pp. 111 – 148.

Horn Laurence, "The Cloud of Unknowing", in Hoeksema Jack and Dicky Gilbers eds., *Black Book: A Festschrift in Honor of Frans Zwarts*, University of Groningen, 2014, pp. 178 – 196.

Horn Laurence, "On the Contrary: Disjunctive Syllogism and Pragmatic Strengthening", in Koslow Arnold and Arthur Buchsbaum, eds., *The Road to Universal Logic*, Cham: Birkhäuser, 2015, pp. 241 – 265.

Horn Laurence, "Lie-toe-tease: Double Negatives and Unexcluded Middles", *Philosophical Studies*, Vol. 174, No. 1, 2017, pp. 79 – 103.

Horn Laurence, "Words in Edgewise", *Annual Review of Linguistics*, 2018, pp. 1 – 19.

Howe Darin, *Negation in Early African American English*, MA thesis, University of Ottawa, 1995.

Howe Darin, "Negation in African American Vernacular English", in Iyeiri Yoko, ed., *Aspects of English Negation*, Amsterdam: John Benjamins, 2005, pp. 173 – 203.

Howe Darin and James Walker, "Negation and the Creole-origins Hypothesis: Evidence from Early African American English", in Shana Poplack, eds., *Language in Society (Oxford)*, Malden, Mass: Blackwell Publishers, 2000, pp. 109 – 140.

Huang C.-T. James, *Logical Relations in Chinese and the Theory of Grammar*, Ph.D. dissertation, MIT, 1982.

Huang C.-T. James, "The Distribution of Negative NPs and Some Typological Correlates", in Simpson Andrew and Audrey-Li Yen-hui, eds., *Functional Structure (s), Form and Interpretation*, London: Taylor & Francis, 2003, pp. 264 – 280.

Huang C. -T. James, Yen-hui Audrey Li and Yafei Li, *The Syntax of Chinese*, Cambridge: Cambridge University Press, 2009.

Iatridou Sabine and Hedde Zeijlstra, "Negation, Polarity, and Deontic Modals", *Linguistic Inquiry*, Vol. 44, No. 4, 2013, pp. 529 – 568.

Ilc Gašper, "Optionality of the Genitive (of Negation) in Slovenian", in Kosta Peter and Schürcks Lilia, eds., *Formalization of Grammar in Slavic Languages*, Frankfurt am Main: Peter Lang, 2011, pp. 193 – 206.

Ingham Richard, "Negative Concord and the Loss of the Negative Particle Ne in Late Middle English", *Studia Anglica Posnaniensia*, Vol. 42, 2006, pp. 77 – 97.

Ingham Richard, "Ne-drop and Indefinites in Anglo-Norman and Middle English", in Larrivée Pierre and Richard Ingham, eds., *The Evolution of Negation: Beyond the Jespersen Cycle*, Walter de Gruyter, 2011, pp. 145 – 163.

Israel Michael, "Polarity Sensitivity as Lexical Semantics", *Linguistics and Philosophy*, Vol. 19, No. 6, 1996, pp. 619 – 666.

Israel Michael, "The Pragmatics of Polarity", in Laurence Horn and Gregory Ward, eds., *The Handbook of Pragmatics*, Oxford: Blackwell, 2004, pp. 701 – 723.

Iyeiri Yoko, *Negative Constructions in Selected Middle English Verse Texts*, Ph. D. dissertation, University of St Andrews, 1993.

Iyeiri Yoko, "Multiple Negation in Middle English Verse", *Topics in English Linguistics*, Vol. 26, 1998, pp. 121 – 146.

Iyeiri Yoko, *Negative Constructions in Middle English*, Fukuoka: Kyushu University Press, 2001.

Iyeiri Yoko, "The Development of Non-assertive Any in Later Middle English and the Decline of Multiple Negation", in Yoko Iyeiri and Margaret Connolly, eds. , *Essays on Medieval English Presented to Professor Matsuji Tajima on His Sixtieth Birthday: And Gladly Wolde He Lerne and Gladly Teche*, Tokyo: Kaibunsha, 2002, pp. 127 – 143.

Jack George, "Negative Concord in Early Middle English", *Studia Neophilologica*, Vol. 50, No. 1, 1978, pp. 29 – 39.

Jespersen Otto, *Negation in English and Other Languages*, Copenhagen: Host, 1917.

Jespersen Otto, *The Philosophy of Grammar*, London: George Allen & Unwin, 1924.

Jespersen Otto, *A Modern English Grammar on Historical Principles*, Vol. VI Morphology, London: George Allen & Unwin, 1942.

Kahrel Peter, *Aspects of Negation*, Ph. D. dissertation, University of Amsterdam, 1996.

Kallel Amel, "The Loss of Negative Concord in Standard English: Internal Factors", *Language Variation and Change*, Vol. 19, No. 1, 2007, pp. 27 – 49.

Kallel Amel, *The Loss of Negative Concord in Standard English: A Case of Lexical Reanalysis*, Newcastle: Cambridge Scholars Publishing, 2011.

Karen De Clercq, *A Unified Syntax of Negation*, Ph. D. dissertation, University of Ghent, 2013.

Karen De Clerc, "Syncretisms and the Morphosyntax of Negation", in Baunaz Lena, Haegeman Liliane, De Clerc Karen and Lander Eric. eds. , *Exploring nanosyntax*, Oxford: Oxford University Press, 2018, pp. 180 – 204.

Karen De Clercq & Guido Vanden Wyngaerd, Why Affixal Negation is Syntactic, in Aaron Kaplan, Abby Kaplan, Miranda McCarvel and Edward J. Rubin, eds. , *Proceedings of the 34th West Coast Conference on Formal Linguistics*, Somerville, MA: Cascadilla Proceedings Project, 2017, pp. 151 – 158.

Katičić Radoslav, *Sintaksa Hrvatskoga Književnog Jezika*, Zagreb: Hrvatska Akademija Znanosti i Umjetnosti & Nakladni zavod Globus, 2002.

Kautzsch Alexander, *The Historical Evolution of Earlier African American English: An Empirical Comparison of Early Sources*, Berlin: Mouton de Gruyter, 2002.

Keller Charles, *A Grammatical Sketch of Brao, a Mon-Khmer Language*, Grand Forks: Summer Institute of Linguistics, University of North Dakota, 1976.

Kennedy Christopher, Gradable Adjectives Denote Measure Functions, Not Partial Functions, *Studies in the Linguistic Sciences*, Vol. 29, No. 1, 1999, pp. 65 – 80.

Kennedy Christopher, *Projecting the Adjective: The Syntax and Semantics of Gradability and Comparison*, New york: Garland, 1999.

Kennedy Christopher and Louise McNally, "Scale Structure, Degree Modification, and the Semantics of Gradable Predicates", *Language*, Vol. 81, No. 2, 2005, pp. 345 – 381.

Klima Edward, "Negation in English", in Jerry Fodor and Jerrold Katz, eds., *The Structure of Language*, Englewood Cliffs: Prentice Hal, 1964, pp. 246 – 323.

Kroch Anthony and Ann Taylor (eds.), *Penn-Helsinki Parsed Corpus of Middle English* (Second ed.), Philadelphia: Department of Linguistics, University of Pennsylvania, 2000.

Labov William, "Negative Attraction and Negative Concord in English Grammar", *Language*, Vol. 48, No. 4, 1972, pp. 773 – 818.

Labov William, Cohen Paul, Robins Clarence and Lewis John, *A Study of the Non-standard English of Negro and Puerto Rican speakers Sin New York City* (Cooperative Research Report 3288), Vols. I and II. Philadelphia: U. S. Regional Survey, 1968.

Ladusaw William, "Negation and Polarity Items", in Shalom Lappin, ed. , *The Handbook of Contemporary Semantic Theory*, Oxford: Blackwell, 1996, pp. 321 – 341.

Lahiri Utpal, "Focus and Negative Polarity in Hindi", *Natural Language Semantics*, Vol. 6, No. 1, 1998, pp. 57 – 123.

Laka Mugarza Miren Itziar, *Negation in Syntax—on the Nature of Functional Categories and Projections*, Ph. D. dissertation, MIT, 1990.

Lass Roger, *Historical Linguistics and Language Change*, Cambridge: Cambridge University Press, 2006.

Leech Geoffrey, *Meaning and English Verb*, London: Longman, 1971.

Levin Samuel, "Negative Contraction: An Old and Middle English Dialect Criterion", *The Journal of English and Germanic Philology*, Vol. 57, No. 3, 1958, pp. 492 – 501.

Levinson Stephen, *Pragmatics Presumptive Meanings: The Theory of the Generalized Conversational Implicature*, Cambridge (MA): The MIT Press, 2000.

Li Feifei, Joan Borràs-Comes and Teresa Espinal, "Single Negation Interpretations in Sentences with Multiple Negative Expression in Mandarin Chinese, An Experimental Investigation", *Lingua*, Vol. 210 – 211, 2018, pp. 65 – 78.

Light Richard, *Syntactic Structures in a Corpus of Nonstandard English*, Ph. D. dissertation, Georgetown University, 1969.

Lynch John, Malcolm Ross and Terry Crowley, *The Oceanic Languages*, Richmond: Curzon Press, 2002.

Makri, Maria-Margarita, *Expletive Negation Beyond Romance, Clausal Complementation and Epistemic Modality*, MA thesis. University of York, 2013.

McCawley James, "Jespersen's 1917 Monograph on Negation", *Word*, Vol.

46, No. 1, 1995, pp. 29 – 39.

McCawley James, *The Syntactic Phenomena of English*, Chicago: University of Chicago Press, 1998.

Miestamo Matti, "Towards a Typology of Standard Negation", *Nordic Journal of Linguistics*, Vol. 23, No. 1, 2000, pp. 65 – 88.

Miestamo Matti, Anne Tamm, Beáta Wagner-Nagy, *Negation in Uralic Languages*, Amsterdam: John Benjamins Publishing Company, 2015.

Mitchell Bruce, *Old English Syntax*, Oxford: Clarendon Press, 1989.

Montague Richard, "Universal Grammar", *Theoria*, Vol. 36, No. 3, 1970, pp. 373 – 398.

Morante Roser and Caroline Sporleder, "Modality and Negation: An Introduction to the Special Issue", *Computational Linguistics*, Vol. 38, No. 2, 2012, pp. 223 – 260.

Orwell George, *Politics and the English Language*, London: Horizon, 1946.

Östen Dahl, "Typology of Sentence Negation", *Linguistics*, Vol. 17, 1979, pp. 79 – 106.

Paul Waltraud, "Low IP Area and Left Periphery in Mandarin Chinese", *Recherches Linguistiques de Vincennes*, Vol. 33, 2005, pp. 111 – 134.

Penka Doris, "Negative Indefinites", *Language*, Vol. 88, No. 3, 2011, pp. 663 – 666.

Pintzuk Susan and Leendert Plug, eds., *The York-Helsinki Parsed Corpus of Old English Poetry*, York: Department of Language and Linguistic Science, University of York, 2001.

Platt John Talbot, *An Outline Grammar of the Gugada Dialect: South Australia*, Australian Institute of Aborginal Studies, 1972.

Pollock Jean-Yves, "Verb-movement, Universal Grammar and the Structure of IP", *Linguistic Inquiry*, Vol. 20, No. 3, 1989, pp. 365 – 424.

Posner Rebecca, "Post-verbal Negation in Non-standard French: A Historical and Comparative View", *Romance Philology*, Vol. 39, No. 2, 1985, pp. 170 – 197.

Puskás Genoveva, "To Wish or Not to Wish: Modality and (Metalinguistic) Negation", *Glossa: A Journal of General Linguistics*, Vol. 3, No. 1, 2018, pp. 125 – 160.

Quirk Randolph, Greenbaum Sidney, Leech Geoffrey and Jan Svartvik, *A Comprehensive Grammar of the English Language*, London: Longman, 1985.

Sapir Edward, "Grading: A Study in Semantics", *Philosophy of Science*, Vol. 11, No. 2, 1944, pp. 93 – 116.

Seright Orin Dale, "Double Negatives in Standard Modern English", *American Speech*, Vol. 41, No. 2, 1966, pp. 123 – 126.

Short Ian, *Manual of Anglo-Norman*, Anglo-Norman Text Society, Birkbeck College, University of London (Occasional Publications Series, 7), 2007.

Smith Jennifer, "Negative Concord in the Old and New World: Evidence from Scotland", *Language Variation and Change*, Vol. 13, No. 2, 2001, pp. 109 – 134.

Strevens Peter, "What is 'Standard English'?", *RELC Journal*, Vol. 12, No. 2, 1981, pp. 1 – 9.

Szabolcsi Anna, "Positive Polarity-negative Polarity", *Natural Language & Linguistic Theory*, Vol. 22, No. 2, 2004, pp. 409 – 452.

Tooke John Horne, *The Diversions of Purley*, W. Tegg & Company, 1786.

Tovena Lucia, Negative Concord, Events and Negative Chains, in Green Anthony and Motapanyane Virginia, eds., *ESCOL'96, Proceedings of the 13th Eastern States Conference on Linguistics*, Ithaca: Cascadilla Press, 1996, pp. 313 – 322.

Tovena Lucia, *The Fine Structure of Polarity Sensitivity*, New York: Garland Publishing, 1998.

Traugott Elizabeth, "Syntax", in Richard Hogg, ed., *The Cambridge History of the English Language*, Vol. I, 1992, pp. 168 – 289.

Trudgill Peter, Standard English: What it isn't, in Bex Tony and Watts Richard, eds., *Standard English, the Widening Debate*, London: Routledge, 1999, pp. 117 – 128.

Tubau Susagna, *Negative Concord in English and Romance: Syntax-Morphology Interface Conditions on the Expression of Negation*, Ph. D. dissertation, Universitat Autònoma de Barcelona, 2008.

Van Bergen Linda, "Ne + infinitive Constructions in Old English 1", *English Language & Linguistics*, Vol. 16, No. 3, 2012, pp. 487 – 518.

Van der Auwera Johan and Lauren Van Alsenoy, "More Ado about Nothing: on The typology of Negative Indefinites", in Ken Turner and Laurence Horn, eds., *Pragmatics, truth and Underspecification: Towards an Atlas of Meaning*, Leiden: Brill, 2018, pp. 107 – 146.

Van der Auwera Johan, The Jespersen Cycles, in Elly Van Gelderen, ed., *Cyclical Change*, Amsterdam: Benjamins, 2009, pp. 35 – 71.

Van der Wouden, *Negative Contexts*, Ph. D. dissertation, University of Groningen, 1994a.

Van der Wouden, Polarity and "Illogical Negation", in Kanazawa Makoto and Christopher Piñón, eds., *Dynamics, Polarity, and Quantification*, Stanford: CSLI, 1994b, pp. 17 – 45.

Van der Wouden, Ton, *Negative Contexts: Collocation, Polarity and Multiple Negation*, Routledge Studies in Germanic Linguistics, London: Routledge, 1997.

Van Gelderen Elly, ed., *Cyclical Change Continued* (Vol. 227), London: John Benjamins Publishing Company, 2016.

Van Gelderen Elly, "The Linguistic Cycle and the Language Faculty", *Lan-

guage and Linguistics Compass, Vol. 7, No. 4, 2013, pp. 233 – 250.

Van Kemenade Ans, Sentential Negation and Clause Structure in Old English, in Van Ostade, Ingrid Tieken-Boon, Gunnel Tottie, and Wim van der Wurff, eds., *Negation in the History of English*, Berlin: Walter de Gruyter, 1999, pp. 147 – 165.

Van Ostade Ingrid Tieken-Boon, *The Two Versions of Malory's Morte D'Arthur: Multiple Negation and the Editing of the Text*, Boydell & Brewer Ltd., 1995.

Van Ostade, Ingrid Tieken-Boon, *The Two Versions of Malory's Morte D'Arthur: Multiple Negation and the Editing of the Text*, New York: Boydell & Brewer Ltd., 1995.

Veenendaal Eva, Karlijn Straatjes and Hedde Zeijlstra, "What Negation Can Tell Us about the Origin of African American Vernacular English", *Linguistics in Amsterdam*, Vol. 7, 2014, pp. 25 – 44.

Von der Gabelentz, *Die Sprachwissenshaft. Ihre Aufgaben, Methoden und Bisherigen Ergebnisse*, Leipzig: Weigel, 1901.

Vossen Frens, "The Jespersen Cycle in South-East Asia, Oceania and Australia", *Studies van de BKL-Travaux du CBL*, Vol. 6, 2011, pp. 1 – 14.

Wallage Phillip, *Negation in Early English: Parametric Variation and Grammatical Competition*, Ph. D. dissertation, University of York, 2005.

Wallage Phillip, "Negative Inversion, Negative Concord and Sentential Negation in the History of English", *English Language & Linguistics*, Vol. 16, No. 1, 2012, pp. 3 – 33.

Wallage Phillip, "Book Review: Analysing Older English", *English Language & Linguistics*, Vol. 18, No. 1, 2014, pp. 190 – 196.

Watts Richard, "Mythical Strands in the Ideology of Prescriptivism", in Laura Wright, ed., *The Development of Standard English, 1300 – 1800: Theo-*

ries, Descriptions, Conflicts, Cambridge: Cambridge UP, 2000, pp. 29 – 48.

Watts Richard, "The Social Construction of Standard English: Grammar Writers as a 'Discourse Community'", Standard English, 2002, pp. 52 – 80.

Watts Richard, Language Myths and the History of English, Oxford: Oxford University Press, 2011.

Werle Adam, "A Typology of Negative Indefinites", CLS, Vol. 38, 2002, pp. 127 – 143.

Whiteman Marcia, Dialect Influence and the Writing of Black and White Working Class Americans, Ph. D. dissertation, Georgetown University, 1976.

Willis David, Christopher Lucas and Anne Breitbarth, eds., The History of Negation in the Languages of Europe and the Mediterranean, Oxford: Oxford University Press, 2013.

Wolfram Walt, "Reexamining the Development of African American English: Evidence from Isolated Communities", Language, Vol. 79, No. 2, 2003, pp. 282 – 316.

Wolfram Walt and Ralph Fasold, The Study of Social Dialects in American English, New Jersey: Prentice Hall, 1974.

Wolfram Walt and Donna Christian, Appalachian Speech, Washington, D. C. : Center for Applied Linguistics, 1976.

Wolfram Walt and Erik Thomas, The Development of African American English, Oxford: Blackwell Publishers, 2002.

Wolfram Walt and Natalie Schilling, American English: Dialects and Variation, New Jersey: John Wiley & Sons, 2015.

Wolfram Walter, A Sociolinguistic Description of Detroit Negro Speech, Washington, D. C. : Centre for Applied Linguistics, 1969.

Yang, Hui-Ling, "Is Chinese a negative concord language?" Proceedings of the 23rd North American Conference on Chinese Linguistics (NACCL-

23), *The Ohio State University*, 2011.

Yoon Suwon, "*Not*" *in the Mood: the Syntax, Semantics, and Pragmatics of Evaluative Negation*, Ph. D. dissertation, University of Chicago, 2011.

Zanutini Raffaella, *Negation and Clausal Structure, A Comparative Study of Romance Languages*, Oxford: Oxford University Press, 1997.

Zeijlstra Hedde, "What the Dutch Jespersen Cycle May Reveal about Negative Concord", *Linguistics in Potsdam*, Vol. 19, 2002, pp. 183 – 206.

Zeijlstra Hedde, "Two Ways of Expressing Negation", in Sylvia Blaho, Luis Vicente and Mark de Vos, eds., *Proceedings of ConSOLE* 12, 2004, pp. 246 – 259.

Zeijlstra Hedde, *Sentential Negation and Negative Concord*, Ph. D. dissertation, University of Amsterdam, 2004.

Zeijlstra Hedde, "What the Dutch Jespersen Cycle May Reveal about Negative Concord", *CLS*, Vol. 38, No. 2, 2005, pp. 143 – 158.

Zimmer Karl, Affixal Negation in English and Other Languages: An Investigation of Restricted Productivity, *Supplement to Word: Journal of the Linguistic Circle of New York*, Vol. 20, No. 2, Monograph 5, 1964.

Zovko Dinković Irena and Gašper Ilc, "Pleonastic Negation from a Cross-linguistic Perspective", *Jezikoslovlje*, Vol. 18, No. 1, 2017, pp. 159 – 180.

Zwarts Frans, Nonveridical Contexts, *Linguistic Analysis*, Vol. 25, No. 3/4, 1995, pp. 286 – 312.

主题词索引

白话非裔美音 183，185，186，189，194－204，206，207，268

"白"类否定副词 234，236

标准英语 12，14，15，123，149，158，160，178－183，185－187，189－191，196，197，202，204，206，207，212，249，265－267，278，282，294，296－298，300

超语言否定 266，271－273，295，296

词汇冗余 209，219，220，222

词品 21，22

存在量词 292

单一否定 2，8，13，16，17，28，32，35，37，51，52，96，129，137，141，144，177，178，205，232，248，249，263，271，272，293，299

等值推理 288

地域方言 131，166，179，187，189，191，200，203，204，206，207，250，267，268

叠用 212，216，240，253，258，274

多重比较 209，213

多重否定 2，8，10，13，15－18，32，39，43，51－53，126，137，138，141－149，148，149，167，180，186，205，209，212，232，234，236，248，249，262，263，265，272－274，281，282，284，291，293－301

多重肯定 209，212

多重屈折 209，211

非标准英语 12，14，15，123，160，178，179，181－183，185，187，189，191，196，197，206，207，212，249，265－267，278，282，294，296－298，300

非真实性 237，238，271

非真实语境 237，238，240－243，247－249，263，295，299

否定抵消 14，15，70，103，107，274－276，281，282，294，296，297，301

否定范畴 1，8，16，166，262，298，300

否定呼应 12，14，15，17，32，39，

44，123，125，127，129，130，136，137，141－143，148，149，159，160，165，167，170，172－179，182，185，189－198，202－208，212，231，237，249，262，265－270，273，274，278－282，294－300

否定连用 17，51，160，202，208，212，236，249－252，260－263，267，273，274，276，278－283，294－296，299，301

否定强化 14，15，35，42，67，252，256，261，262，264，274，279－282，293，294，296，297，301

否定弱化 14，15，41，104，114，119，274，276，277，281，294，296，297，301

否定性情态副词 234，235，247

否定性情态副词叠加 232，234，236，249，263，299

否定语素 6，81－83

否定预期 240－244，247－249，263，269，295，299

否定周期 17，18，26，28，35，39－42，50－52

负极词 12，13，26，172－178，206，237，272，283

规范语法 149－153，157－160，165，179，206

国际辅助语言 23

基底语言说 199，207

结构冗余 209，213

局部否定 2，5－8，16

克里奥尔语说 200，207

克氏周期 18，50，51

肯定预期 241－244，247

跨句呼应 195，198，199，207

逻辑表达式 5，6，8

矛盾律 109，285－287，290

蒙太古语法 266，284，290，291

命题逻辑 54，55，288，290

命题意义 2－5，11，14，235，241，242

ne-脱落 165－170

诺维亚语 20，23－25

排中律 85，109，285－287，290

品级理论 20，21

评价预期 241－245，247－249，281，296

全部否定 2，5－8，16

全称量词 74，91

冗余否定 12，208，222－234，237，238，240－243，246－249，263，265，269－271，273，281，282，294－301

三品说 21，22

双否律 13，14，53，81，89，165，262，288，290，294，299

双重否定 13－15，17，28，32，35，37，39，43－47，49，50，53，54，60－68，70－82，84－87，89－91，94，96－98，101－104，108，110，114，116，119，122，123，141，165，177，178，204，241－244，247，250－257，259－262，264，265，273－276，278，280，294，295，299－301

双重允准　241－243，247，249，263，299

思辨语法　290

算子　3，5，7，8，13，81，92，96，237，238，263，266，269，290

特殊否定　2，8，10，12，16

同构　60，81，244，266

同一律　285，287，289

推式循环　37－40，52

拖式循环　37－41，52

辖域　3，5，7，16，55，58，88，89，105，139，140，237，292

显性否定　2，8，16，193，271

亚语言否定　266，271，272

叶氏周期　17－20，25－30，32，34，35，37－45，50－52，125，141，193，265，267，270，295，299

一般否定　2，8，10－12，16，252，256，257，259，261，264，276，293，295

隐性否定　2，8－10，16，193，227，230－233，238，241－245，247－249，263，269－271，299－301

语法冗余　209，211，212，216，222

语境预期　246，247

语言神话　151，153

语义否定　1－5，7，16，79，177，273，296

语义冗余　209，216，222，229，248

语用否定　1－5，10，16，79

预设　4，5，234，249，271

允准语境　239－242，248，249，271，295

真实性　237－239，271

中性预期　243，244